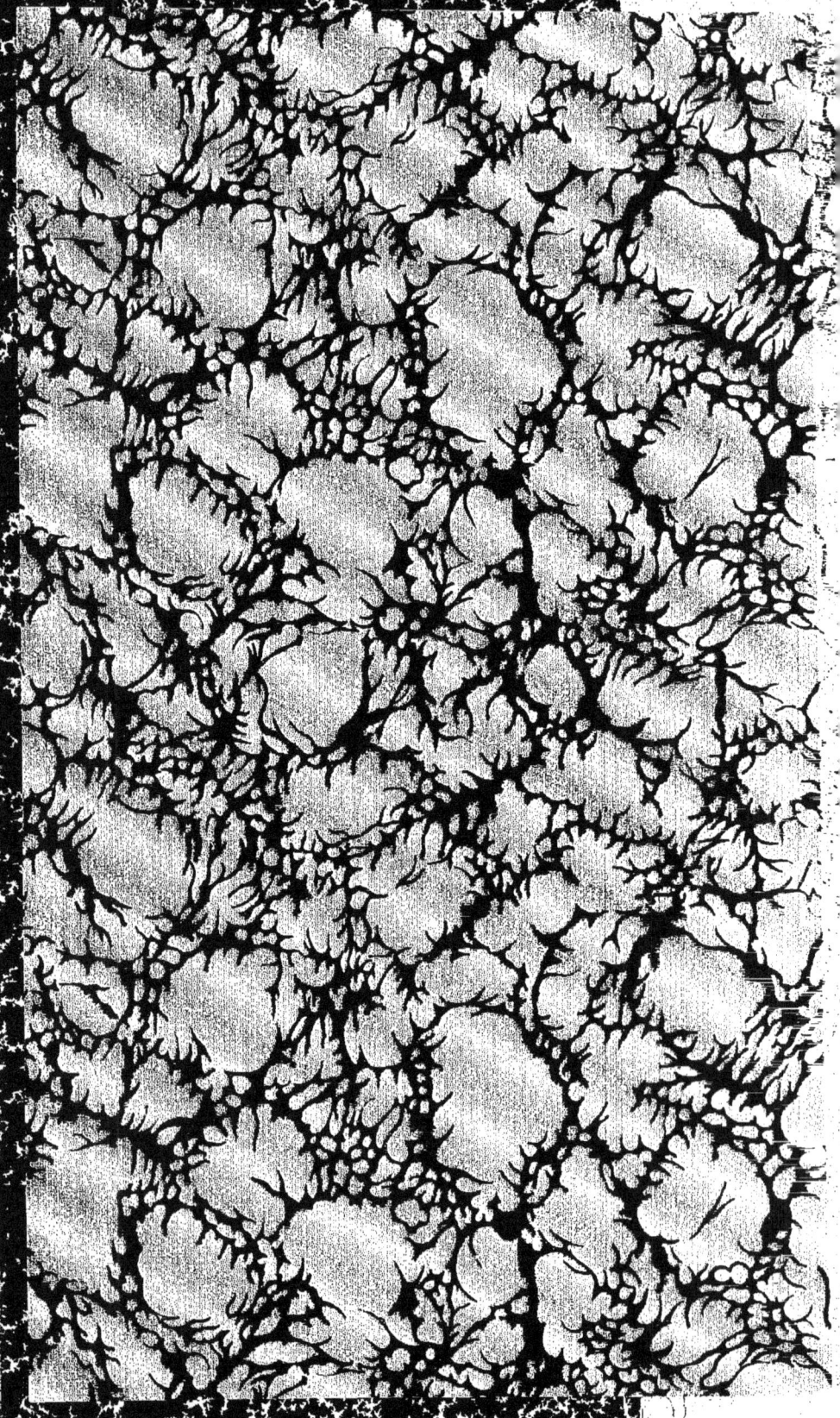

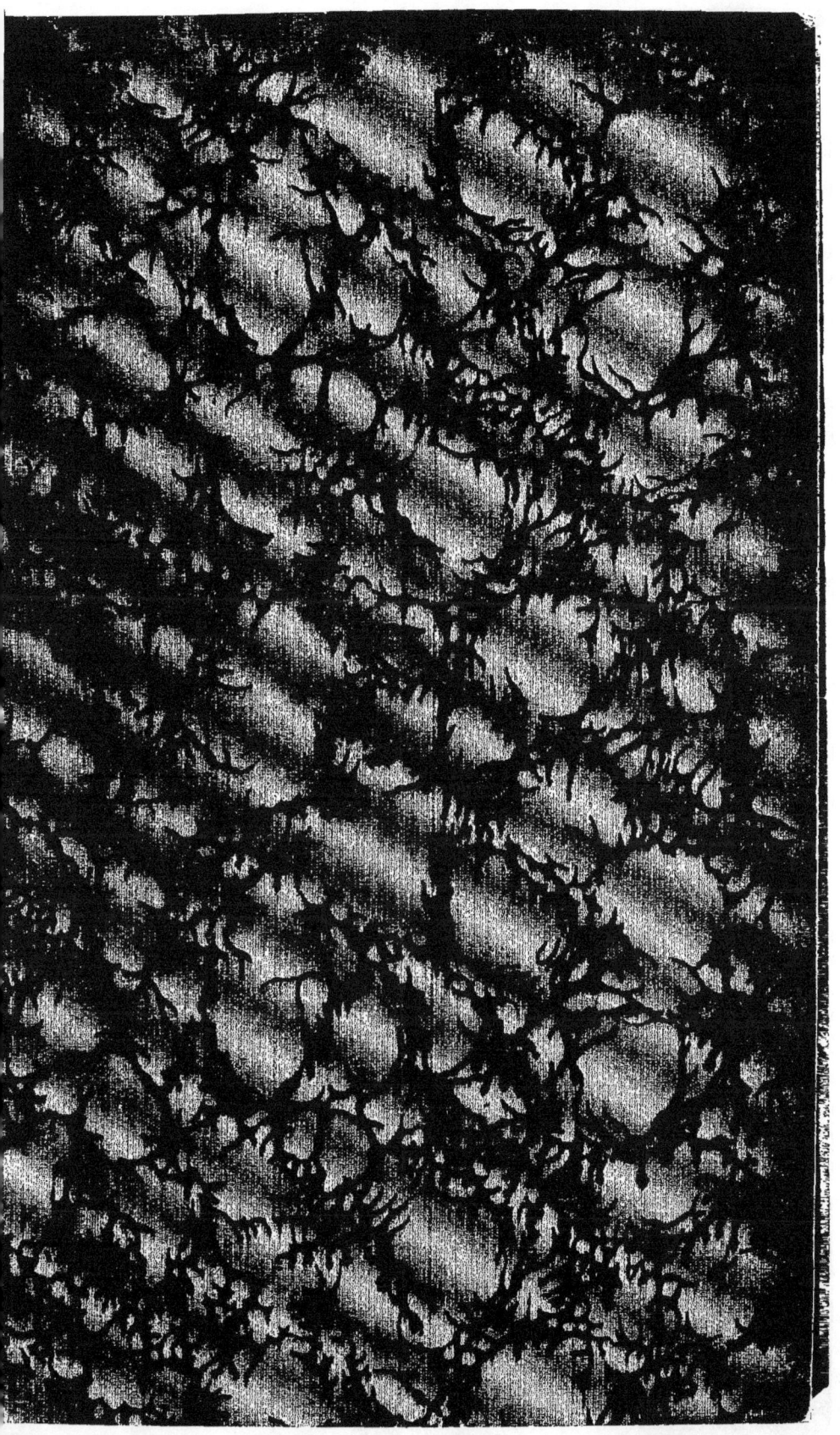

STEMPFER-REL

HISTOIRE

DE

SAINT CÉSAIRE

ÉVÊQUE D'ARLES

PAR

L'ABBÉ U. VILLEVIEILLE

VICAIRE A LA MÉTROPOLE D'AIX
DOCTEUR EN THÉOLOGIE

AIX-EN-PROVENCE
IMPRIMERIE ILLY ET J. BRUN, RUE MANUEL, 20
1884

HISTOIRE
DE
SAINT CÉSAIRE

IMPRIMATUR.

Aquis Sextiis, die 29ª Aprilis 1884.

† **AUGUSTINUS**, *Arch. Aquensis.*

HISTOIRE

DE

SAINT CÉSAIRE

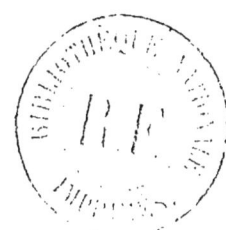

ÉVÊQUE D'ARLES

PAR

L'ABBÉ U. VILLEVIEILLE

Vicaire à la Métropole d'Aix

Docteur en Théologie

AIX - EN - PROVENCE

IMPRIMERIE ILLY ET J. BRUN, RUE MANUEL, 20

1884

INTRODUCTION

SITUATION DE L'ÉGLISE DANS LES GAULES

AU COMMENCEMENT DU VIe SIÈCLE.

Il serait difficile de trouver dans l'histoire une époque plus troublée, plus malheureuse et en apparence plus désespérée que la fin du Ve siècle. Le désordre et la confusion sont partout ; les sociétés, dépourvues de base solide, se forment et disparaissent tour à tour, avec une rapidité déplorable, et, dans cette confusion des hommes et des choses, dans ce chaos des évènements, on cherche en vain quelques traces de pouvoir, de lois, de sciences, de lettres, d'arts : partout on ne rencontre que des ruines ; il n'est pas jusqu'à la religion elle-même qui ne semble condamnée, comme tout le reste, à une fin certaine. C'est le vieux monde qui s'écroule, c'est la vieille civilisation qui disparaît, et nous ne voyons encore aucun présage de la civilisation nouvelle.

L'empire romain n'existait plus. En 476, Odoacre, chef des Hérules, s'était fait proclamer roi d'Italie ;

il avait dépouillé de la pourpre le dernier successeur d'Auguste, Romulus-Augustule, et l'avait envoyé dans l'ancienne villa de Lucullus, avec une pension de 6,000 pièces d'or. Mais depuis longtemps l'empire n'était plus qu'un fantôme : ses provinces s'étaient peu à peu séparées, les unes tombant sous le joug des Barbares, les autres reprenant leur indépendance. Il ne restait plus guère que l'Italie au pouvoir des obscurs empereurs qui montèrent sur le trône des Césars.

De toutes parts, l'empire était sillonné par les Barbares qui avaient longtemps convoité cette proie ; et l'on peut se figurer à quels excès se porta la conquête, à quels malheurs furent réduits les pays conquis, et quelles ruines morales et matérielles s'accumulèrent dans les provinces envahies.

Et cependant, chose étrange, les sujets de l'empire, les Gaulois en particulier, n'opposèrent presque aucune résistance à ces Barbares. Seuls, les Arvernes, dignes héritiers de Vercingétorix, luttèrent jusqu'au désespoir. Un contemporain, saint Sidoine Apollinaire, nous a laissé le témoignage éloquent de leur résistance et de leur courage. Presque partout ailleurs, la domination barbare fut acceptée comme une sorte de délivrance ; et un historien récent a pu affirmer avec vérité « que la masse populaire avait plus d'horreur pour l'oppression savante et systématique de l'empire que pour le régime brutal et capricieux des Barbares. » C'est que Rome avait porté sa propre corruption dans toutes les provinces ; les villes où siégeait l'administration romaine étaient des écoles permanentes d'oppression et de dépravation, « où régnaient l'avarice et la sensualité, toujours insatiables et toujours impunies [1]. » Le grand caractère gaulois avait disparu sous le joug tyrannique des Césars ; avec sa liberté, la Gaule avait tout perdu, et ce courage indomptable et ces mâles vertus qui avaient fait naguère l'admiration du monde : « *Amissa virtute pariter et libertate* [2]. »

Au reste, les habitants de la Gaule auraient-ils eu assez de courage et d'énergie pour opposer quelque résistance aux envahisseurs, il était de leur intérêt d'accepter le joug de leurs nouveaux maîtres. En effet, plusieurs, comme les Francs, ne touchaient pas à la propriété privée ; ils la respectaient, se contentant des territoires concédés par les empereurs, et plus tard, des vastes terrains, devenus incultes par suite de l'appauvrissement universel ; d'autres, comme les Visigoths, les Burgondes, ne prenaient pour eux qu'une part, la moitié ou le tiers, des biens fonciers et des esclaves, exemptant les autres biens des exactions qui, sous les Romains, obligeaient le propriétaire à céder tout son avoir à la fiscalité la plus rapace qui se soit jamais vue.

Les Barbares étaient donc venus dans la Gaule, qu'ils étaient appelés à régénérer, sans y rencontrer

---

[1] Tacite, *Annal.*, III.
[2] Tacite, *Agricola*, II.

de résistance sérieuse. En apprenant qu'Odoacre venait de s'emparer de la pourpre romaine, les vieux Gaulois, attachés à l'empire comme à une seconde patrie, s'émurent un moment ; soit fidélité au trône si illustre des Césars, soit crainte de se voir livrés sans défense aux Barbares qui semblaient vouloir tout détruire, ils envoyèrent une ambassade à Zénon, empereur de Constantinople, pour réclamer de lui le maintien de l'empire d'Occident (477). Zénon avait d'autres soucis et trouvait son empire assez vaste, sans l'étendre jusqu'à ces provinces éloignées. Il ne fit aucun cas de la requête [1]. Ainsi affaiblie, la pauvre préfecture des Gaules ne pouvait plus contenir ce torrent qui, depuis le commencement du V⁰ siècle, dévastait ses provinces.

Saint Jérôme nous a laissé la formidable énumération des peuplades barbares qui avaient envahi la Gaule sous la domination impériale : « Tout ce qui se trouve entre les Alpes et les Pyrénées, entre le Rhin et l'Océan, a été dévasté par le Quade, le Vandale, le Sarmate, l'Alain, le Gépide, l'Hérule, le Burgonde, l'Aleman et, ô calamité suprême, par le Hun [2]. » On ne peut aujourd'hui se faire une idée exacte des malheurs que les invasions entraînèrent. Dès l'an 412, ces armées avaient parcouru les dix-sept provinces

---

[1] JORNANDES, de Rebus geticis, c. 47. ISIDORE, Chronic. Gothorum.

[2] Epistola ad Ageruchiam, lib. IV, ep. XI. Agéruchie était d'Aix ; c'est là que saint Jérôme lui écrivit cette lettre.

des Gaules, chassant devant elles, comme un troupeau, sénateurs et matrones, maîtres et esclaves : « Quand l'Océan aurait inondé les Gaules, il n'y aurait point fait de si horribles dégâts [1]. » L'invasion d'Attila couronna ces destructions ; les Huns égorgèrent tout. Salvien avait vu des cités remplies de corps morts ; des chiens et des oiseaux de proie, gorgés de la viande infecte des cadavres, étaient les seuls êtres vivants dans ces charniers [2].

La première moitié du Ve siècle s'était écoulée dans ces calamités. La plupart de ces Barbares n'avaient fait que passer ; les uns avaient poursuivi leur marche, les autres étaient revenus en arrière. A la fin du Ve siècle et au commencement du VIe, trois peuples seulement avaient fixé leur tente sur le sol de la Gaule : les Francs occupent tout le Nord, du Rhin à la Loire ; les Burgondes s'étendent de la Saône et des Vosges aux Alpes et aux Cévennes, et descendent jusqu'à la Provence qui, avec l'Aquitaine et l'Espagne presque entière, obéissent aux Visigoths. Ceux-ci s'étaient emparés de Marseille, en 480, et Euric, leur roi, avait fait d'Arles sa capitale.

Quels étaient ces hommes nouveaux avec lesquels l'Eglise avait maintenant à traiter? Des volumes entiers ne suffiraient pas à nous faire connaître leur caractère, leurs mœurs, leurs vices et leurs vertus.

---

[1] SALVIEN, de Procid. divina.
[2] SALVIEN, de Gubernatione Dei, lib. VI, p. 216.

Sidoine Apollinaire nous en est un précieux témoin; il avait vu de près ces Barbares : « Je suis, dit-il, au milieu des peuples chevelus, obligé d'entendre le langage du Germain, d'applaudir avec un visage contraint au chant du Bourguignon ivre, les cheveux graissés avec du beurre rance..... Heureux vos yeux, heureuses vos oreilles qui ne les voient et ne les entendent point ! Heureux votre nez qui ne respire pas dix fois le matin l'odeur empestée de l'ail et de l'oignon [1] ! » Ignorants autant que grossiers, tous rejetaient l'étude des lettres. « L'enfant qui tremble sous la verge, disaient-ils, ne pourra regarder une épée sans trembler [2]. » Avant toute chose, ils étaient jaloux de leur indépendance : l'indépendance était tout le fond d'un Barbare, comme la patrie était tout le fond d'un Romain, selon l'expression de Bossuet. Ce qu'ils avaient encore de commun entre eux, c'était un souverain mépris pour les Romains. « Lorsque nous voulons insulter un ennemi, dit Luitprand, nous l'appelons *Romain :* ce nom signifie bassesse, lâcheté, avarice, débauche, mensonge ; il renferme seul tous les vices. » Dans la loi salique, le meurtre d'un Franc est estimé deux cents sous d'or ; celui d'un Romain cent sous.

Malgré ces ressemblances de mœurs, ils se distinguaient les uns des autres par des nuances de carac-

---

[1] Carmen XII.
[2] Procope, *de Bello gothico*, lib. I, p. 312.

tère. Les Goths inclinaient le plus vers la civilisation ; avant les autres aussi, ils en avaient subi les influences, car, lorsqu'ils vinrent s'établir en Italie, dans les Gaules et en Espagne, ils avaient parcouru l'empire d'Orient, dont ils étaient restés longtemps les alliés. Avant même qu'ils eussent quitté les rivages de la mer Noire et les bords du Danube, le christianisme avait pénétré dans leurs foyers avec les captifs qu'ils chassaient devant eux au retour de leurs expéditions. L'Église des Goths avait peu à peu grandi, et, au concile de Nicée, nous la voyons représentée par l'évêque Théophile. Le célèbre Ulphilas, *le fils de la Louve*, que les Grecs appelaient le Moïse de son temps, donna à cette Église une forte impulsion ; vers 348, il évangélisa les Visigoths de la Mésie, de la Dacie et de la Thrace et traduisit dans leur langue les saintes Écritures. Il ne manquait plus à cette Église que le baptême du sang. Athanaric, roi des Visigoths, se chargea de le lui donner, en punissant de mort ceux de ses sujets qui ne voulaient pas renoncer à la foi chrétienne ; l'histoire nous a transmis les noms glorieux de plusieurs de ces Barbares, en qui revivaient le courage et la foi des anciens martyrs de Rome ; et nous possédons encore la lettre que l'Église des Goths adressa à l'Église de Cappadoce à l'occasion de cette persécution : tout y respire la simplicité des actes authentiques des martyrs. Elle se termine par ces fraternels adieux : « Saluez tous les saints ; ceux qui souffrent la persécution avec nous vous saluent. » C'est vers le commencement du Vᵉ siècle qu'il faut placer l'apostolat de saint Nicétas. Il était venu du fond de la Dacie visiter à Nole le tombeau de saint Félix ; et, à son retour, saint Paulin, auprès de qui il avait trouvé la plus douce hospitalité, lui adressait des adieux poétiques. On nous permettra d'en reproduire ici quelques strophes ; ils nous sont une preuve de l'état florissant dans lequel se trouvait l'Église des Goths : « Tu traverseras sans effort les mers soumises ; la croix du salut armant l'antenne de ton navire, tu défieras les vents et les flots. — Les joyeux matelots changeront en hymnes leurs chants accoutumés, et leurs voix pieuses entraîneront les brises favorables à leur suite. — Avant tous, Nicétas entonnera le cantique du Christ avec l'éclat de la trompette, et David, psalmodié à deux chœurs, retentira d'un bout à l'autre des mers. — Les bêtes des eaux tressailliront à l'*amen* des chrétiens, et les monstres, attentifs au chant du prêtre, se joueront autour du navire. — Les plages hyperboréennes te nomment leur père, le Scythe s'apaise à tes accents, et, infidèle à lui-même, il apprend de toi à dépouiller son humeur farouche. — Dans ces contrées silencieuses de l'univers, les Barbares ont appris à louer le Christ avec la fidélité d'un cœur romain et à mener en paix une chaste vie [1]. »

Ces premières impressions de christianisme ne

---

[1] S. Paulin. Carmen 30.

s'effacent pas facilement dans l'âme d'un peuple ; aussi, même après qu'ils auront passé à l'arianisme, lorsque leurs mœurs, un moment adoucies, auront repris toute leur férocité première dans ces luttes gigantesques qu'ils soutiendront contre l'empire romain, ils se souviendront de leur antique foi. Et alors, nous verrons Alaric, au sac de Rome, ordonnant de rapporter avec respect les vases sacrés qui appartenaient à la basilique de saint Pierre, défendant à ses soldats de toucher au trésor des églises, et étonnant les vaincus eux-mêmes par une modération plus digne d'un chrétien que d'un barbare.

Toutefois ces Visigoths d'Alaric étaient ariens : pendant quarante ans, ils traînèrent l'erreur après eux, et ils l'établirent dans le royaume qu'ils fondèrent au pied des Pyrénées. « Chassé du monde romain, l'arianisme s'était réfugié parmi les nations barbares et relevé par leur secours [1]. »

Les rois des Visigoths furent tous ariens fanatiques et par conséquent persécuteurs. Euric, qui étendit son royaume des Alpes à la Loire, Alaric II, qui exila des évêques, entre autres saint Césaire, se firent les protecteurs de l'hérésie. Euric poussa même l'emportement si loin qu'il semblait, selon Sidoine Apollinaire, plutôt le chef d'une secte que celui d'un grand peuple ; et le même Sidoine Apollinaire fait allusion à son règne dans cette lettre où il dit que « les Goths

---

[1] PROSPER TYRO.

étaient venus apportant l'arianisme et la persécution, condamnant les évêques et les prêtres à l'apostasie ou au martyre, livrant tous les sanctuaires à une dévastation sacrilége, et laissant après eux les bœufs occupés à ruminer dans les vestibules entr'ouverts et à paître l'herbe sur le flanc des autels renversés [1]. » Théodoric lui-même, roi des Ostrogoths qui infestèrent l'Italie de l'erreur, finit par être persécuteur, malgré ses grandes qualités. Pendant son règne, vers la fin du Ve siècle et au commencement du VIe, l'arianisme jouit de la plus grande puissance; « si bien, comme le remarque un écrivain célèbre, qu'il parut un moment que les invasions s'étaient faites pour remettre à l'arianisme les destinées du genre humain [2]. »

Les Burgondes aussi étaient ariens. Vers le commencement du Ve siècle, ils étaient venus occuper la Bourgogne à la suite de Radagaise. Leurs mœurs étaient plus douces que celles des autres Barbares, et les Gaulois vantaient les qualités de ces nouveaux maîtres parmi lesquels « ils vivaient moins en sujets qu'en frères [3]. » Depuis près d'un siècle déjà, des prêtres catholiques, venus au milieu d'eux, les avaient convertis au christianisme : mais courte fut leur fidélité [4]. En 490, sous le roi Gondebaud, ils étaient tous

---

[1] Sid. Apollin., Epist. VII, 6.
[2] Cf. Ozanam, *Hist. de la Civilisation au Ve siècle*.
[3] Orose, liv. VII, c. 32.
[4] Ozanam, *Etudes germ.*, II, 58.

ariens. Cependant ils ne firent ni prosélytes ni martyrs dans le pays soumis à leur domination.

Quant aux Francs, qui venaient de s'établir dans le nord de la Gaule, vers 486, sous la conduite de Clovis, ils étaient païens, par conséquent moins redoutables pour l'Église que les Visigoths et les Burgondes. On a dit qu'ils étaient plus violents que les autres Barbares et qu'ils résistèrent plus longtemps à l'influence d'une société policée ; on cite à l'appui quelques actes inouïs de barbarie commis par eux, même après leur conversion au christianisme. Sans vouloir discuter ici la justesse de ce reproche, disons qu'ils se ressemblaient tous sous ce rapport ; et si l'on peut avec raison reprocher à Clovis d'avoir fait assassiner le roi des Ripuaires par son fils, et d'avoir tué le meurtrier à coups de hache, au moment où celui-ci se baissait pour contempler de plus près ses trésors, Théodoric, roi des Goths ariens, et Gondebaud, roi des Burgondes ariens, ne sont pas moins violents, l'un dans le supplice de Symmaque et de Boèce, l'autre dans le massacre de ses trois frères. C'étaient là les mœurs barbares que l'Église ne put faire disparaître qu'après bien des années de patiente énergie.

Tels étaient les hommes en présence desquels se trouvait maintenant l'Église des Gaules ; voilà les nouveaux maîtres avec lesquels elle devait compter : les uns païens, les autres hérétiques, tous par conséquent ses ennemis, et ces derniers n'étaient pas les moins acharnés. Il semble qu'elle aurait dû se décourager ;

elle avait tant compté sur les Barbares, aux nobles instincts, au fier caractère, dont Dieu avait voulu se servir pour détruire une vieille société décrépite et la transformer en un monde nouveau, avec une sève puissante et un sang plein de force et de vie ! Elle avait déjà tant fait pour les enseigner, les discipliner, les assouplir, les préparer à cette succession de l'empire romain qui les attendait ! Et après tous ces efforts, l'hérésie les avait attirés et les tournait violemment contre l'Église.

Et cependant l'Église ne désespéra point des Barbares. Nous avons pour témoins les auteurs contemporains qui ne craignirent pas de proclamer hautement ses espérances, pour humilier la superbe des vieux Romains : « Vous pensez être meilleurs que les Barbares, leur disait Salvien ; ils sont hérétiques, dites-vous, et vous êtes orthodoxes..... Je réponds que par la foi nous sommes meilleurs, mais par notre vie, nous sommes pires. Vous connaissez la loi et vous la violez; ils sont hérétiques et ne le savent pas. Les Goths sont perfides, mais pudiques; les Alains voluptueux, mais fidèles; les Francs, menteurs, mais hospitaliers; la cruauté des Saxons fait horreur, mais on loue leur chasteté.... Et nous nous étonnons que Dieu ait livré nos provinces aux Barbares, quand leur pudeur purifie la terre encore toute souillée des débauches romaines [1] ! »

---

[1] *De Gubernat. Dei*, lib. V, 2; VII 6

Comment ne pas voir encore les espérances de l'Église dans ces paroles presque prophétiques de Paul Orose, disciple de saint Augustin ? « Si les conquêtes d'Alexandre vous semblent glorieuses à cause de cet héroïsme qui lui soumit tant de contrées ; si vous ne détestez point en lui le perturbateur des nations, plusieurs loueront aussi le temps présent, vanteront nos vainqueurs, et tiendront nos malheurs pour des bienfaits. Les Germains bouleversent maintenant toute la terre ; mais si (ce qu'à Dieu ne plaise !) ils finissaient par en demeurer maîtres et par la gouverner selon leurs mœurs, peut-être un jour la postérité saluerait-elle du titre de grands rois ceux en qui nous ne savons encore voir que des ennemis [1]. »

Du moins si les enfants de l'Église avaient protesté contre les déchirements et les désordres amenés par l'invasion, par plus d'obéissance à ses lois, plus de fidélité à sa doctrine ! Mais eux-mêmes suivaient ce courant de corruption qui passait sur le monde et ne contribuaient pas peu à augmenter les inquiétudes de l'Église. Les mœurs chrétiennes s'étaient considérablement relâchées au contact des Barbares grossiers, surtout des Romains efféminés dont les vices laissaient de si funestes traces. Un grand nombre aussi n'avait point encore une foi assez robuste pour résister aux calamités qui pesaient sur les peuples, et ils accusaient la Providence d'avoir abandonné la terre pour

---

[1] Paul Oros., lib. III

laisser les mauvais génies y régner en maîtres. Çà et là, sans doute, des Barbares entraient dans le sein de l'Église, et nous verrons bientôt la conversion des Francs remplir de joie le monde catholique ; mais tous, ils lui apportaient, avec une grande ignorance des choses de la foi, des mœurs d'une violence inouïe et une antipathie profonde contre les préceptes du Christ ; le baptême les avait faits chrétiens, mais il faudra encore de longues années pour changer ces natures indomptables et les plier au joug de l'Évangile. De là un relâchement considérable dans la discipline et l'introduction dans les mœurs catholiques de ces coutumes païennes, qu'il nous semble maintenant si difficile de pouvoir allier avec la vie chrétienne, mais qui n'en étaient pas moins presque générales à cette époque.

Et pourtant malgré tout, quoiqu'elle fut entourée d'ennemis, qu'elle eût, même dans son sein, des restes de la vieille corruption et des germes inquiétants de désordres, l'Église espérait encore. Car à côté de toutes ces causes de faiblesse, nous trouvons, dans l'Église des Gaules en particulier, des indices nombreux de la force de sa vie. Sa situation était, du reste, bien meilleure que partout ailleurs. Tandis qu'en Orient la puissance impériale l'opprimait en s'immisçant toujours de plus en plus dans son gouvernement intérieur, tandis qu'en Italie l'intervention des souverains, quoique moins funeste qu'en Orient, exerçait encore sur elle un véritable despotisme, dans les Gaules, au lendemain des invasions, l'Église jouissait de la plus grande indépendance dans son autonomie intime; elle n'avait aucun rapport avec le pouvoir civil qui vivait à côté d'elle comme auprès d'une inconnue ; de là une heureuse tranquillité que ne venaient encore troubler que rarement les violences et les jalousies des rois barbares.

C'est à la faveur de cette tranquillité qu'elle put se donner une forte organisation, et se préparer à répondre aux besoins nouveaux des sociétés naissantes. Ses tribunaux fonctionnaient plus que jamais pour la répression des crimes, soit par l'excommunication, soit par la pénitence publique encore en vigueur [1]. Du sein de ses conciles allaient sortir des lois nombreuses pour la protection du faible, tantôt en faveur des esclaves [2], tantôt en faveur des serfs et des affranchis, dont le nombre allait toujours croissant [3]. Au premier Concile d'Orléans (511), elle reconnaissait solennellement et elle étendait aux églises et aux maisons épiscopales le droit d'asile, non point, comme on l'a dit faussement, pour soustraire les malfaiteurs aux poursuites de la justice, mais pour prévenir les vengeances personnelles et diminuer le nombre des crimes [4].

La hiérarchie devenait de jour en jour plus forte, et

---

[1] Conc. d'Agde, C. XV.
[2] Ibidem, C. XXIX.
[3] I Conc. d'Orléans ; I Conc. de Tours.
[4] I Conc. d'Orléans, C. II, III.

son pouvoir plus respecté. Les clercs obéissaient à l'évêque qui dépendait du métropolitain, lequel à son tour était jugé par le concile provincial. « L'entrée des Barbares dans l'Église avait été une invasion : ils portaient le trouble dans les habitudes des vieux chrétiens, ils envahissaient le sacerdoce, ils s'emparaient de l'épiscopat [1]. » Les nombreux conciles tenus dans les Gaules à cette époque, s'efforcent de porter remède à ce mal ; de là les décisions qu'ils prennent au sujet de l'élection des évêques, qui a besoin, pour être légitime, de la triple intervention du clergé, du peuple et du métropolitain ou des évêques de la province. Le premier venu ne peut arriver à l'épiscopat ou simplement au sacerdoce et au diaconat : le Concile d'Agde veut qu'aucun clerc ne soit ordonné diacre avant 25 ans et prêtre ou évêque avant 30 ans [2] ; et même, il faut se préparer à l'épiscopat au moins pendant un an de vie cléricale. C'est là, on le sent, l'objet principal des préoccupations et de la sollicitude de l'Église ; et, lorsque ces règlements sont violés, elle ne manque pas de citer les coupables à ses conciles, quel que soit leur rang ou leur caractère.

Les lois sur la continence des clercs ne sont pas moins admirables, et celles du premier Concile de Tours, entre autres, nous montrent quel cas l'Église en a toujours fait. Elle savait qu'il n'y a point de régéné-

---

[1] OZANAM, *Etudes germ.*, t. II, p. 104.
[2] Conc. d'Agde, C. XVI, XVII.

ration possible avec des mœurs dépravées, et voilà pourquoi elle s'opposait de toutes ses forces à ce torrent de corruption qui tendait à pénétrer jusque dans le sanctuaire, et elle rappelait aux clercs la continence, aux laïques l'indissolubilité du lien conjugal [1]. Le nombre des clercs augmentait tous les jours ; aussi le culte prenait-il des accroissements considérables. Les prêtres, les autres clercs inférieurs ne sont plus seulement dans les villes ; nous les trouvons aussi dans les campagnes, où ils forment des agglomérations de fidèles constituant de vraies paroisses. A partir du second Concile de Vaison (529), ils peuvent prêcher partout, à la ville comme à la campagne [2], et c'est vers le même temps que l'on commence à élever dans les bourgs principaux des églises auprès desquelles résident les clercs à qui elles sont confiées. La messe est célébrée tous les jours après Tierce [3]. Les fidèles ne sont obligés d'y assister que le dimanche et les jours de fêtes [4], et ils doivent communier aux jours de Pâques, de la Pentecôte et de Noël [5]. Comme dans la primitive Église, le baptême ne se donne ordinairement que la veille de Pâques et de la Pentecôte. L'ordre des cérémonies et des prières de la messe n'est

---

(1) Conc. d'Agde, c. XXV.

(2) Can. II.

(3) IIIᵉ Conc. d'Orléans, c. XIV. Le premier Concile de Tolède punit de la déposition le clerc qui n'y assistait pas.

(4) Conc. d'Agde, c. XLVII.

(5) Conc. d'Agde, c. XVIII.

pas encore le même que de nos jours ; ainsi en est-il des heures de l'office divin, chantées par les clercs et auxquelles assistaient un grand nombre de laïques ; mais on y surprend plus d'une ressemblance.

Les règlements nombreux que nous trouvons aussi dans les conciles du temps, au sujet des biens ecclésiastiques, nous sont une preuve que les églises étaient largement dotées par les fidèles. Le Concile d'Agde déclare ces biens inaliénables, et prononce l'anathème contre les ravisseurs. Les revenus en sont partagés entre l'évêque et les clercs : à l'évêque le soin d'assister les pauvres, les prisonniers, de les vêtir, de les nourrir et de subvenir à toutes les dépenses du culte.

Telle était la situation intérieure de l'Église dans les Gaules, au lendemain des invasions. Mais faut-il s'étonner de cette prospérité ? Toutes les chrétientés qui couvraient le sol de la Gaule avaient été baptisées dans le sang ; dès leur berceau, elles avaient inscrit dans leurs annales des noms glorieux. Or le sang des martyrs fut toujours fécond ; le sillon qu'il arrosa ne saurait produire qu'une végétation puissante, et l'arbre dont il nourrit les racines peut défier la tempête. Genès avait répandu son sang à Arles, Mitre à Aix, Victor à Marseille, Ferréol et Julien à Vienne, Saturnin à Toulouse, Pothin, Blandine et Irénée à Lyon, pour ne citer que quelques-unes de ces illustrations dont se glorifiaient et dont se glorifient encore, à juste titre, les premières Églises des Gaules.

Elles étaient fortes aussi par la pureté de la sève qu'elles avaient reçue. La plupart de ces Églises avaient pour fondateurs les disciples même du Sauveur ou bien les envoyés immédiats des apôtres. Aix et Marseille avaient en tête de la liste glorieuse de leurs pontifes, l'une saint Maximin, un des soixante-douze disciples, et l'autre saint Lazare, l'illustre ressuscité de Béthanie. Arles avait reçu l'Évangile, dans le même temps, de saint Trophime, envoyé par saint Pierre ; Narbonne, de saint Paul, qui, d'après une tradition aussi respectable que bien prouvée, n'était autre que le fameux proconsul Sergius, le converti du grand apôtre des Gentils : Crescent à Vienne, Pothin à Lyon, Saturnin à Toulouse, avaient établi des Églises dès les premiers siècles. Avec de semblables commencements, on pouvait prévoir ce que deviendraient un jour ces Églises, et l'on devine quelle force et quelle vie leur avaient données ces hommes qui tous avaient puisé la foi, le zèle et l'amour sur les lèvres et dans le cœur de Celui qui disait : « *Je suis venu pour répandre le feu sur toute la terre* [1]. »

La force de ces Églises venait encore de l'union qui les ralliait les unes aux autres : tous leurs pasteurs étaient unis entre eux ; ce n'est qu'à de rares intervalles que nous voyons éclater quelques légers dissentiments sur des questions secondaires ; et, chose remarquable, quoique la violence soit le caractère

---

[1] S. Luc, c. XII. 49

propre de cette époque, jamais dans ces différends, les évêques ne se départirent de la douceur et de la charité qu'enseigne l'Évangile. Souvent le concile provincial suffisait pour juger et apaiser le démêlé ; et, s'il ne pouvait mettre les parties d'accord, on recourait à l'autorité du Saint-Siège, dont la parole était toujours écoutée. Car les liens les plus forts unissaient déjà l'Église des Gaules à la chaire de Pierre. Aucune affaire de quelque importance ne se traitait en dehors du pape ; il réglait tout ; dogme, morale, discipline, juridiction épiscopale, tout venait à son tribunal. La primauté du pontife de Rome était universellement reconnue, et l'Église des Gaules, en particulier, l'affirme hautement toutes les fois que l'occasion se présente. En 503, lorsque le pape Symmaque est accusé de divers crimes par quelques factieux, Théodoric ordonne aux évêques de ses états de s'assembler en concile, pour juger cette affaire. Et en effet, le concile réuni à Rome déclare le pape Symmaque innocent des crimes dont on l'accusait. Les évêques des Gaules s'émurent de cette innovation irrespectueuse ; et, après s'être concertés entre eux, ils chargèrent saint Avit de Vienne, qui était en ce moment à la tête de l'épiscopat, d'écrire au souverain Pontife pour protester contre cette usurpation des droits les plus sacrés. Nous avons encore cette lettre : à voir la précision de sa doctrine, le dévouement qu'elle témoigne pour le Saint-Siège, on la dirait écrite par un de nos évêques modernes. L'unique prétention des évêques gaulois, c'est de ne faire qu'un corps avec le souverain Pontife et de lui garder toujours le respect inviolable dû à son autorité suprême. « Dans les autres évêques, disent-ils, si quelque chose paraît contre l'ordre, on peut le réformer; mais si l'on révoque en doute l'autorité du pape de Rome, ce n'est plus un évêque, c'est l'épiscopat même qui semble vaciller.... Celui qui est à la tête du troupeau du Seigneur rendra compte de la manière dont il le conduit; mais ce n'est pas au troupeau à demander ce compte à son pasteur, c'est au juge [1]. » L'union de l'Église des Gaules avec le Saint-Siège était donc une des sources de sa force. Parmi les Barbares eux-mêmes, elle allait trouver encore un puissant appui.

Dans le nord de la Gaule, une grande nation venait de commencer : c'étaient les Francs. Le jour de Noël de l'an 496, l'évêque Remi recevait, sur la porte de la cathédrale de Reims, le chef de cette tribu guerrière, suivi de trois mille soldats. Ces Barbares entrèrent dans l'église tendue de blanches draperies, tout étincelante des cierges odorants; ils se crurent un moment au milieu des parfums du paradis [2]. Peu d'instants après, ils en sortaient chrétiens, et l'Église avait désormais à son service une épée qui ne devait plus lui manquer. Elle le comprit; elle pressentit les grandes destinées de ce peuple et la mission divine qu'il devait

---

[1] S. Aviti, epist 51.
[2] Greg. Tur., l. II, c. 31.

remplir à travers les âges, et c'est ce qui nous explique les transports de joie qui éclatèrent de toutes parts, dans le monde catholique, à la nouvelle de cette conversion. Saint Remi reconnaît dans son néophyte un nouveau Constantin; saint Avit de Vienne déclare que « l'Occident a trouvé sa lumière [1]. » Et le pape Anastase lui-même, peu de jours après son élection, s'empresse d'écrire à Clovis : « Nous nous félicitons, ô notre glorieux fils, de votre avènement à la foi chrétienne, qui s'est rencontré avec le nôtre au souverain pontificat; car le siège de Pierre, en une si grande occasion, ne peut point ne pas tressaillir de joie quand il voit la plénitude des nations accourir à lui à pas pressés, quand il voit se remplir, dans l'espace des temps, le filet mystérieux que le pêcheur d'hommes a jeté en pleine eau, sur la parole du Christ [2]. »

Non pas qu'au sortir du baptistère de Reims, ces nouveaux néophytes eussent perdu leurs mœurs farouches, et qu'on dût attendre d'eux la pratique de toutes les vertus chrétiennes. Le baptême ne les avait pas changés : ils conservaient leurs vices, leurs instincts pervers, leurs habitudes de violence et de meurtre, et les évêques furent souvent les premiers à en faire la dure expérience. Mais si l'avenir se montrait aux évêques des Gaules avec ses durs labeurs et ses découragements, il leur apparaissait

[1] S. Aviti, epist. 41.
[2] Epist. Anastasii papæ apud d'Achery, Spicil. III, p. 304.

aussi avec la longue suite des hauts faits de ce peuple nouveau : *gesta Dei per Francos*. Ce n'étaient que trois mille chrétiens de plus dans les Gaules, chrétiens encore à demi païens, mais, déjà, leur influence et leur dévouement assuraient à l'Église un avenir plein de légitimes espérances. Et si l'on remarque l'isolement dans lequel se trouvait l'Église catholique, si l'on se souvient que tous les trônes étaient occupés en ce moment par des hérétiques : en Orient, par l'empereur Anastase livré aux Eutychiens qu'il protégeait, en Italie, par Théodoric, en Espagne et dans les Gaules, par Alaric et par Gondebaud, roi des Burgondes, en Afrique, par Trasamond, roi des Vandales, qui, tous, faisaient profession de l'arianisme ; on comprendra mieux tout l'espoir que l'Église fonda sur Clovis et sur les Francs, et la joie des évêques et du pape lui-même à la nouvelle de ce grand évènement.

Et ne faut-il pas compter aussi parmi les forces de l'Église des Gaules ces saintes légions de moines qui, du fond de leurs cellules, faisaient monter vers le ciel tant de prières et travaillaient puissamment à raffermir les fidèles dans la foi et dans la pratique des vertus chrétiennes et à procurer à l'Église de nouveaux enfants ? Déjà au commencement du VIe siècle, chaque province avait son monastère, dans lequel se pressaient les vieux Romains à côté des conquérants arrivés d'hier. L'illustre saint Martin avait fondé, en 360, aux portes de Poitiers, le premier monastère des Gaules, Ligugé, puis, près de Tours, Marmoutier ; au commencement du V⁰ siècle, saint Honorat avait élevé les premières assises de Lérins ; en 425, deux Lyonnais, Romain et Lupicin, vont fonder dans les gorges du Jura l'abbaye de Condat, qui se peuple admirablement en quelques années et envoie ses religieux pour établir çà et là de nouveaux monastères, Fauconne, Romain-Moutier ; tout près d'Auxerre, en 450, s'élève, sous la direction de l'abbé de Réome, le monastère de Moutier-Saint-Jean ; et en 515, le roi Sigismond envoie à Agaune des religieux de Condat et de Lérins pour relever les ruines d'un vieux monastère, situé à l'entrée du principal passage des Alpes, à l'endroit même où saint Maurice et la légion thébéenne avaient été égorgés ; en peu d'années, Agaune va devenir la métropole monastique en Bourgogne et comptera jusqu'à neuf cents religieux. Ce ne sont là encore que les principaux monastères. Ils étaient tous des foyers de lumière et de vertu, dans lesquels accouraient en foule les fils des plus nobles familles romaines, les descendants des vieux sénateurs et l'élite des Barbares convertis ; mais ils ne s'enfermaient dans ces sanctuaires silencieux que pour se répandre ensuite au dehors et propager au loin, dans les provinces encore endolories des dernières luttes, la force et la vertu, la lumière et la vie, avec toutes les espérances que donne la foi chrétienne. Car les moines, dans les Gaules, ne consacraient pas seulement leur vie à la prière et au travail des mains, comme en Orient ; l'étude était toujours l'un des principaux articles de leur règle, et nous savons les résultats admirables que la civilation en a retirés. « Du fond des déserts d'Orient et d'Afrique Dieu fait sortir une nuée d'hommes noirs, plus intrépides et plus patients, plus infatigables et plus durs à eux-mêmes que ne le furent jamais ni Romains ni Barbares. Ils se répandent sans bruit dans tout l'empire, et quand l'heure de sa ruine a sonné, ils sont debout en Occident comme en Orient. Les Barbares arrivent, et à mesure qu'ils avancent, à côté d'eux, devant, derrière, partout où ils ont passé avec l'incendie et la mort, d'autres armées viennent camper en silence, d'autres colonies se forment, se groupent et se dévouent à réparer les misères de l'invasion et à recueillir les fruits de la victoire.... Venez maintenant, ô Barbares, l'Église n'a plus à vous redouter. Régnez où vous voudrez ; la civilisation vous échappera : ou plutôt c'est vous qui défendrez l'Église et qui referez une civilisation. Vous avez tout vaincu, tout conquis, tout renversé : vous serez à votre tour vaincus, conquis et transformés. Des hommes sont nés qui deviendront vos maîtres. Ils vous prendront vos fils, et jusqu'aux fils de vos rois, pour les enrôler dans leur armée. Ils vous prendront vos filles, vos reines, vos princesses, pour en remplir leurs monastères. Ils vous prendront vos âmes pour les enflammer ; vos imaginations pour les ravir en les épurant ; vos courages pour les tremper dans le sacrifice ; vos épées pour les consacrer au service de la foi, de la faiblesse et du droit⁽¹⁾. » L'empire romain sans les Barbares, dit ailleurs l'écrivain dont nous venons de citer les belles paroles, c'était un abîme de servitude et de corruption. Les Barbares sans les moines, c'était le chaos. Les Barbares et les moines réunis vont refaire un monde qui s'appellera la Chrétienté.

Mais ce qui donnait surtout sa force à l'Église des Gaules et contribuait le plus à sa prospérité, c'était le grand nombre d'illustres évêques qui présidaient à ses destinées. « Les évêques étaient les chefs naturels des villes ; ils administraient le peuple dans l'intérieur de chaque cité ; ils le représentaient auprès des Barbares ; ils étaient ses magistrats au dedans, ses protecteurs au dehors. Le clergé avait donc dans le régime municipal, c'est-à-dire dans ce qui restait de la société romaine, de profondes racines ⁽²⁾. » Investis déjà sous l'empire de ce pouvoir suprême qui les mettait presque sur le même pied que les consuls ⁽³⁾, lorsque l'empire fut détruit, ils devinrent seuls capables de prendre en mains les intérêts de la cité et de les défendre contre les Barbares. « Si l'Église chrétienne n'avait pas existé, le monde entier aurait été livré à la pure force matérielle.... C'est l'Église qui a conquis les Barbares, qui est devenue le lien, le moyen, le principe de

---

(1) *Moines d'Occident*, t. I, p. 36 ; t. II, p. 73.

(2) Guizot, *Histoire de la civilisation en France*, VIII⁰ leçon.

(3) Dès l'an 365, Valentinien avait décrété que les citoyens de chaque cité éliraient un *défenseur* contre les exactions des officiers impériaux. Peu à peu les évêques avaient été revêtus de ces fonctions.

civilisation entre le monde romain et le monde barbare (1). » Aussi les peuples opprimés ne cherchèrent, jamais autant qu'à cette heure, à se cacher derrière la crosse de leurs évêques ; ils savaient que là seulement ils trouveraient protection et salut. Et alors les évêques, debout devant les vainqueurs, entreprirent de dompter leurs colères en même temps qu'ils soutenaient le courage des opprimés. A eux de s'opposer aux injustices, de protester contre les violences, de civiliser, d'assouplir ces farouches envahisseurs et de les amener à la douceur de la loi chrétienne ; à eux aussi de consoler les victimes d'évènements si douloureux, d'encourager ceux que paralysait l'incertitude de l'avenir, de réparer les désastres de l'invasion. Ils étaient les médiateurs et comme le trait d'union qui devait rapprocher vainqueurs et vaincus, oppresseurs et opprimés, jusqu'à ce qu'ils les eussent unis et fondus dans de communes aspirations et de communs devoirs. Ainsi d'un côté réprimer les Barbares, de l'autre relever les courages abattus, lutter contre la dissolution de la vieille société, épurer ses vieux restes, conserver en même temps les trésors de la littérature ancienne : telle fut la haute mission qui échut aux évêques du VIe siècle, mission qu'ils rempliront encore longtemps pour le bien de l'Église, le salut des âmes et la gloire et la grandeur de ce royaume de France dont Dieu venait de leur confier le berceau.

(1) GUIZOT, *Histoire de la civilisation*, IIe leçon.

Le fardeau qui pesait sur leurs épaules était lourd, la tâche, ingrate : souvent les chefs barbares, même après leur baptême, virent avec déplaisir toute l'autorité et toute l'influence dans la main de ces hommes pacifiques ; ils en furent jaloux, et volontiers ils tournaient contre eux leurs colères. Nous entendrons alors Chilpéric, un des fils de Clotaire, se plaindre avec amertume : « Voilà que nos biens s'en vont aux églises !... Personne ne règne, en vérité, si ce n'est les évêques des villes [1] ! » Bien souvent leurs sacrifices ne rencontrèrent que l'ingratitude, leur dévouement ne reçut pour toute récompense que les persécutions, quelquefois même la mort. Mais quoiqu'ils fussent persécutés, ils traitaient encore avec les rois barbares de puissance à puissance. Ils n'allaient pas si loin que ces nobles francs qui, malgré une fidélité éprouvée à leurs rois, ne laissaient pas d'opposer à la violence du maître des violences non moins redoutables et souvent non moins illégitimes. « Adieu, disait une députation de seigneurs austrasiens au roi Gontran de Bourgogne, petit-fils de Clovis, adieu, ô roi ! Nous prenons congé de toi, en te rappelant que la hache qui a brisé le crâne de tes frères est encore bonne, et bientôt c'est à toi qu'elle fera sauter la cervelle [2]. » Sans pousser si loin leur audace, les évêques n'en

---

[1] Greg. Tur., *Hist. Franc.*, lib. VI.
[2] Greg. Tur., *Hist. Franc.*, lib. VII, c. 14. — Traduit par Aug. Thierry *Récits mérovingiens.*

demeurèrent pas moins fermes et courageux en face des persécutions ; ils se montrèrent à la hauteur des difficiles devoirs que les calamités du temps leur imposaient, et jamais ils ne faillirent à leur mission quelque dure que pussent la rendre parfois les passions des hommes qui les entouraient. Il faut citer quelques-uns des évêques illustres qui se trouvaient alors à la tête de l'Église des Gaules : saint Remi à Reims, saint Sidoine à Clermont, saint Avit à Vienne, saint Césaire à Arles, Tétradius à Bourges, Cyprien à Bordeaux, Licinius à Tours, Viventiole à Lyon, et quelques années plus tard, à Trèves, l'illustre Nicetius que la Providence semblait avoir suscité, comme un nouvel Ambroise, pour opposer une barrière infranchissable aux coupables prétentions des souverains barbares.

Tels étaient les évêques qui présidaient aux destinées de l'Église des Gaules, à la fin du Ve siècle et au commencement du VIe : grands hommes, trop peu connus de nos jours, qui luttèrent avec tant de persévérance et d'énergie pour sauvegarder les intérêts de la civilisation et de l'Église, sur le point d'être engloutis par le torrent funeste des invasions ; âmes fortement trempées, dont le courage et la foi grandissaient avec les obstacles, et qui ne se découragèrent, ne désespérèrent jamais, au milieu de peuples qui avaient perdu tout courage et tout espoir. Tels étaient ces évêques qui présidaient les conciles, instruisaient les foules, venaient à la cour des rois pour demander tantôt une exemption d'impôts, tantôt la restitution de terres injustement dérobées, tantôt la grâce d'un coupable repentant ; qui passaient leur vie à protéger leurs peuples, à les convertir, à les sauver et finirent par créer une société nouvelle des éléments divers que le hasard des révolutions avait juxtaposés.

Saint Césaire, dont nous avons entrepris de raconter la vie et d'étudier les œuvres, fut l'un des plus illustres parmi ces évêques. Arraché jeune encore aux splendeurs du monde, caché dans un monastère célèbre où il aspirait à couler en paix ses jours, transporté de là par la Providence sur un siège illustre, placé pendant quarante ans à la tête de la première Église des Gaules, il fut mêlé à tous les évènements politiques et religieux qui marquèrent la première moitié du VIe siècle. Alaric II, Théodoric-le-Grand, Childebert, l'appelèrent à leur cour ; et, dans cette période, il n'est pas, même au loin, d'homme éminent qui n'ait eu des relations avec lui. Adoré de son peuple qu'il aimait, « comme une mère aime ses enfants, » vénéré, malgré sa jeunesse, par les évêques de sa province, il travailla sans relâche à enseigner les foules, à extirper les vices, à défendre la vérité, à augmenter la gloire de l'Église qui lui avait été confiée. S'il eût vécu au IVe siècle, il eût été l'égal des Ambroise, des Augustin et des Chrysostôme ; le malheur des temps qui le virent a diminué sa gloire. Mais s'il est moins illustre, il n'est pas moins grand. Lui aussi émut ses contemporains par son éloquence et par sa sainteté ; lui aussi lutta avec vigueur contre l'hérésie et procura de beaux triomphes à la vérité par l'éclat de sa doctrine ; lui aussi commanda l'admiration des peuples par son courage en face des persécuteurs et dans les exils successifs qu'il eut à subir ; lui aussi attira les foules désireuses de voir des miracles et de recevoir des bienfaits ; car de cette même main qui rédigeait les actes des conciles, qui bâtissait des monastères, il bénissait, et chacune de ses bénédictions apportait un soulagement à la douleur et à la maladie. C'est ce qui explique les transports d'admiration de ses contemporains, dont quelques échos sont arrivés jusqu'à nous. Et si sa gloire est aujourd'hui tombée dans l'oubli, si elle est méconnue d'un grand nombre, il faut attribuer cet oubli d'abord à l'époque dans laquelle il a vécu, époque pleine de confusion, demeurée obscure et fermée à toutes les recherches de l'historien, par le manque presque absolu de documents originaux ; et, en second lieu, à l'esprit léger de notre âge qui ne sait pas fouiller dans les siècles dont l'histoire pourrait lui donner de si utiles leçons.

Nous avons essayé de remettre en lumière cette mémoire. A l'intérêt qui s'attache à l'histoire de tous les génies chrétiens, s'ajoutait pour nous l'attrait d'une étude locale : saint Césaire vécut sous notre ciel de Provence, ses pieds foulèrent le sol que nous foulons ;

nous sommes les fils de ceux qu'il éleva dans la foi chrétienne. Sa figure douce et sereine a achevé de nous attirer à lui. Le charme qui nous a conduit à saint Césaire le trouvera-t-on à travers ces pâles tableaux, ces esquisses imparfaites? Nous n'osons l'espérer. Avant de lire ces pages, que l'on pense du moins aux lacunes des documents dont nous pouvions disposer, et à l'obscurité prodigieuse de cette époque « sur laquelle les rares historiens qui l'ont étudiée, glissent si volontiers, quand ils ne passent pas à côté d'elle sans aucun scrupule [1]. » Devant ces considérations, on nous pardonnera plus facilement d'être resté si au-dessous de notre tâche, et nous serons encore heureux d'avoir fait revivre un instant la gloire d'un pontife qui fut l'honneur de notre Église et de l'Église des Gaules.

[1] Aug. Thierry, Récits mérov., t. 1, p. 3.

HISTOIRE
DE
SAINT CÉSAIRE
ÉVÊQUE D'ARLES

CHAPITRE PREMIER

LES COMMENCEMENTS DE CÉSAIRE. — SA JEUNESSE.—
SON SÉJOUR A LÉRINS ET A ARLES.

469-502.

Naissance de Césaire à Châlon [1]. — Sa famille ; son enfance. — Césaire parmi les clercs de saint Silvestre. — Il s'enfuit de Châlon et vient à Lérins. — Sainte Clotilde et saint Césaire. — La vie monastique à Lérins ; ses détracteurs. — Césaire, cellérier. — Il tombe malade et on l'envoie à Arles. — Ses hôtes, Firmin et Grégorie. — Songe de Césaire. — Eon, évêque d'Arles, l'attache à son Église. — Césaire, abbé d'un monastère voisin. — Sa règle, ses homélies aux moines. — Son élection épiscopale. — Il se cache dans un tombeau.

Césaire naquit à Châlon, en 469 [2]. Bâtie par les Éduens sur la rive droite de la Saône, cette ville avait acquis en peu de temps une importance considérable. Un moment elle fut l'espoir du *dernier des Gaulois* : Vercingétorix,

---

(1) Voir à la fin du volume la note 1.

(2) On connaît la date précise de sa naissance par la date de sa mort. Nous prouverons plus loin qu'il mourut en 542 ; or le biographe de Cé-

auquel s'étaient alliés les Éduens, en avait fait son refuge. Il l'abandonna à la fin pour se retirer, non loin de Châlon, à Alesia ; c'est là que succomba ce grand homme après une héroïque résistance. Il n'avait pas moins fallu que le génie de César, pour le vaincre et avec lui la Gaule tout entière.

Les Romains occupèrent Châlon-sur-Saône, *Cabillonum*, et en eurent bientôt fait une ville romaine dans ses monuments, ses mœurs et son administration. Auguste la visita, les empereurs l'embellirent, et Constantin y établit son quartier général lorsqu'il vint combattre Maxence. Châlon dépendait de Lyon, métropole de la première Lyonnaise. Prise d'abord par les Burgondes, elle fut ensuite dévastée par les Huns (451). Mais les ressources de son commerce, la richesse de son sol eurent bientôt réparé ces ravages ; aussi lorsque, à la faveur des divisions intestines de l'empire et de la faiblesse de Majorien, Gundéric et Chilpéric, rois des Burgondes, tentèrent une seconde fois de s'établir dans les Gaules, ils s'emparèrent encore de Châlon (454) et en firent une des villes les plus importantes de leurs états. A l'époque où commence cette histoire (469), ils l'occupaient de nouveau depuis environ quinze ans.

Le christianisme avait, de bonne heure, jeté de profondes racines dans cette ville. Il y avait été apporté par saint Marcel et saint Valérien, échappés à la grande persécution

---

saire nous dit, en propres termes, qu'il était dans la 73ᵉ année de son âge ce qui nous reporte en 469. Fleury et tous les auteurs qui le font mourir en 543, disent qu'il est né en 470.

de Lyon (179) [1] ; les deux apôtres arrosèrent de leur sang le sillon qu'ils étaient venus tracer, et Châlon les regarde encore comme ses plus nobles gloires. La ville était à peu près complètement chrétienne, à l'époque dont nous parlons ; la preuve en est dans les troubles qui éclatèrent lorsqu'il fallut donner un successeur à l'évêque Paul-le-Jeune, vers l'an 473. D'après Sidoine Apollinaire, trois factions, ayant chacune leur candidat, divisaient la ville : le premier vantait sa noblesse ; le second faisait faire bonne chère à de nombreux amis ; le troisième avait promis une partie des biens de l'Église à ceux qui lui donneraient leur voix. Saint Patient de Lyon, s'étant rendu à Châlon avec les évêques de sa province, ordonna évêque le prêtre Jean, sans tenir compte des factieux [2].

La famille de Césaire était des plus nobles de la cité, et comptait une longue suite d'ancêtres. Montalembert [3] dit qu'il était fils du comte de Châlon : nous ignorons sur

---

(1) Greg. Tur., *de Gloria martyr.*, lib. I, c. 53, 54.

(2) Sid. Apoll., lib. 4, ep. 25.

(3) Moines d'Occ., t. I. page 242. Le grand écrivain, trompé par quelque mauvaise histoire, aura fait erreur sur ce point, comme nous le surprendrons plus tard faisant erreur au sujet des deux Césarie qu'il confond en une seule. Par contre, d'après M. Ampère (Hist. litt. de la France, t. II), les parents de Césaire auraient été des gens du peuple, et habitaient dans les environs de Châlon. La seule raison qu'il en donne, c'est que Césaire n'avait pas étudié les lettres profanes; or, dit-il, c'était là une partie essentielle de l'éducation dans les familles nobles. Nous ne saurions partager cet avis. Il est vrai que Césaire n'étudia pas les lettres profanes dans sa jeunesse : nous dirons plus tard pourquoi. Mais le texte de sa vie nous paraît si clair qu'il semble ne devoir laisser la place à aucun doute : *cujus parentes æque prosapies (quod est magnum et præcipuum honoris ac nobilitatis exemplum) supra omnes concives suos fide potius et moribus floruerunt.* (Vita Cæs., lib. I, n. 3).

quelle autorité il s'appuie. On ne sait rien de plus sur sa famille, ni sur les fonctions que pouvait exercer son père. A l'époque où nous sommes, la Gaule était devenue romaine depuis un siècle ; la civilisation de Rome, ses mœurs, ses lettres, ses lois, sa langue, s'étaient facilement implantées dans les provinces. Rome était pour les vieux gaulois, une patrie nouvelle, vers laquelle ils tournaient volontiers leurs regards. Surtout lorsque, pour les attacher davantage à l'empire et à ses destinées, les Césars leur eurent ouvert les portes du Sénat et l'accès à toutes les dignités, la Gaule se peupla de ces familles sénatoriales qui n'étaient autres que les anciennes familles des chefs gaulois, revêtues d'une dénomination nouvelle. Telle était la famille de Césaire, *Cœsarius* [1]. Une grande fortune lui donnait un éclat que beaucoup avaient perdu dans ces temps d'invasions. Il nous apprend lui-même, dans son testament, qu'il n'avait rien reçu des biens paternels. Mais, ce qui vaut mieux, la famille de Césaire était chrétienne ; et, si l'on en juge par les fruits qu'elle porta, on peut dire qu'elle n'était pas seulement chrétienne de nom : « Ses parents l'emportaient sur leurs concitoyens plus encore par leur piété que par leur noblesse [2]. » Comme on voudrait connaître le nom de cette mère qui veilla sur le berceau d'un si illustre fils !

---

[1] C'est le seul de ses noms qui nous soit connu, le seul qui lui soit donné par ses biographes et par les plus anciens écrivains qui ont parlé de lui, le seul aussi qu'il prenne dans son testament. Etait-ce son nom de famille ? Nous serions porté à le croire devant le nom de sa sœur et de sa nièce qui s'appelaient *Cæsaria*, Césarie. Ce n'était guère l'usage de donner un même nom à plusieurs membres de la même famille

[2] Vita S. Cæs., lib. 1, n. 3.

Peut-être l'offrit-elle, dès ses plus tendres années, au tombeau vénéré de saint Marcel [1]. Nous voyons cette pieuse coutume en usage parmi les chrétiens dès le IIIe et le IVe siècle [2] ; et la piété qu'on loue dans la famille de Césaire ne donne que plus de vraisemblance à cette supposition.

Mais si l'histoire ne nous apprend rien sur la mère, nous pouvons la connaître par son fils. A sept ans, Césaire donnait ses vêtements aux pauvres qu'il rencontrait, et lorsque, revenant à la maison à demi dépouillé, on lui demandait ce qu'il avait fait de ses habits, il répondait que les passants les lui avaient dérobés. « Ainsi, dit son biographe, comme on voit quelquefois de jeunes arbustes produire des fruits même avant que de croître, par suite d'une fécondité d'autant plus admirable qu'ils sont plus petits ; ainsi dans ce saint, le germe heureux d'un radieux espoir se fait jour dès sa plus tendre enfance, et sa piété donne des fruits avant que les années lui aient permis de fleurir [3]. »

Nous ne lui connaissons pas d'autre parent que sa sœur Césarie et sa nièce du même nom, dont nous aurons à parler dans la suite. Il en avait d'autres cependant, qui ont dû lui survivre : Césaire en parle dans son testament et il ne veut pas « que ses proches viennent inquiéter le mo-

---

(1) Ce tombeau fut toujours entouré à Châlon du plus profond respect. Ce n'est toutefois qu'au siècle suivant, vers 577, que Gontran, roi de Bourgogne, qui avait fait de Châlon sa capitale, fonda sur ce tombeau une abbaye célèbre, réglée en tout sur le modèle d'Agaune. Saint Marcel, réduit en prieuré de l'ordre de Cluny en 1060, a été depuis célèbre par la retraite et la mort d'Abailard.

(2) Voir à la fin du volume la note 2.

(3) Vita S. Cæs., lib I, n. 1.

nastère ni l'Église d'Arles au sujet de sa succession. » Sa sœur était-elle plus jeune ou plus âgée que lui? Quoiqu'elle soit morte bien des années avant le saint évêque, il semble qu'elle était plus jeune. C'est peut-être aux exemples de son frère, autant qu'à ses conseils, que Césarie dut la vie religieuse dont elle fit profession plus tard sous sa conduite. Elle lui rendit ce bienfait par le charme ineffable qu'une sœur sait répandre sur toute l'existence de son frère, en continuant auprès de lui l'affection et les sollicitudes maternelles.

Quoique l'enfance de Césaire échappe à peu près complétement à l'histoire qui ne nous a laissé que ce trait de sa charité naissante, on peut supposer que son éducation fut en rapport avec le rang et l'opulence de sa famille. Il ne put pas apprendre les lettres profanes aux écoles des grammairiens et des rhéteurs : depuis le commencement du Ve siècle, les écoles impériales et municipales, autrefois si florissantes, étaient ruinées. Seules, les écoles épiscopales avaient survécu : l'évêque y enseignait les clercs de son église et toute la jeunesse qui voulait profiter de ses leçons. Nul doute que Césaire n'y ait été envoyé de bonne heure, pour s'initier à l'étude des saintes lettres et acquérir les quelques rudiments littéraires dont se composait à cette époque, dans les Gaules, tout le programme de l'enseignement.

Un évêque d'un grand mérite et d'une haute sainteté venait de monter sur le siège épiscopal de Châlon, saint Silvestre, qui devait gouverner cette Église pendant quarante deux ans. Grégoire de Tours nous apprend que les malades recouvraient la santé, en se reposant sur un lit tissu de cordes, qui lui avait appartenu. « Ma mère elle-même, dit-il, avait obtenu par ce moyen la guérison d'une jeune fille de sa famille [1]. » Silvestre, comme presque tous les évêques de son temps, avait, auprès de lui, un certain nombre de clercs qui vivaient en communauté. Leur journée se passait dans l'étude, la prière et le chant des psaumes à l'église.

Césaire put voir de près, en fréquentant les mêmes leçons, et l'évêque et ses clercs. Dès lors son seul désir fut de se voir admis au nombre de ces privilégiés. Un jour, il vint se jeter aux pieds de Silvestre et lui demanda cette faveur. Il avait alors 18 ans (487). Césaire fit cette démarche à l'insu de sa famille. Mais Silvestre n'y vit aucune difficulté ; il l'accueillit, nous dit son biographe, en rendant grâce au ciel. Ce seul mot nous indique la haute position de Césaire, ses qualités, et l'influence qu'un exemple, parti de si haut, pourrait exercer non pas seulement sur les clercs, mais sur la ville tout entière. Silvestre eut confiance dans la foi des parents du jeune clerc ; et nous ne voyons pas que ceux-ci aient jamais blâmé leur enfant de cette décision.

Et cependant Césaire vivait séparé d'eux ; car les clercs formaient une sorte de communauté, un monastère dont ils ne sortaient que pour accompagner l'évêque, soit à l'église, soit ailleurs. Leur chevelure était rasée et leur vêtement les distinguait des laïques de leur âge.

---

[1] GREG. TUR., *de Gloria Confess.*, c. 85.

Toutefois c'était peu pour Césaire d'avoir quitté le toit paternel ; malgré cette séparation, il se sentait encore attaché par tous les liens de la famille et de l'amitié. Après deux ans de séjour auprès de l'évêque, toujours sollicité par la grâce divine, il méditait un second sacrifice ; désireux de répondre avec plus de générosité à l'appel de Celui qui ne se contente pas de ce qu'on lui donne, tant que tout n'est pas à lui, il songea à s'éloigner de sa famille et de sa patrie. Mais comment obtenir de ses parents un consentement qu'il leur serait si pénible d'accorder? Césaire jugea que la fuite était le meilleur moyen. Il partit en effet (489), n'emmenant avec lui qu'un seul serviteur. Et ce qui nous prouve qu'il s'enfuit à l'insu de sa famille, c'est que, d'après son biographe, la mère de Césaire, désolée, envoya des gens à sa poursuite, dès qu'elle s'aperçut de son départ. La Providence permit qu'ils ne pussent l'atteindre : le fugitif traversa le fleuve qui le séparait des émissaires, sans être aperçu d'eux [1]. C'est la seule mention qui soit faite de la mère de Césaire. Qu'on ne dise point, à la vue de ses larmes, que sa vertu était bien faible. Quelle mère, fût-elle encore plus chrétienne, n'éprouverait semblable douleur au premier moment d'un si grand sacrifice !

Ainsi, malgré l'affaiblissement des caractères, malgré la diminution de la foi dans les âmes, il y avait encore dans cette société amollie, de rudes chrétiens qui s'entendaient aux sacrifices héroïques et ne reculaient point devant le conseil du solitaire de Bethléem à Paulin : « Hâtez-vous, et

---

[1] Vita S. Cæs., lib. I, n. 4.

coupez le câble qui retient encore votre barque au rivage ; ne le détachez pas ; coupez-le. Sachez d'ailleurs qu'on n'a tout donné à Dieu que quand on s'est donné soi-même. Pour se dégager ainsi de tout, que faut-il ? me demanderez-vous. Une chose : songer qu'on doit mourir un jour [1]. »

C'est, en effet, le seul désir d'une plus haute perfection qui poussa Césaire à cette fuite héroïque. Son âme, uniquement éprise de Dieu, attirée cependant vers la terre par l'affection des siens, comprit que pour se donner totalement, il lui fallait couper ce dernier câble qui retenait sa barque au rivage : il le coupa.

Dieu ne tarda pas à récompenser la générosité de son serviteur. Tandis que Césaire continuait son voyage, un malheureux possédé se mit à le poursuivre et à crier après lui : « Césaire, ne va pas plus loin ; arrête-toi. » Césaire s'arrêta en effet, mais pour présenter au malheureux une coupe qu'il bénit. A peine le possédé l'eût-il approchée de ses lèvres qu'il fut délivré. C'est le compagnon de route de Césaire qui raconta plus tard ce miracle [2].

La fuite clandestine du futur évêque d'Arles nous rappelle une autre fuite qui avait lieu dans le même temps et sur le même théâtre. Clotilde, nièce de Gondebaud, roi des Burgondes, venait d'être demandée en mariage par Clovis, le jeune guerrier qui avait envahi la Gaule et conquis avec les Francs un vaste territoire. Gondebaud, incertain sur la réponse qu'il devait donner, lui avait d'abord opposé

---

[1] Epist. Hieronymi ad Paulinum.
[2] Vita S. Cæs., lib. I, n. 5.

des lenteurs. Enfin un plaid (placitum) s'était tenu à Châlon entre les grands des Burgondes et les envoyés Francs (489) ; Clotilde fut accordée à Clovis, et il fut convenu que les deux époux reviendraient célébrer solennellement leurs noces à Châlon où Gondebaud voulait préparer des fêtes magnifiques [1].

Clotilde quitta Châlon avec un équipage royal ; mais à quelques lieues de là, prévoyant le retour d'Arédius et les regrets de son oncle, la future reine des Francs quittait sa basterne et fuyait en toute hâte vers Soissons, avec un seul compagnon de route [2].

Ainsi Césaire et Clotilde s'enfuyaient en même temps de Châlon, l'un pour s'enfermer dans un monastère et s'y préparer aux labeurs de l'épiscopat, l'autre pour monter sur le trône et convertir le chef d'une grande race ; tous les deux en réalité pour travailler à la même œuvre. Ils allaient transformer des peuples nouveaux, étendre la religion du Christ, la faire fleurir dans ce pays des Gaules qui devait être un jour la France. Car si la France peut se dire à juste titre l'œuvre des évêques et des moines, elle n'a pas oublié que la conversion de Clovis fut l'œuvre de sainte Clotilde.

Le jeune clerc de saint Silvestre avait-il connu la nièce de Gondebaud ? L'avait-il rencontrée quelquefois dans cette ville où son oncle venait souvent avec elle ? Avant sa fuite, n'avait-il pas entendu parler de ce mariage et de ces fêtes ? Nous l'ignorons ; mais la Providence ménageait à ces deux

---

[1] GREG. TUR., Hist. Franc., col. 585.
[2] BOLLANDISTES, 3 juin.

grandes âmes, de vocation en apparence si différente, des rapprochements étranges. Qui aurait dit qu'un jour, à cinquante ans de là, le petit-fils de cette reine viendrait chercher un asile auprès de Césaire, et que le vieil évêque d'Arles, avant de mourir, pressant dans ses bras le royal enfant lui apprendrait comment on foule aux pieds les grandeurs de la terre pour mieux se rendre digne des couronnes du ciel?

Césaire avait choisi Lérins pour sa retraite. D'autres monastères, plus voisins de Châlon, auraient pu lui ouvrir leurs portes : en Bourgogne seulement, Moutier-Saint-Jean, Condat, sans parler de Marmoutier et des autres qui couvraient l'Auvergne. Mais à cette époque (489), aucun de ces foyers monastiques n'avait une aussi grande renommée que Lérins.

En 410, Honorat, issu d'une famille consulaire, vient sur ces rivages : les serpents s'enfuient à son approche, la nature elle-même, jusqu'alors aride, semble s'embellir pour souhaiter la bienvenue au saint ; et bientôt cette île, qu'on n'osait aborder, devient le séjour de nombreux solitaires, attirés par la grande réputation d'Honorat. En quelques années, il avait réuni autour de lui la famille de moines la plus illustre de l'Occident. Lérins était devenu un foyer de science et de vertu, « une pépinière d'évêques et de saints, » qui répandirent sur toute la Gaule la lumière de l'Évangile et portèrent au loin la gloire de l'*Ile bienheureuse*. Tous les grands évêques de ce siècle y avaient passé quelques années : Eucher de Lyon, Loup de Troyes,

Maxime et Fauste de Riez, Hilaire d'Arles, sortaient tous de l'*Ile bienheureuse*, à laquelle on n'avait réussi à les arracher que par la violence.

Lérins ne donnait pas seulement de grands évêques aux Églises des Gaules, il leur donnait aussi de saints religieux pour fonder de nouveaux monastères. Agaune, cette abbaye célèbre, dans laquelle, le jour et la nuit, le *Laus perennis* retentissait sur les lèvres des moines « aussi infatigables que les lèvres des anges, » Agaune avait été fondée par une colonie venue de Lérins. L'illustre saint Patrice, qui évangélisa la verte Érin et la couvrit de monastères, était venu aussi demander à Lérins le secret de sa gloire. Dès lors, la préférence de Césaire doit-elle nous surprendre?

La vie monastique au VIe siècle, quoique loin encore de la perfection qu'elle a atteint aujourd'hui, ne ressemblait plus à ces réunions d'hommes ou de femmes, qui, dans les premiers siècles de l'Église, tendaient à la perfection. Au Ve et au VIe siècle, les moines vivaient déjà sous une règle précise et détaillée : à Lérins, saint Honorat lui-même l'avait rédigée. Dans son institution, la prière, la pénitence, le travail d'esprit comme le travail des mains devaient remplir cette vie commune dont le monde était complètement banni. Le chant des louanges de Dieu, la prière y occupaient cependant la part principale. Les moines se levaient la nuit pour chanter alternativement des hymnes et des psaumes; dès l'aurore, ils revenaient à l'église pour l'office du matin; la journée était partagée entre les autres Heures de l'office divin, Tierce, Sexte et None. C'étaient des moments de repos pour le corps et de sainte et fortifiante réfection pour les âmes. Le soir, à la clarté des lampes, on chantait les psaumes des vêpres. Le temps qui restait dans l'intervalle de ces prières, se passait dans l'étude et le travail des mains, l'étude des saints livres, des écrits des Pères et la transcription des manuscrits. C'est dans ces heures fécondes que Lérins puisa cette science, cette illustration dans les saintes lettres, qu'aucun monastère ne put jamais surpasser ; c'est dans ces heures d'étude que se formèrent tous les vaillants athlètes de la foi et qu'ils préparèrent aux siècles futurs ces pages immortelles que les hérétiques de tous les temps devront détruire, s'ils veulent que leurs attaques obtiennent quelque créance dans le monde.

Le croirait-on ? Cette vie si sainte et qui donnait tant de bonheur à ceux qui avaient assez de courage pour l'entreprendre, fut attaquée par les survivants du paganisme, par les lettrés de l'époque. Après Libanius, après Eunope, qui avaient répandu leur bile sur les moines du IV⁰ siècle, Rutilius nous laisse, dans le siècle suivant, quelques spécimens de la haine que sa secte leur portait. Dans le poëme où il nous décrit son voyage d'Italie dans la Gaule, lorsqu'il arrive en face de Capraja qu'habitaient les patriciens convertis : « Voilà, dit-il, Capraja qui se lève devant nous ; cette île regorge de misérables qui fuient la lumière ; ils se sont appelés *moines*, parce qu'ils veulent vivre sans témoins. Ils redoutent les faveurs de la fortune, parce qu'ils n'auraient pas la force de braver ses dédains ; ils se font malheureux, de peur de le devenir un jour. Leur sort est de renfermer leurs chagrins dans une étroite cellule, et d'enfler leur triste cœur d'une humeur atrabilaire [1]. » Plus loin, la vue de la Gorgone excite encore son envie : « Là, s'est enseveli vivant, au sein des rochers, un citoyen romain. Poussé des Furies, ce jeune homme, noble d'aïeux, riche de patrimoine, et non moins heureux par son mariage, fuit la société des hommes et des dieux. Crédule exilé, il se cache au fond d'une honteuse caverne ; il se figure que le ciel se plaît aux dégoûtantes misères, plus cruel pour lui-même que ne pourraient l'être les dieux qu'il offense [2]. »

Déjà au siècle dernier, Ambroise avait répondu à tous les détracteurs et avait célébré avec amour ces illustres exilés du monde. « C'est là, disait-il, dans ces îles jetées par Dieu comme un collier de perles sur la mer, que se réfugient ceux qui veulent échapper aux embûches de cette vie et renoncer aux plaisirs déréglés. La mer offre comme un voile à leurs mortifications. Là, rien ne trouble la paix de l'âme. Le bruit mystérieux des flots s'y marie au chant des hymnes ; et pendant que les vagues viennent se briser avec un doux murmure sur ces plages heureuses, de leur

---

[1] Processu pelagi jam se Capraria tollit ;
Squalet lucifugis insula plena viris.
Ipsi se monachos Graio cognomine dicunt,
Quod soli nullo vivere teste volunt...
Rutilii Numat. Itinerarium, lib. I, v. 439...

[2] Adversùs scopulos, damni monumenta recentis,
Perditus hic vivo funere civis erat.
Noster enim nuper juvenis, majoribus amplis,
Nec censu inferior, conjugiove minor... Loc. cit., lib. I, v. 517

sein on entend monter vers le ciel les paisibles accents du chœur des élus [1]. »

Au Vᵉ siècle, les moines eux-mêmes se chargeaient de répondre à ces calomnies, en bénissant l'île qui les avait reçus, en inscrivant dans leurs chefs-d'œuvre le témoignage de leur reconnaissance pour ce doux asile de Lérins, qui fut « le port de la religion, dans lequel, après avoir été ballottés longtemps sur la mer du monde, ils vinrent chercher la paix et l'étude, afin d'éviter les naufrages de la vie présente, aussi bien que les feux du siècle futur [2]. » Pour eux, c'était la porte du ciel, le paradis terrestre, la maison même de Dieu, l'île sainte, l'*Ile bienheureuse*. [3]

Et les âmes fatiguées du monde, avides de sainteté, n'écoutaient point les déclamations des poëtes païens ; elles aimaient mieux prêter l'oreille aux accents passionnés de ces cœurs, et elles accouraient nombreuses peupler ces solitudes pour goûter le bonheur dont on leur parlait.

C'est là que Césaire arriva vers l'an 489. L'abbé Porcaire le reçut avec les anciens de l'île. Ils purent constater bientôt qu'il n'y avait pas lieu de regretter son admission. Dès le premier jour de son entrée dans le monastère, Césaire voulut être le modèle des moines et pratiquer la règle dans toute son étendue et dans toute sa rigueur. Docile, régulier, doux, humble, plein d'ardeur pour le travail autant que pour les veilles, le premier à la prière et à l'étude, le pre-

---

(1) S. Ambrosii, *Hexameron*, III, 5.
(2) Vincent. Lirin., *Præf. in Commonit.*
(3) Serm. IX, S. Cæs. (apud Barralim).

mier dans les austérités imposées par la règle, il montrait en toute chose le même zèle. Les supérieurs s'aperçurent bientôt qu'au lieu d'un commençant, c'était un religieux consommé qu'ils avaient admis [1].

Porcaire remarqua cette vertu solide et vraie, quoique si précoce. Il eut bientôt pour Césaire la plus haute estime ; il fit mieux, il l'aima. A partir de ce jour, fondant sur ce fils de son cœur les plus belles espérances, le vieux moine l'entoura d'une sollicitude paternelle. Il confia à Césaire, le dernier venu dans l'île, la charge de cellérier. C'était une fonction importante et difficile dans un monastère aussi considérable et qui demandait de lui autant de vertu que de savoir-faire. Tous les soins matériels retombaient sur le cellérier : c'était à lui de distribuer la nourriture journalière, de veiller sur les malades, de donner à chacun selon ses besoins. Il fallait donc prévenir ceux qui par mortification ne demandaient rien, tout comme il fallait se montrer sévère envers ceux qui étaient trop exigeants. Césaire remplit avec conscience ses nouveaux devoirs, et il ne craignit point de mécontenter les moines plus relâchés qui écoutaient trop la nature et le sollicitaient à tort. Ces derniers, ennuyés de trouver toujours en lui une fermeté qu'ils ne pouvaient fléchir, finirent par se plaindre à l'abbé et demandèrent que l'on confiât à un autre la charge de cellérier. Porcaire crut devoir céder à leurs murmures ; et le jeune moine revint avec joie à la tranquillité de ses premières occupations. Il se livra avec

---

[1] Vita S Cæs., lib. I. n 5.

plus de zèle que jamais à la prière, à l'étude, aux veilles, au chant des psaumes, dont l'avaient un moment détourné les sollicitudes de sa charge.

En même temps qu'il s'adonnait avec une nouvelle ardeur à la prière et à l'étude, Césaire redoublait de ferveur dans ses macérations. Malgré sa constitution délicate, quelques légumes cuits à l'eau avec un peu de farine lui suffisaient pour sa nourriture de la semaine ; et pour mieux dompter une chair toujours rebelle, il ajoutait à ces jeûnes quotidiens des austérités continuelles que sa ferveur exagérait toujours. Il avait appris des anciens de l'île qu'on n'arrive à affranchir son âme qu'en méprisant les basses convoitises du corps [1] : on voit de quelle manière ces sages conseils étaient suivis par le fervent religieux.

Mais pour admirer davantage ces vertus que Césaire n'était pas seul à pratiquer, et que partageaient avec lui toutes les âmes séparées du monde, à Lérins comme à Condat, à Ligugé comme à Marmoutier, à Moutier-Saint-Jean comme dans tous les monastères, pour mieux apprécier cette vie de prière, d'étude et d'austérité, il faut la comparer avec la vie sensuelle, inutile, quand elle n'était pas infâme, des descendants dégénérés des patriciens et des sénateurs romains. Car dans peu de siècles de l'histoire, les mœurs, les caractères descendirent plus bas que dans le Ve siècle. Qu'on mette donc en regard la vie des moines avec celle de ces patriciens voluptueux, « qui croyaient avoir égalé les travaux de César s'ils côtoyaient le golfe

---

[1] Vita S. Cæs., lib. I, n. 7.

de Baïes, bercés sur une barque somptueuse, éventés par de jeunes garçons, et déclarant la vie insupportable si un rayon de soleil se glissait à travers le parasol ouvert sur leur tête, qui ne rougissaient pas de traîner en public toutes les infâmies de leurs orgies domestiques [1]. » Les moines nous apparaîtront alors sous un autre jour, et nous verrons quel cas il faut faire du dédain et des murmures des poëtes.

La constitution délicate de Césaire n'y tint pas : son corps fut bientôt exténué par les austérités, et une fièvre maligne qui s'empara de lui vint encore ajouter à sa faiblesse et aggraver son état. Porcaire fut ému de la langueur de son fils bien-aimé : « le mal, d'après son biographe, était partagé entre le maître et le disciple, et ce que celui-ci souffrait dans son corps, celui-là le ressentait dans son âme. » Il n'y avait dans le monastère aucun remède à une telle maladie : aurait-on trouvé un médecin capable de donner à Césaire des soins intelligents, aucun ne serait arrivé à tempérer son ardeur pour les veilles et les jeûnes, première cause de son infirmité. Porcaire, le voyant dépérir tous les jours, se décida à l'envoyer hors du monastère pour qu'il pût se guérir. C'est à Arles qu'il lui trouva un asile. Mais on devine quelles instances il fallut pour que le jeune moine se résolut à quitter une retraite si chère. Que lui importaient les souffrances du corps, pourvu que son âme fut heureuse ? Aussi un ordre ne suffit presque pas à Porcaire, il dut

---

[1] OZANAM, la Civilisation chrétienne au Ve siècle

le forcer à partir : « *Jubet eum, imo cogit beatissimus abbas* [1]. »

Tandis que Césaire était obligé de quitter sa chère solitude de Lérins, de grands évènements, aussi heureux pour l'Église que pour la Gaule, venaient de s'accomplir. Les prières de Clotilde étaient enfin exaucées. Clovis, dans la mêlée de Tolbiac, avait juré au Dieu de son épouse de lui donner sa foi, et maintenant, fidèle à sa parole, il venait, dans la cathédrale de Reims, revêtir la robe blanche des néophytes, et, suivi de trois mille de ses guerriers, il renonçait à l'idolâtrie et recevait le baptême. Nous avons dit les transports de joie qui éclatèrent de toutes parts à cette heureuse nouvelle et les présages qu'on en tira pour l'avenir. Nous ignorons si Césaire, du fond de son île de Lérins, ressentit le contre-coup de cet évènement. La Providence avait décidé qu'il en éprouverait plus tard l'heureuse influence : les dernières années de sa vie s'écouleront tranquilles sous le sceptre d'un fils de Clovis, et il goûtera les précieux avantages de cette victoire de la foi chrétienne qui vient de s'asseoir sur le trône des Francs.

A cette époque vivait à Arles un homme de grand mérite et de non moins grande charité, du nom de Firmin ; Grégorie, son épouse, que le biographe de saint Césaire place à la tête de toutes les femmes d'Arles, l'égalait en noblesse autant qu'en piété. Leur plus grand bonheur était de subvenir, avec un zèle infatigable, à tous les besoins des clercs, des pauvres et des moines. « Ils aimaient mieux, disaient-ils,

---

[1] Vita S. Cæs. lib. I, n. 7.

faire porter au ciel leurs richesses dans les mains des pauvres que de s'en servir pour un vain luxe. » Leur maison était renommée pour l'hospitalité qu'elle savait donner à tous. C'est là que fut envoyé Césaire et qu'il reçut de ses nobles hôtes tous les soins et toutes les prévenances de la charité la plus exquise.

Firmin, qui était en relation avec tous les hommes illustres de son époque, avait fait, en même temps, de sa maison le rendez-vous de tous ceux qui cultivaient les belles lettres. Sidoine Apollinaire lui adressa plusieurs épîtres que nous avons encore ; et Ennodius, évêque de Pavie, qui était né à Arles et y avait passé sa jeunesse, parle de son éloquence et fait l'éloge de son style. Parmi les amis les plus intimes et les visiteurs les plus assidus de Firmin, il faut placer Pomère, le célèbre rhéteur, dont parle Ennodius et qu'il appelle *Alumnus Rhodani*, le même qui était en ce moment abbé d'un monastère voisin [1]. Césaire lui fut présenté par ses hôtes ; à travers le voile de modestie dont le jeune moine s'entourait avec soin, le rhéteur eut bientôt discerné les rares aptitudes de son esprit et sa haute intelligence. Il lia amitié avec lui, et dès lors son plus grand désir fut de lui apprendre les lettres profanes que Césaire n'avait jamais cultivées ; « afin, disait Pomère, que sa simplicité monastique s'enrichît de tous les trésors des lettres

---

[1] Nous avons suivi l'opinion des auteurs de l'Histoire littéraire de la France (t. III, p. 669) qui n'admettent qu'un Pomère, lequel, d'après eux, fut abbé d'un monastère d'Arles, donna des leçons à saint Césaire et composa plusieurs écrits qui sont arrivés jusqu'à nous. Mabillon en distingue deux. (t. I, Annal. p. 20.)

humaines. » Césaire, docile autant que reconnaissant, se mit à l'œuvre avec toute l'ardeur d'un esprit désireux d'apprendre ; mais Dieu avait sur lui d'autres desseins. Il voulait faire de ce moine non point un rhéteur, mais un évêque. Or l'Église n'avait pas besoin, en ce moment, des belles périodes, des tournures élégantes, des cadences harmonieuses du style virgilien ou cicéronien. Elle avait besoin d'une parole simple, claire, mais surtout pleine de doctrine et de vérité. Cette doctrine, il fallait la demander aux saints livres, à ces Écritures qui peuvent bien s'éloigner quelquefois des règles ordinaires du style et du genre des rhéteurs, mais qui renferment néanmoins tout ce qu'il y a de plus beau, de plus grand et que l'éloquence humaine n'atteindra jamais ; il fallait la demander encore aux écrits des Pères qui se répandaient peu à peu dans tous les centres d'étude. Césaire avait commencé par là ; il avait cultivé la vraie science et l'avait puisée aux vraies sources ; à Châlon, à Lérins surtout, il s'était livré avec ardeur à l'étude de la sainte Écriture ; il se l'était appropriée, et nous voyons, dans les pages qui nous sont restées de lui, le texte sacré revenir toujours sur ses lèvres, se confondre avec sa pensée, ne plus faire qu'un avec ses propres paroles, tant il avait su se l'assimiler. A quoi bon les vaines fictions de l'art humain, à une époque si troublée, au milieu de peuples à demi barbares, parlant les uns le goth, les autres un mauvais latin, d'autres un plus mauvais grec !

Un soir que, fatigué de ses longues veilles, Césaire s'était endormi sur un livre profane, il lui sembla dans un songe qu'un énorme serpent enlaçait le bras qui touchait au livre et le serrait jusqu'à le broyer. Césaire s'éveilla épouvanté, et voyant dans cette terrible vision un avertissement du ciel, il promit à Dieu de renoncer désormais aux études profanes, sachant bien que les vains ornements du langage sont inutiles à ceux qu'éclaire la lumière d'en haut.

Saint Jérôme avait eu un songe semblable. Dans les commencements de sa conversion il voulut renoncer aux lettres païennes ; mais le courage lui manqua, et, arrivé au désert, il lisait Cicéron au milieu de ses jeûnes et de ses pénitences et il ouvrait Plaute tout en pleurant ses péchés. Pendant le carême qui suivit, étant tombé dangereusement malade, il eut un songe : il se crut transporté au pied du trône de Jésus-Christ ; et le Sauveur lui ayant demandé : « Qui es-tu ? — Je suis chrétien, répondit saint Jérôme. — Non, reprit le Christ, non, tu n'es pas chrétien, tu es cicéronien. » Confondu par ce reproche, Jérôme promit à Dieu d'abandonner à tout jamais la lecture des auteurs profanes [1].

Il oublia ce songe et sa promesse ; et plus tard, lorsque Rufin lui reprochait cet oubli, Jérôme répondait que ce n'était qu'un songe, et il continua à expliquer Virgile et à enseigner la grammaire.

Césaire ne revint pas sur sa première résolution. Ce n'est pas que nous prétendions accuser l'illustre pénitent de Bethléem, ni résoudre cette question si difficile et si longtemps débattue de l'alliance de la littérature païenne avec l'Évangile, des lettres païennes avec les lettres chré-

---

[1] S. Hieron. Epist. XVIII, *ad Eustochium.*

tiennes. La question était posée depuis bien longtemps. Aux premiers siècles de l'Église, elle divisait déjà l'Orient qui était pour et l'Occident qui était contre, et l'on n'a pas oublié le fier langage de Tertullien : « Pour nous, nous n'avons pas besoin de science après le Christ, ni d'études après l'Évangile ; et quand nous croyons, nous ne cherchons plus [1]. » Saint Jérôme n'était pas de son avis.

Il est certain toutefois que les évènements se chargèrent de terminer le débat et de résoudre la question. Si au IVe et au Ve siècle il pouvait être utile à saint Jérôme et aux autres Pères de savoir les lettres païennes, pour amener dans le sein de l'Église une société qui aimait et goûtait la littérature et les choses de l'esprit ; au VIe siècle, saint Césaire et ses contemporains auraient perdu leur temps en s'adonnant à ces études, incomprises des Barbares qu'ils avaient à convertir [2].

Les protecteurs et les amis de Césaire comprirent sa répugnance et ils n'essayèrent pas de la combattre. Mais Firmin crut devoir parler de son protégé à l'évêque d'Arles. Il lui vanta sa vertu, les qualités de son esprit, si bien que saint Eon témoigna le désir de le voir et de le connaître. Le jeune moine lui ayant été amené, l'évêque lui demanda le nom de son pays et celui de ses parents. Césaire avait à peine répondu à ses interrogations que le saint vieillard le pressa affectueusement dans ses bras et lui dit : « Mais moi aussi, mon fils, je suis né à Châlon,

---

[1] *De Præscript. hæretic.*, C. VIII.
[2] Cf. OZANAM, *Civilisation chrétienne*, t. I.

et vos parents me sont bien connus et bien chers, car ma famille est alliée à la vôtre. » Dès ce jour, Césaire fut traité par le vénérable évêque, non pas comme un étranger, mais comme un fils bien-aimé. L'évêque d'Arles, heureux d'avoir connu son mérite, voulut se l'attacher d'une manière définitive, et il le demanda à Porcaire, qui, malgré son affection pour Césaire et son ardent désir de le voir revenir à Lérins, se décida, non sans regrets, à le donner à l'Église d'Arles. L'abbé ne se faisait pas illusion sur la cause principale qui ruinait la santé du jeune religieux : un corps si délicat, dominé par une âme aussi ardente, pourrait-il jamais résister à la vie austère de ses moines ? Éon l'ordonna diacre et prêtre bientôt après [1].

Césaire, devenu clerc de l'Église d'Arles, n'était plus tenu aux règles de la vie monastique de Lérins ; il y fut cependant toujours fidèle. « Clerc par le caractère et par les fonctions qu'il remplissait, dit son biographe, il resta moine par la charité, l'humilité, l'obéissance et la mortification. Toujours le premier arrivé aux offices de la nuit comme du jour, il en sortait toujours le dernier [2]. » C'est le seul détail que nous ayions sur son ministère de prêtre séculier qui, d'ailleurs, ne dura pas longtemps.

---

[1] Il est impossible d'assigner une date précise à son départ de Lérins et de déterminer la durée de son séjour à Arles. Césaire était venu à Lérins en 489 ; il quitta Arles pour être abbé dans un monastère voisin, en 499. Ce sont les seules dates qu'il soit possible de donner d'une manière sûre. Il dut passer à Lérins la plus grande partie de ces dix années. Son arrivée à Arles remonte donc à l'an 497 ou 498, et saint Éon a dû attendre pour l'ordonner prêtre qu'il eût trente ans, c'est-à-dire l'an 499.

[2] Vita S Cæs., lib. I, n. 10, 11.

L'abbé d'un monastère voisin d'Arles étant mort, Césaire fut désigné par saint Eon pour lui succéder. Quel est ce monastère ?

L'origine des différents monastères dont il est fait mention dans l'histoire d'Arles est bien obscure. C'est ce qui a donné lieu à toutes sortes de suppositions sur celui dont saint Césaire fut abbé. D'après son biographe, il était situé *in suburbana insula civitatis*. Reste à savoir quelle était cette île. Les uns croient qu'il s'agit de la Camargue ; les autres veulent que ce soit une île du Rhône qui aurait disparu aujourd'hui ; d'autres même prétendent que ce monastère n'était autre que celui de Montmajour. Saxi [1] et avec lui le bénédictin dom Chantelou [2] le placent dans l'île formée par les deux branches du Rhône. Ils conviennent qu'il ne reste aucune trace de cette abbaye ; mais cela ne doit pas étonner après tous les bouleversements que le temps et les hommes ont dû faire subir à ces lieux dans l'espace d'environ douze siècles. D'après Saxi, ce monastère, après avoir été détruit, vers l'an 509, par les Goths ou par les Francs, fut rebâti dans le même lieu, sur l'ordre de Childebert, par Aurélien, évêque d'Arles. En cela il se trompe certainement. Le monastère bâti par Aurélien vers l'an 547 était dans la ville même, *intra muros*, et non *in suburbana insula* ; il n'y a aucun doute

---

[1] PONTIFICIUM ARELATENSE.

[2] Hist. manuscrite de Montmajour. Bibliothèque Méjanes. — L'île en question n'est autre que la Camargue.

possible sur ce point [1]. La règle qu'Aurélien donna à ses moines [2] dit expressément qu'ils demeuraient *intra civitatem*; le pape saint Grégoire-le-Grand écrivant à Virgile, archevêque d'Arles [3], au sujet de ce monastère, dit aussi qu'il était situé *intra muros civitatis*.

Toutes ces opinions ne sont que des hypothèses. Attendons que quelque document, ignoré jusqu'à ce jour, nous apporte des données plus certaines.

Césaire devait retrouver dans ce monastère la paix et le bonheur qu'il avait goûtés à Lérins; toutefois, il n'en fut pas ainsi tout d'abord. De nombreux abus s'étaient glissés, on ne sait comment, parmi les moines, à la tête desquels saint Eon l'avait placé. On en peut juger par l'homélie dans laquelle le jeune abbé relève tous ces désordres [4]. La violation de la règle y était devenue habituelle; la jalousie, l'orgueil, le mensonge étaient chose commune parmi eux; ils ne se faisaient pas scrupule quelquefois de quitter les offices de la nuit, les uns pour se quereller, pour murmurer, les autres, sous prétexte de maladie, pour prendre quelque nourriture ou quelque rafraîchissement. Plusieurs observaient fidèlement les jeûnes, mais leur cœur était plein de haine : en tous, peu de foi et de

---

(1) C'est dans le monastère d'Aurélien que saint Florentin fut abbé. Son épitaphe, qui est restée jusqu'à la Révolution, derrière l'autel de l'église Sainte-Croix, et d'autres indications font supposer qu'il était tout près de cette église.

(2) HOLSTENIUS, *Codex regularum*, p III.

(3) S. GREG. epist. CXVII.

(4) Bibl. Maxima Patrum (Lyon), hom. XXXI.

crainte de Dieu. Comme Césaire dut souffrir dans les commencements, en présence de tels dérèglements, lui qui ne connut jamais que la ferveur dans la vie religieuse et qui fut toujours le premier au devoir, quelque pénible qu'il pût être! Toutefois il ne se découragea point. La Providence l'avait placé à la tête de ce monastère pour y ramener la régularité et la ferveur. Il avait à peine trente ans; malgré la difficulté de l'entreprise, malgré sa jeunesse qui semblait devoir favoriser l'indiscipline et augmenter le nombre des abus, Césaire se mit à l'œuvre courageusement. Après avoir étudié le mal, il n'hésita pas d'apporter le remède; mais il le fit avec tant de dévouement, d'habileté et de sagesse, qu'au lieu de s'aliéner tous ces moines relâchés, le jeune abbé sut, en les corrigeant, s'attirer tous les cœurs.

Il commença par donner une règle à son monastère [1]. Elle se trouve parmi les Œuvres de Césaire qui la fit écrire sous sa dictée au prêtre Tétrade, son neveu [2]. Tous les auteurs s'accordent à penser qu'il la rédigea pour les moines, avant d'être évêque, et que de là il la fit passer à plusieurs autres monastères; c'est ce que dit expressément Tétrade dans le titre de la règle, et Lecointe [3] nous apprend qu'on l'observait dans toute de la Gaule narbonnaise.

Césaire avait passé plusieurs années à Lérins. On sait

---

[1] Son biographe (l. I, n. 5) ne le dit pas expressément, mais il le laisse entendre : Ipsum vero monasterium ita quotidiana instantia et divinis informavit officiis, ut hodieque Deo propitio illic videre liceat.

[2] On la trouve dans les Bollandistes, dans Lecointe et dans Holstenius.

[3] ANNAL. ECCLESIAST., t. I, p. 489.

combien il en aima toujours la vie de prière et de travail. Nul doute que cette règle, écrite quelques années après son départ de l'île, ne reproduise les principaux traits de celle qu'on y suivait. L'ordre des offices, du moins, est absolument le même.

La règle de saint Césaire pour les moines se compose de vingt-six articles. Elle est suivie d'une courte mais pressante Exhortation, dans laquelle il leur recommande d'observer fidèlement ces règlements et de s'en servir pour leur progrès spirituel. Cette Exhortation se retrouve, mot à mot, dans le discours *ad sanctimoniales,* dans la deuxième lettre à Césarie et à sa communauté, et dans la lettre *ad quosdam germanos.*

Lecointe confronte la règle pour les moines avec la règle *ad virgines* et il constate qu'elle est la même jusqu'à l'article XIX. Les sept derniers articles, concernant l'office et les jeûnes, sont différents.

La clôture perpétuelle, la pauvreté, le travail, l'obéissance : tels sont les fondements principaux de l'œuvre de Césaire. Le silence, surtout à l'église, l'exactitude à l'office : telles sont ses recommandations. Il défend expressément les disputes, les mensonges, les injures, et l'on voit par ses instances combien il avait à cœur d'extirper tous les abus qu'il avait trouvés dans la communauté. Après ces articles dont le fond est le même, avons-nous dit, que dans la règle aux religieuses, il indique l'ordre de l'office et le nombre des psaumes qui seront récités aux différentes Heures. Ces Heures — dans les monastères, — étaient les mêmes que celles de notre office, à l'exception de Complies [1]. En hiver, depuis le mois d'octobre jusqu'à Pâques, à cause de la longueur des nuits, Césaire donne aux Matines *(vigiliæ nocturnæ)* deux nocturnes et trois leçons, excepté aux Matines du dimanche qui avaient six leçons; en été, un seul nocturne. Et voici l'ordre qu'on y observait. Le lecteur assis [2] lisait trois pages de la leçon; après quoi on méditait ce qu'on venait d'entendre jusqu'à ce que celui qui présidait donnât le signal de continuer la lecture. Ensuite venait la récitation des antiennes, des répons et des psaumes [3].

Les Laudes *(matutini)* se composaient de six psaumes: *Exaltabo te, Deus meus et rex meus*; *Confitemini*; *Cantemus Domino*; *Lauda anima mea Dominum*; les Bénédictions, c'est-à-dire le cantique des trois enfants: *Benedicite*; *Laudate Dominum de cœlis*, et le *Te Deum* que l'on récitait tous les jours même pendant l'Avent et le Carême. On disait à la fin le *Gloria in excelsis* et le Capitule. Aux autres Heures, à Prime *(matutina)*, Tierce, Sexte, None, et à Vêpres *(lucernarium)*, on récitait aussi des psaumes et des leçons et l'on y ajoutait des hymnes. Tierce était la plus longue des parties de l'office; tandis que Sexte et None comprenaient six psaumes, on en comptait douze à Tierce, outre

---

(1) L'introduction de Complies dans l'office est postérieure à S. Césaire; elle est due à S. Benoit.

(2) Regula ad monachos, art. XX.

(3) Les mots *directaneum, in antiphonas*, qui se trouvent ici dans la règle, indiquent la manière dont on doit réciter le psaume: les psaumes que l'on disait *in antiphonas* étaient chantés; au contraire ceux que l'on récitait sans aucun chant étaient marqués *in directaneum*.

les leçons. Ces courtes indications suffisent pour donner une idée de l'office divin tel qu'il était récité dans le monastère de Césaire et dans les autres monastères du VIe siècle.

L'article suivant règle les jours de jeûne et la quantité de nourriture que les moines devront prendre. On peut voir si ces jeûnes étaient nombreux. Césaire divise l'année en quatre époques différentes : 1° de Pâques au mois de septembre, on doit jeûner le mardi et le vendredi ; 2° de septembre à Noël, tous les jours, excepté le dimanche ; 3° de Noël à la Sexagésime, le lundi, le mardi et le vendredi ; 4° de la Sexagésime à Pâques, tous les jours, excepté le dimanche. Aux jours ordinaires, les moines ont, à chaque repas, deux plats et deux portions ; à l'unique repas du jeûne, ils ont trois plats et trois portions.

Mais Césaire ne se contenta pas de donner une règle à ses moines et de veiller à son exécution ; tous les jours il les rappelait à l'accomplissement de leurs devoirs avec une courageuse fermeté et les abus, remarqués tout d'abord, étaient l'objet principal de ses avis. Nous trouvons parmi ses Œuvres plusieurs homélies adressées à des moines [1]. Dom Barralis [2] en donne dix-huit qu'il prétend avoir été prononcées à Lérins, et qu'on retrouve dans la Bibliothèque des Pères (Lyon). Nous croyons en effet que certaines

---

[1] Gennade ou plutôt l'auteur qui a ajouté un supplément à son *Catalogue des hommes illustres (de Scriptor. eccles.*, c. 86), dit que saint Césaire composa plusieurs écrits très beaux, très utiles et mêmes nécessaires pour les moines. D. Ceillier (t. X, p. 146) et plusieurs auteurs pensent qu'il veut parler de ces homélies et de la règle.

[2] *Chronolog. Lirinens.*

d'entre elles furent prêchées par Césaire, tandis qu'il était évêque, sur l'invitation de l'abbé de Lérins ; il le dit en propres termes dans quelques-unes. Mais il n'en demeure pas moins évident que plusieurs, entre autres les six premières dans dom Barralis, ont été prononcées devant les moines dont Césaire fut abbé avant d'être évêque. Il dit en effet dans la II⁰ : « de même qu'il est du devoir de notre charge de vous adresser la parole, de même c'est un devoir pour vous de nous écouter ; » dans la III⁰ : « nous sommes venus ici non point pour nous reposer, mais pour travailler à notre sanctification. » Ces mêmes paroles reviennent souvent dans quelques autres. On lit encore dans la I⁰ : « Gardons-nous de croire qu'il nous suffit d'être venus *dans cette île* pour mériter le ciel.... » Cette expression, répétée assez souvent dans les homélies *ad monachos*, a pu porter dom Barralis et les autres à croire qu'il s'agissait de Lérins. Ils n'ont pas remarqué que le monastère dont Césaire était abbé se trouvait aussi dans une île, *in insula suburbana*. Mais c'est surtout en lisant la VI⁰, qu'on peut se convaincre qu'il parlait à ses moines et non à ceux de Lérins. Il s'élève, dans cette homélie, avec une grande vigueur, qui va jusqu'à l'indignation, contre les désordres et le relâchement de son monastère. L'abbé montre à ses frères l'abîme, ouvert sous leurs pas et la damnation qu'ils se préparent. Il les menace de venir à eux « non plus seulement avec les verges de la parole, mais avec ces fouets dont les cœurs endurcis seuls ont besoin [1]. » Après

---

[1] Dans la règle en effet plusieurs manquements étaient punis du fouet. (Art. V, XI..)

tous ces reproches, la tendresse naturelle à son cœur reprenant le dessus, il leur demande en pleurant de revenir à une vie meilleure ; il commande, il prie, il les conjure de se convertir, et, si leur cœur peut être sensible à l'amour de celui qui leur parle, il les supplie par toute son affection, d'écouter sa voix, et de lui épargner désormais les angoisses endurées à cause de leur mauvaise conduite : *longo cruciabatur dolore*. Mais ils n'attendront pas ces mesures extrêmes. « Il vaut mieux, leur dit-il, se châtier soi-même. Que chacun de nous se demande, à la fin de la journée, si elle a été bonne, si elle peut compter devant Dieu ; à quoi elle a été employée, au travail, à la prière, ou bien aux paroles inutiles, à la désobéissance, à la colère, à la gourmandise et au mensonge. » Et si ses avis sont écoutés, « quelle ne sera pas notre joie, ajoute-t-il, quelle ne sera pas aussi la vôtre ! Je vous aurai aidé par ma parole, vous à votre tour, vous m'aiderez par vos vertus et vos exemples ; et vous serez ainsi dès ce monde ma gloire et ma consolation [1]. »

Il leur répétait souvent sa maxime favorite, que nous retrouvons à chaque instant dans ses homélies : *venire quidem ad eremum, summa perfectio est ; non perfecte in eremo vivere, summa damnatio est ;* venir dans la solitude, c'est le sommet de la perfection, mais c'est le fond de l'abîme que de n'y point vivre parfait ; en d'autres termes, comme il dit ailleurs : il faut que des religieux soient des anges ou des démons. Pour arriver à cette per-

---

[1] Dom Barralis *Chronol. Lirin.*, hom. VI.

fection, que de vertus ne doivent-ils pas acquérir, que de courage, que de persévérance pour n'en point négliger les actes ! Afin de les y encourager davantage, Césaire leur rappelle sans cesse le bonheur et la noblesse de leur vocation. La IVe de ces homélies, une des plus belles, est le développement magnifique de cette parole des proverbes : *melior est exigua portio cum timore Domini, quam thesauri magni et insatiabiles* (Prov. XV). Le monde est rempli d'iniquités, chaque jour voit leur nombre s'accroître, parce que le monde oublie Dieu et ses jugements. Mais ici, outre que les occasions de péché sont moins dangereuses, on a sans cesse devant les yeux les vérités éternelles : *sapiens timendo declinat a malo.* « Il ne faut pas cependant être trop satisfaits des longues années que nous avons données à Dieu ; avant tout, nous devons arriver à la persévérance finale. Qu'importe que les champs verdoyants me promettent une riche moisson, si la tempête vient tout-à-coup ravir à la faux les épis jaunissants ? Qu'importe que la vigne en fleurs me donne les plus belles espérances, si au moment de la vendange, tout est dévasté par la grêle ou par des animaux malfaisants [1] ? »

Chacune des vertus propres aux religieux revient souvent sur ses lèvres ; la charité qu'ils doivent avoir les uns pour les autres, l'obéissance à la voix de Dieu qui parle par la règle, le renoncement à soi-même, à sa volonté, à ses goûts, le mépris de tous les biens qu'estime le monde : tels sont les sujets favoris sur lesquels Césaire appelle leur

---

[1] Dom Barralis, *Chronol. Lirin.*, hom. IV.

attention. Mais c'est peu d'indiquer le but à atteindre; il donne aussi les moyens d'y parvenir. La pensée des jugements de Dieu est, d'après lui, le meilleur stimulant pour la perfection de la vie chrétienne et de la vie religieuse. Lorsque Césaire la développe, on sent qu'il parle avec son cœur, et il devient éloquent : « *Quam lugubre erit homini Dominum videre et perdere, et ante creatoris sui perire conspectum.* » En ayant toujours cette pensée devant les regards de son âme, on n'évite pas seulement le péché, on devient des saints [1]. Pour lui, la fidélité à toutes les austérités comme à tous les points de la règle, est encore une garantie de perfection. Il leur recommande de ne rien négliger de ces règlements, de ne rien négliger surtout des austérités qu'ils prescrivent : l'âme souffre toujours des soins trop assidus que l'on prodigue au corps. Il est raconté dans la vie de saint Macaire, l'un des grands cénobites des déserts de l'Egypte, qu'il reçut un jour d'un voyageur une grappe de raisin. Malgré son désir de la goûter, il la remit à l'un de ses frères, qui était au travail et qui en avait grande envie, mais qui l'offrit à un autre, duquel un troisième la reçut. La grappe tentatrice passa ainsi de main en main et fit le tour de la communauté, jusqu'à ce qu'elle revînt aux mains de Macaire, qui rendit grâce à Dieu de cette mortification universelle, et rejeta le raisin loin de lui. Peut-être Césaire n'arriva point à obtenir ce haut degré de mortification dans sa communauté; il eut du moins le mérite de le faire entrevoir et d'y encourager tous ses frères.

---

[1] Dom Barralis, *Chronol. Lirin.*, hom. II.

Mais au milieu de ces austérités qui, autant qu'on en peut juger, étaient assez bien pratiquées par le grand nombre, il ne leur laisse pas oublier que la correction des mœurs est encore plus nécessaire : « *Jejunare et vigilare, et mores non corrigere, sic est, quomodo si aliquis extra vineam extirpat aut colat, et vineam ipsam desertam et incultam dimittat* [1]. » Toutefois même au sein des mortifications et des pensées sérieuses, il veut à ses moines un visage souriant et une gaieté franche : « *Hoc etiam maxime studeamus, ut illa quæ in honorem Dei nostri agimus, cum hilari animo agamus, cum fidei gaudio et cum bonæ ac devotæ voluntatis affectu* [2]. »

On peut juger, par ce court aperçu, de la direction éclairée que le jeune abbé sut donner à ses religieux. Il leur témoignait, d'ailleurs, trop d'affection pour qu'ils pussent résister à ses conseils et à ses désirs. Des paroles sévères viennent quelquefois sur ses lèvres, mais c'est l'exception ; il leur fait entendre d'ordinaire le langage du cœur, celui qui est toujours compris et toujours écouté. On peut appliquer à Césaire ce que saint Hilaire disait de son illustre prédécesseur, saint Honorat : « Il savait lire au fond de leurs âmes, y démêler tous leurs chagrins. Il veillait sur leur sommeil, leur santé, leur nourriture, leurs travaux, afin que chacun pût servir Dieu, selon la mesure de ses forces. Aussi leur inspirait-il un amour plus que filial : « En lui, disaient-ils, nous retrouvons non-seule-

---

[1] Dom BARRALIS, *Chronol. Lirin.*, hom. II.
[2] Loco cit., hom. V.

ment un père, mais toute une famille, toute une patrie, tout un monde [1]. »

Ainsi que les disciples d'Honorat, ceux de Césaire avaient goûté les charmes de cette affection. Oubliant sa jeunesse, ils le regardèrent comme un père au milieu d'eux ; devant ses instances, ils revinrent à leur devoir, et l'impulsion donnée à ce monastère par une main aussi ferme que dévouée, fut telle que, cinquante ans après, au dire du biographe de saint Césaire, cette communauté était encore florissante par le nombre et surtout par la vertu de ses moines [2].

Mais Césaire ne devait pas goûter longtemps les charmes de sa nouvelle existence. Il y avait à peine trois ans qu'Éon lui avait confié ces difficiles fonctions, lorsque le vieil évêque, se voyant à la fin de sa course, voulut rappeler le jeune abbé. Il occupait le siège d'Arles depuis de longues années [3]. Le biographe de saint Césaire nous apprend que son âge et ses infirmités ne permettaient plus à saint Éon de faire observer rigoureusement dans son Église, les lois de la discipline. Il le reconnaissait lui-même et s'en plaignait souvent. Aussi, pour trouver plus facilement miséricorde auprès de Dieu, il résolut de choisir, avant sa mort, un suc-

---

[1] Vita S. Honorati, c. XVIII, XXII.

[2] Vita S. Cæs., lib. I, n. 11.

[3] Il est difficile à l'histoire d'en préciser le nombre. Les Bollandistes font commencer son épiscopat en 485. Il est certain que saint Éon était déjà évêque d'Arles en 492, puisque saint Gélase lui écrivit pour lui faire part de son élection, arrivée le 1er mars 492, et qu'il porta à Rome les offrandes de l'Église des Gaules en 493. On a peu de détails sur son épiscopat.

cesseur dont la fermeté pourrait porter remède au mal. Eon n'eut pas besoin de chercher longtemps ; il avait vu de près Césaire, il avait pu apprécier toutes ses qualités pendant son séjour auprès de lui, mais surtout pendant les trois années passées à la tête du monastère ; le bien qu'il y avait fait, la sagesse de son administration, étaient un sûr garant pour l'avenir. Le vieillard n'hésite pas, malgré la jeunesse de Césaire, d'en faire l'objet de son choix. Un jour donc que le clergé et le peuple étaient assemblés, Eon demanda, au nom de l'Église d'Arles, au nom de son salut, qu'on ne pensât à élire pour son successeur personne autre que Césaire. L'assemblée tout entière n'eut qu'une voix pour approuver cette proposition. Mais comme les évêques de la province devaient concourir à l'élection et la ratifier, pour prévenir toutes les difficultés, Eon envoya des messagers à ses suffragants et leur fit la même demande. Peu de temps après, le vénérable évêque mourut dans la paix du Seigneur, tranquille sur l'avenir de son Église.

Cette nouvelle arriva bientôt aux oreilles de Césaire pour troubler le calme et le bonheur de sa vie. Effrayé de la perspective qui s'offrait à ses regards, il résolut d'éviter à tout prix les honneurs auxquels on voulait l'élever. Toutefois, sans prendre la peine de protester et croyant que le peuple, égaré en ce moment par quelque imprudent ami, renoncerait facilement à son dessein s'il ne rencontrait pas son élu et reporterait son choix sur un autre, Césaire se déroba par la fuite à ses recherches. Il se trompait. Ce n'était pas seulement le peuple et le clergé d'Arles qui le voulaient pour évêque ; le ciel lui-même avait jeté ses regards sur lui. Césaire s'était caché dans un des nombreux tombeaux qui entouraient la ville d'Arles ; sa retraite ne tarda point à être découverte. On le tire de ce sépulcre « non point mort, mais plein de vie, » et on le ramène à Arles pour y recevoir la consécration épiscopale [1].

Ainsi Ambroise, Martin de Tours, Loup de Troyes, ainsi Grégoire-le-Grand et bien d'autres, avaient fui les honneurs de l'épiscopat. Ils préféraient la vie pauvre et obscure du cloître à ces hautes mais lourdes dignités ; le monde leur était tellement à charge qu'ils consentaient plus volontiers à vivre loin de lui qu'à le commander. « En apprenant ma promotion à l'épiscopat, écrivait saint Grégoire à l'un de ses amis, pleurez, si vous m'aimez : car il y a ici tant d'occupations temporelles, que je me trouve presque séparé de l'amour de Dieu [2]. » Césaire était de cette noble et sainte race. C'était dans la plus grande sincérité de son âme qu'il avait fui ces honneurs auxquels son cœur n'avait jamais aspiré. Lorsqu'il reconnut que Dieu sanctionnait le choix fait par les hommes, il ne cessa point de regretter la paix et le bonheur de sa vie monastique, mais s'inclinant sous le fardeau que le Christ déposait sur ses épaules, il se promit à lui-même de le porter avec honneur et de ne point faillir aux grands et difficiles devoirs qui allaient devenir son partage.

Césaire était venu à Lérins comme vers le port qui

---

[1] Vita S. Cæs., lib. I, n. 12.
[2] Epist. I, 30.

devait pour toujours abriter sa barque ; il espérait bien y jeter l'ancre de sa vie pour jamais, au sein de l'étude, de l'austérité monastique et de toutes les vertus qui pourraient le détacher de la terre et le rapprocher du ciel. Tels n'étaient point les desseins de Dieu. Cette vie de Lérins, cette vie du monastère d'Arles, c'était un noviciat fécond où Césaire devait amasser des trésors de science et de sainteté pour laisser tomber ces trésors, trop abondants pour lui, sur un monde si pauvre de sainteté et de science. Son âme, débordant de doctrine et de vertu, n'avait plus qu'à s'épancher sur son peuple, pour répandre en lui la foi et l'amour de Jésus-Christ.

CHAPITRE II

CÉSAIRE ÉVÊQUE. — L'ÉGLISE D'ARLES.
EXIL A BORDEAUX. — CONCILE D'AGDE.

502-510.

La ville d'Arles au VIe siècle. — Les saints évêques d'Arles. — La basilique de Saint-Étienne. — Le chant des psaumes et des hymnes à Arles ; conseils de Césaire à ce sujet. — Les clercs de Césaire. — Il partage sa vie entre l'étude et la prédication. — Son amour pour les pauvres. — Visite des paroisses. Il est accusé auprès d'Alaric II. — Était-il coupable ? — Césaire est exilé à Bordeaux ; son retour à Arles. — Il convoque et préside le concile d'Agde ; canons d'Agde. — Rurice de Limoges et Césaire. — Bataille de Vouillé. — Siège d'Arles par les Francs. —Césaire, accusé de trahison ; il échappe miraculeusement à la mort. — Il vend les vases de son Église pour racheter les captifs. — Sa charité trompée.

Césaire monta sur le siège d'Arles l'an 502 ; il avait alors trente-trois ans [1].

Arles était encore à cette époque une cité puissante. Si aujourd'hui elle n'a plus guère de remarquable que des ruines, si elle ne conserve plus que le souvenir de toutes ses vieilles gloires, il n'en était pas ainsi au commencement du VIe siècle. Elle avait vu déjà de beaux jours ; elle devait en voir de plus beaux encore. L'empereur Constantin

[1] Voir à la fin du volume la note 3.

avait pour la ville d'Arles une sorte de prédilection. C'est lui qui l'avait embellie, qui en avait fait la métropole de la grande préfecture des Gaules [1] ; il l'avait habitée longtemps et, après avoir reçu de lui le nom de Rome des Gaules, elle faillit devenir, dit-on, sa seconde capitale. Du reste, les ruines imposantes qui restent encore aujourd'hui, après tant de siècles écoulés, peuvent nous donner quelque idée de ses antiques magnificences.

Le préfet du prétoire ne l'avait plus quittée ; mais cette préfecture s'amoindrissait tous les jours, à mesure qu'avançaient les Barbares. Arles avait été, avec la Provence, la première possession des Romains dans les Gaules ; elle fut la dernière. En 474, elle appartenait encore à l'empire, et ne parvint à échapper à Euric, roi des Visigoths, que par la cession de l'Arvernie que négocièrent trois évêques gaulois, Græcus de Marseille, Fauste de Riez et Léonce d'Arles. Lorsque, quelques années après, Odoacre se fit proclamer roi d'Italie, le préfet des Gaules envoya, d'Arles à Constantinople, une ambassade pour demander le maintien de l'empire d'Occident (477). On sait comment elle fut accueillie par l'empereur Zénon. Dès lors cessa l'union politique qui existait entre la Gaule et l'Italie depuis sept cent vingt ans.

[1] La préfecture des Gaules était une des grandes divisions de l'Empire. Elle comprenait trois vicariats : la Gaule, l'Espagne et la Grande-Bretagne, subdivisés en dix-sept provinces. Son siège fut transféré de Trèves à Arles. Ce transfert n'était plus si difficile, depuis que le préfet du prétoire n'avait entre ses mains que l'administration judiciaire et civile. Il avait à peine une vingtaine d'employés pour ces trois grands royaumes. Aujourd'hui deux mille ne suffiraient pas. (Cf. Fauriel. Hist. de la Gaule méridionale.)

En 480, Euric s'emparait de la Provence, d'Arles et de Marseille ; et il mourait dans la vieille métropole, en 483. Arles n'eut pas l'honneur de devenir la capitale de ce nouveau royaume ; Toulouse l'était déjà. C'est à Toulouse que fut proclamé Alaric II, fils d'Euric, avec lequel Césaire aura les rapports que nous verrons plus loin. L'organisation préfectoriale disparut à ce moment ; il ne resta plus que l'organisation municipale, la curie ; et encore ne retrouve-t-on aucune trace de cette dernière dans l'histoire d'Arles et des villes soumises aux Visigoths, au commencement du VIe siècle : elle ne se reconstitua que plus tard, sous l'initiative des évêques qui allaient, peu à peu, en être établis les chefs, par la force des choses.

Toutefois, malgré les ravages que les Barbares de toutes nations, les Goths d'Alaric Ier, les Huns d'Attila, les Visigoths d'Euric, lui avaient fait subir, à diverses reprises, dans le courant du Ve siècle, malgré son amoindrissement politique, la vieille cité d'Arles avait conservé encore quelque puissance et quelque fortune. Sa situation sur les rives d'un grand fleuve, le Rhône, qui lui portait tant de richesses et rendait son commerce prospère, entretenait toujours son bien-être. Aussi verrons-nous les Francs et les Burgondes désireux de s'en emparer, comme d'une cité importante, qui était pour eux la clef de toute la Provence. Quoique cela puisse étonner, après tant de calamités, ses richesses n'avaient pas complètement disparu. Sidoine Apollinaire, décrivant un repas donné à l'empereur Majorien par un simple citoyen d'Arles, vers l'an 450, représente des esclaves fléchissant sous le poids des vases d'argent ciselé, au milieu d'appartements tout recouverts de tapisseries d'Assyrie et de Perse [1]. Cela se passait cinquante ans à peine avant l'avènement de Césaire.

Telle était la situation d'Arles au moment où il en fut nommé évêque. Mais si elle était amoindrie au point de vue politique, elle grandissait tous les jours au point de vue religieux. La juridiction de son évêque s'étendait bien au-delà des limites de son diocèse, au-delà même des diocèses de sa province ; elle embrassait toute la Gaule, dans laquelle l'évêque d'Arles était le représentant, le vicaire du Saint-Siége, et exerçait sur les autres églises les fonctions de primat. Cette primatie de l'Église d'Arles avait trouvé des contradicteurs, et à certaines heures, peut-être, son éclat avait pâli par suite de circonstances que nous n'avons pas à rapporter ici ; tôt ou tard le pontife de Rome avait rendu à chacun ses droits et consacré solennellement ceux de l'Église d'Arles.

Mais avant de s'occuper de l'Église des Gaules, le nouvel évêque devait gouverner la sienne.

Saint Ambroise donnait un jour ce conseil à un de ses disciples, récemment promu à l'épiscopat : « Avant tout, commencez par connaître l'Église qui vous est confiée [2]. » Ce fut la première chose que fit Césaire. Sans doute il n'arrivait pas comme un étranger sur le siège d'Arles ; pendant le séjour qu'il y avait fait, il avait pu étudier l'histoire de cette grande Église et se familiariser avec ses

---

(1) Epist. IX, 13.
(2) AMBROS., epist. XIX.

vieilles traditions. Mais il avait besoin maintenant, avant de se mettre à l'œuvre, de se retremper dans les glorieux souvenirs du passé, de voir où en était le présent, de seconder les espérances de l'avenir, pour que cette épouse à qui Dieu venait de l'unir ne perdît rien de son prestige ni de sa beauté.

Le passé ne pouvait qu'enflammer son zèle et augmenter son amour. D'abord Césaire trouvait au commencement de cette liste glorieuse de pontifes que comptait déjà l'Église d'Arles, saint Trophime, un des disciples du Sauveur, le compagnon des courses de saint Paul [1], envoyé par saint Pierre lui-même [2] pour évangéliser la Gaule, saint Trophime qui, après avoir converti les païens à Jésus-Christ, était resté quarante ans parmi eux, les instruisant par ses exemples autant que par ses paroles, et travaillant à faire de cette chrétienté d'Arles un des plus illustres berceaux de la foi dans les Gaules. Après saint Trophime, cette Église se glorifiait d'avoir eu pour évêque saint Denys, le converti de saint Paul dans l'aréopage, qui gouverna deux ans l'Église d'Arles avant d'aller arroser de son sang celle de Paris ; saint Régulus, ce jeune Grec, issu d'une

---

[1] Actes, XX, 4 ; XXI, 29. — Timoth. IV, 2.

[2] L'apostolat de S. Trophime à Arles, dès le premier siècle, comme celui de S. Maximin à Aix, et toutes les traditions de Provence furent attaquées vers la fin du XVIIe siècle par Launoy, *le dénicheur des saints*, qui, malgré la pauvreté de ses arguments, eut le talent d'imposer son opinion à tous les hagiographes et historiens catholiques qui suivirent. Le savant abbé Faillon, un enfant de la Provence, a répondu victorieusement à ces attaques et a vengé nos traditions dans ses *Monuments inédits*. Grâce à ses études remarquables, le doute en ces questions n'est plus possible aux esprits sérieux.

noble famille, converti par saint Jean à Ephèse, et qui, séparé de son maître lors de l'exil à Patmos, vint à Rome avec l'aréopagite et fut envoyé avec lui dans les Gaules. Saint Régulus n'avait quitté Arles que pour aller à Paris ensevelir les glorieuses dépouilles de Denys, Rustique et Eleuthère, ses compagnons, et de là il était venu prêcher la foi à Senlis.

Il était doux à Césaire, qui aimait tant Lérins, de retrouver sur son siége le souvenir de la sainte figure d'Honorat, l'illustre cénobite de Lérins, qui en avait chassé les serpents pour peupler l'*île bienheureuse* de légions de moines, et qui avait quitté sa retraite favorite pour venir embaumer l'Église d'Arles du parfum de ses vertus. Il y retrouvait aussi le nom d'Hilaire. Comme lui, Hilaire était venu à Lérins, il avait été désigné au peuple par son prédécesseur et il était monté sur le siége d'Arles tout jeune encore et après s'être caché pendant plusieurs jours. Le fameux différend survenu entre Hilaire et Léon-le-Grand n'avait fait que rehausser l'éclat de sa sainteté.

A ces noms glorieux, dont l'Église d'Arles était fière à bon droit, il faut ajouter le nom de Genès, l'illustre martyr arlésien, qui, sous la persécution de Dioclétien (308), confessa tout-à-coup la foi chrétienne et fut baptisé dans son sang. « Un martyr, c'est le trésor de son Église, » avait dit saint Ambroise [1]. Aussi l'avait-on honoré à Arles d'un culte toujours grandissant. De bonne heure on lui avait élevé une église dans le cimetière des Alyscamps, et

---

1) De Virginitate. C. XVIII

c'est auprès de ses reliques vénérées que plusieurs évêques d'Arles voulurent reposer.

Ce n'étaient pas, du reste, les seules reliques dont Césaire devait garder le précieux dépôt ; saint Trophime avait donné à son Église le crâne de saint Étienne, premier martyr. Il avait dédié au saint diacre de la primitive Église sa basilique principale, bâtie, dit-on, sur l'emplacement du prétoire païen. Saint Hilaire l'avait restaurée, vers le milieu du Ve siècle, avec les marbres et les colonnes du théâtre à demi ruiné, et, au moment où Césaire était nommé évêque, cinquante ans plus tard, on peut supposer que cette réparation était incomplète et peut-être insuffisante, puisque saint Eon avait laissé une somme considérable pour la reconstruction ou la restauration de la basilique de Saint-Etienne [1]. C'est dans cette basilique que s'était assemblé, en 314, le premier concile des Gaules, dans lequel fut condamnée l'erreur des donatistes.

La ville d'Arles était entourée de tombeaux devenus célèbres dans l'antiquité ; les païens avaient fait de ses alentours une vaste nécropole où l'on envoyait de loin les restes de tous les morts illustres [2]. Les Alyscamps devinrent encore plus célèbres dans les âges chrétiens ; car, d'après une ancienne tradition, saint Trophime y dédia à la mère de Dieu encore vivante, un oratoire, transformé plus tard en une grande église, qui, sous le nom de Notre-Dame-de-Grâce, attira la vénération des peuples. L'apôtre

---

[1] Vita S. Cœs., l. I, n. 23.

[2] Ces tombeaux fameux ont fourni au Dante une belle comparaison. (Inferno, C. XII, v. 112.)

d'Arles avait voulu reposer dans ses murs; longtemps ses reliques précieuses y demeurèrent, sanctifiant par leur présence ces lieux si souvent profanés. D'autres églises nombreuses se trouvaient dans l'intérieur de la ville ; citons, entre autres, l'église de la Major que Ravennius consacra en 452, lors du IIe Concile d'Arles, et qui avait été bâtie sur les ruines d'un temple de Cybèle.

Ainsi, tout dans le passé engageait le nouvel évêque d'Arles à concevoir une haute idée de ce siége et à travailler sans relâche à la prospérité de son Église. Le présent avait ses difficultés, mais il n'était pas sans encouragements ; le christianisme dominait à Arles comme partout ailleurs, au commencement du VIe siècle. Toutefois il avait à côté de lui des restes encore vigoureux de paganisme. Dans cette population mêlée qui remplissait la ville d'Arles, on trouvait toutes sortes de cultes : les juifs, attirés par son commerce considérable, y étaient nombreux, et, grâce à leurs richesses, ils jouissaient d'une grande influence : Césaire aura à souffrir de leurs intrigues et de leur haine. Les Gallo-Romains et les Grecs qui habitaient la ville avant l'arrivée des Goths étaient, les uns chrétiens, les autres encore païens ; quant aux Goths, ils étaient ariens. Ces deux derniers éléments, complètement séparés à l'époque de saint Césaire, ne se mêlèrent que longtemps après. Aussi ne trouvons-nous aucune trace de disputes entre ariens et catholiques ; elles étaient possibles avec les Burgondes, plus civilisés et plus instruits, et leurs évêques, saint Avit en tête, s'en servaient pour les ramener à la vraie foi ; mais les Goths étaient trop ignorants. Comme partout ailleurs, ils s'adonnèrent uniquement au métier des armes et laissèrent aux Gallo-Romains les magistratures civiles et les occupations pacifiques ; point de fusion entre eux : mœurs, intérêts, tribunaux, juges, codes, tout était différent. On croit que, comme les Burgondes, ils avaient leurs églises dans lesquelles ils se réunissaient.

De leur côté, les catholiques assistaient nombreux aux offices célébrés dans leurs basiliques. Pour qu'ils y vinssent avec plus d'attrait et plus de profit, dès le début de son épiscopat, Césaire ordonna aux fidèles de prendre part au chant des psaumes et des hymnes que les clercs, divisés en deux chœurs, avaient exécutés seuls jusqu'à ce jour [1]. L'évêque ne faisait qu'introduire dans son Église un usage déjà ancien. Une vieille tradition rapportait que saint Ignace, évêque d'Antioche, avait contemplé le ciel entr'ouvert, dans une vision, et avait entendu les anges chantant à deux chœurs les louanges de la sainte Trinité. De là, il avait introduit le chant à deux chœurs dans les églises d'Orient. En Occident, plus tard, le pape Damase l'avait établi le premier à Rome, au moins pour les psaumes, et saint Ambroise, on s'en souvient, l'inaugura dans l'église de Milan, lors de la persécution de l'impératrice Justine, et il lui donna une plus grande extension en composant, pour les circonstances, des hymnes et des chants qui avaient fait verser des larmes à Augustin et à Monique. « Vos hymnes et vos cantiques, ô mon Dieu ! et le chant si doux de votre Église me remuaient et me pénétraient, et ces

[1] Vita S. Cæs., lib. I, n. 11.

voix ruisselaient à travers mes oreilles et elles faisaient couler la vérité dans mon cœur : l'émotion pieuse y bouillonnait ; les larmes débordaient enfin, et je me trouvais bien avec elles [1]. »

Cet usage s'était répandu ensuite dans tous les monastères d'Espagne, de la Grande-Bretagne et des Gaules. Depuis cette innovation, le chant était devenu l'une des principales occupations des moines. Nous ne pouvons résister à la tentation de rapporter ici la touchante légende que raconte à ce sujet Grégoire de Tours [2] : elle nous prouvera, du moins, l'ancienneté du chant dans l'Église des Gaules et l'importance qu'on y a toujours attachée.

C'était dans la fameuse abbaye d'Agaune, élevée en l'honneur de saint Maurice et des martyrs de la légion thébéenne. Une mère y avait mené son fils unique, qui était devenu un religieux instruit et surtout habile à chanter l'office liturgique. Il tomba malade et mourut. Sa mère, au désespoir, vint l'ensevelir, puis revint chaque jour gémir et pleurer sur sa tombe. Une nuit, elle vit en rêve saint Maurice qui voulait la consoler, mais elle répondait : « Non, non, tant que je vivrai, toujours je pleurerai mon fils, mon unique enfant. — Mais, répliqua le saint, il ne faut pas le pleurer comme s'il était mort ; il est avec nous, il jouit de la vie éternelle, et demain, aux matines du monastère, tu entendras sa voix parmi le chœur des moines, et non-seulement demain, mais tous les jours et tant que tu

---

1 Confes. l. IX, c. VI.
2 Greg. Tur., de Gloria martyr., c. 76

vivras. » La mère, s'éveillant, se leva aussitôt et attendit avec impatience le premier coup de matines pour courir à l'église des moines. Le chantre ayant entonné le répons, lorsque les moines en chœur eurent repris l'antienne, la mère distingua et reconnut aussitôt la voix de son cher enfant. Elle rendit grâces à Dieu, et chaque jour, trompant ainsi sa douleur et sa maternelle tendresse, pendant le reste de sa vie, dès qu'elle s'approchait du chœur, elle entendait la voix de son fils bien-aimé se mêler à la douce et sainte harmonie du chant liturgique.

Les Barbares aimaient le chant ; ils en firent leurs délices. Quelques années plus tard, Gontran, roi de Bourgogne, interrompait un festin solennel pour prier les évêques assis à sa table de lui chanter le graduel de la messe.

Le chant à deux chœurs se répandit bien vite dans toutes les Églises des Gaules. Césaire l'introduisit à Arles. Quelles hymnes y faisait-il chanter ? Les hymnes de saint Ambroise étaient déjà assez répandues dans toute l'Eglise, pour qu'on puisse croire, sans témérité, qu'on les chantait à Arles, au VIe siècle. Il serait intéressant de savoir aussi quelle était la musique adaptée aux hymnes et aux psaumes : l'histoire n'a aucune donnée sur ce point. On peut supposer toutefois avec la plus grande vraisemblance que, de même que les paroles des hymnes avaient passé aux divers monastères d'Italie, d'Espagne et des Gaules, de même ces monastères avaient reçu les airs des hymnes, airs composés par saint Ambroise lui-même, et les seuls connus dans l'Église, saint Grégoire n'ayant pas encore fait sa réforme

Car ce n'était pas une simple récitation à haute voix que demandait Césaire : *alta et* MODULATA *voce, instar clericorum.* Et comme à ce moment, il y avait à Arles non pas seulement plusieurs idiomes, mais plusieurs langues, les uns, même dans le peuple, parlant grec, les autres latin, Césaire voulait qu'ils chantassent chacun dans leur langue.

A Arles, comme à Marseille, comme dans les autres villes du midi, on parlait trois langues : le grec, le latin et le gaulois ; c'est le grec qui était le plus usité au temps de la conquête romaine par César et nous voyons, par ce passage de la vie de saint Césaire [1], que cette langue y était encore en usage au VIe siècle. Le latin était langue vulgaire, le grec, langue commune. Cependant la transition commençait et bientôt, le latin tendant insensiblement à cesser d'être vulgaire, il en fut de cette langue, comme du français de nos jours, que beaucoup entendent quoiqu'ils ne le parlent pas. On le retint toujours dans les prières et dans les offices de l'Eglise ; les Barbares furent donc obligés d'apprendre le latin, non pour le parler mais pour le comprendre ; les clercs et les moines l'apprenaient aussi, et les rois se faisaient un point d'honneur de le parler [2].

Nous ne dirons pas ce que devaient être ces chants, exécutés simultanément en deux langues différentes : ce ne sont point ceux-là, peut-être, qui eussent arraché des larmes à saint Augustin. Aussi Césaire n'en fut pas d'abord pleinement satisfait : on peut le conclure par le sermon 83e,

---

[1] Vita S. Cæs., lib. 1, n. 11.
[2] Cf. l'*Histoire littéraire de la France,* t. III.

dans lequel il félicite ses fidèles de leurs progrès : « Depuis longtemps, dit-il, je désirais vivement vous entendre chanter comme dans les villes voisines [1], et, grâces à Dieu, vous êtes arrivés à le faire mieux encore. Qu'il vous donne maintenant la persévérance ; c'est ce que nous lui demanderons. »

De tout temps l'Église a entouré le chant liturgique d'une grande sollicitude : l'assemblée des fidèles ne doit-elle pas ressembler à la réunion des saints dans le ciel ! Et là-haut « les anges chantent le Seigneur ; les célestes puissances chantent le *Sanctus;* les chérubins, les séraphins, la multitude des élus, d'une voix unanime et pareille à celle des grandes eaux, chantent l'*Alleluia.* » Assez longtemps elle était restée silencieuse au fond de ses catacombes ; elle devait chanter maintenant à haute voix pour faire monter vers le trône de l'Éternel les actions de grâces, les louanges qui ne s'élevaient autrefois que dans le silence des cœurs et que les lèvres pouvaient à peine murmurer. Du reste, si « rien n'est plus agréable à Dieu que d'entendre les louanges de la psalmodie, disait Césaire, rien n'est plus utile aux fidèles, surtout lorsqu'ils cherchent à faire concorder leur conduite avec les paroles qu'ils chantent. Si vous chantez, par exemple, ce verset du psaume CXVIII : *Confundantur superbi, quia injuste iniquitatem fecerunt in me ;* il faut détester l'orgueil, et vous efforcer de l'éviter ; ou bien, si c'est ce verset du psaume I : *Beatus vir qui in*

---

[1] Parmi ces villes, où le chant était mieux exécuté qu'à Arles, il ne faut pas compter Avignon, puisque S. Agricol n'y établit l'usage de chanter l'office divin à deux chœurs qu'au VIIIe siècle. (Bolland, 2 sept.)

lege Domini meditabitur die ac nocte; il faut chercher à fuir comme un poison d'enfer les occupations et les amusements inutiles ou dangereux, et vous appliquer au contraire à la lecture et à la méditation de la parole divine. Et ainsi ferez-vous pour les autres psaumes. Car vous devez avant tout pénétrer le sens du texte que vous chantez, afin que si vos oreilles jouissent du charme de la mélodie et de la douceur de la voix, vos cœurs soient pénétrés du sens des paroles et en goûtent la mystérieuse vertu, selon ces mots du Psalmiste : *quam dulcia faucibus meis eloquia tua* (Ps. CXVIII). S'attacher seulement à la modulation de la voix et à la justesse du ton, sans prendre garde au sens du texte sacré, c'est fermer la porte de son âme à la parole de Dieu : tout comme si, en mangeant un rayon, vous ne goûtiez que la cire, sans prendre garde à la douceur du miel [1]. »

C'est à une autre fin plus pratique encore que Césaire introduisit le chant des fidèles à l'église. Le respect du lieu saint était peu compris, encore moins observé dans ces siècles où la foi était si faible. Aussi l'on entendait sans cesse dans l'église des conversations sans fin ; c'est pour mettre un terme à ce désordre qu'il voulut que tout le monde chantât : *ut non haberent spatium in ecclesia fabulis occupari* [2]; afin qu'ils n'eussent plus le temps de parler, nous dit son biographe. « A l'église, disait Césaire, il faut ou chanter ou prier. Celui qui s'y livre à d'inu-

---

[1] Serm. 83e. Opera S. Aug. t. V, append. (édit. Migne).
[2] Vita S. Cæs., lib. 1, n. 11.

tiles causeries, pèche pour lui et pour ceux qu'il détourne de méditer la parole de Dieu ; et il rendra compte au jour du jugement de ce double péché [1]. » Césaire insiste sur cette même pensée dans le sermon 47° ainsi que dans plusieurs autres.

A une époque où la foi était plus vive, saint Ambroise se plaignait déjà de cette violation du silence à l'église, et il trouvait que le meilleur remède à ce mal était le chant : « que de peine n'a-t-on pas à obtenir le silence dans l'église pendant les leçons ? Si l'un parle, tous bourdonnent. Mais entonne-t-on le psaume, aussitôt le silence s'impose de lui-même : tous le chantent sans tumulte [2]. »

Le chant du peuple pendant les offices, tel fut le premier objet de la préoccupation de Césaire. Nous nous sommes arrêté volontiers un peu plus longtemps sur cette institution, parce qu'elle peut donner la physionomie exacte des réunions de fidèles dans les églises au commencement du VI° siècle.

Il introduisait en même temps un autre usage dans sa basilique de Saint-Etienne, celui de réciter tous les jours l'office de Tierce, Sexte et None ; le samedi, le dimanche et les jours de fêtes solennelles, on y ajoutait l'office de Prime. Ces offices étaient les mêmes que dans les monastères. Césaire ne les établit pas seulement pour les clercs et pour les religieux ; il y appela aussi les fidèles,

---

[1] Serm. 85°, Ibidem.
[2] Ambros, in Psalmos.

tant laïques ou séculiers que pénitents [1]. Aussi recommandait-il souvent à ses auditeurs d'apprendre par cœur les psaumes et les antiennes, afin que chacun pût prendre une part active aux offices de l'Église.

Ces offices ne devaient pas manquer d'une certaine splendeur, grâce au grand nombre de clercs dont Césaire s'était entouré. La plupart de ces clercs vivaient avec lui, formant une communauté dont il était le supérieur. Sans leur imposer de costume spécial, le Concile d'Agde leur ordonne cependant de ne porter que des habits et des chaussures convenables à la sainteté de leur état [2]. C'était surtout la tonsure qui les distinguait des autres fidèles. Le même concile ordonne à l'archidiacre de tonsurer, malgré eux, les clercs qui portent les cheveux longs. En retour des fonctions qu'ils remplissaient dans l'église, l'évêque les nourrissait ; s'ils négligeaient leurs devoirs, s'ils manquaient d'exactitude aux offices, on les réduisait à la communion étrangère, c'est-à-dire qu'ils n'avaient plus leur part du salaire donné par l'évêque. Ceux qui habitaient sous le même toit que lui, suivaient une règle : ensemble ils prenaient les repas, ensemble ils étudiaient. L'exemple de Césaire, qui était toujours à leur tête, à l'étude, comme aux offices auxquels il assistait tous les jours, ne contribuait pas peu à stimuler leur zèle. Césaire ne pouvant point goûter

---

[1] On appelait *pénitents*, les fidèles qui, après avoir enfreint publiquement quelque loi de l'Église, venaient demander l'absolution à l'évêque et se soumettaient aux expiations ou pénitences publiques, prescrites par les canons.

[2] Can. XX.

dans un cloître les douceurs de la vie monastique, tâchait de transporter cette vie dans sa demeure, et de la sorte, même après qu'il fut évêque, il pouvait vivre en moine. Ainsi les évêques les plus éminents du VI⁰ siècle, après avoir professé la vie ascétique ou monastique, la continuaient dans tout ce qui n'était pas incompatible avec leurs fonctions : ainsi avaient vécu saint Athanase, saint Basile, les deux saint Grégoire, saint Chrysostôme, saint Epiphane, saint Augustin, saint Martin de Tours. A Arles même, saint Hilaire avait donné ce bel exemple, et la maison attenante à la basilique de Saint-Etienne avait servi de demeure à ses clercs, au milieu desquels il avait une cellule, aussi humble que la cellule du dernier venu. Césaire l'imita, et Fortunat pouvait dire plus tard de lui, avec la plus parfaite vérité :

> Qui fuit Antistes Arelas, de sorte Lirini,
> Et mansit monachus, pontificale decus (1).

Dès qu'il fut monté sur le siége d'Arles, Césaire confia à des diacres et à des administrateurs fidèles le soin temporel de son église. Affranchi de ces sollicitudes, il pouvait se livrer plus facilement à des devoirs plus grands et plus sacrés, et surtout à la prédication et à l'étude : *verbo Dei et lectioni* (2).

Dieu avait doué son âme de ces mystérieux ressorts qui font l'éloquence. Aussi le nouvel évêque voulut-il faire fructifier au centuple le talent qui lui avait été confié. Ce devoir de la prédication fut toujours, pour lui, le premier

---

(1) Lib. V, carm. 2.
(2) Vita S. Cæs., lib. I, n. 13.

des devoirs de sa charge ; il y apporta tous ses soins, et nous dirons plus tard quel talent et quel zèle il déploya en s'en acquittant.

La sainte Écriture était le sujet préféré des instructions que Césaire faisait à son peuple, comme aussi de ses études ; il l'avait sans cesse sous les yeux. « Malgré tant d'occupations et de travaux qui nous accablent, dit-il dans le sermon 84e, nous lisons toujours les différents livres de la sainte Écriture. » Et comme nous savons d'ailleurs que sa mémoire gardait avec une fidélité parfaite tout ce qu'il lui confiait, nous ne serons pas étonnés de voir la parole sainte venir sans cesse dans ses discours. Pour être ordonné diacre ou prêtre par l'évêque d'Arles, il fallait avoir lu quatre fois tous les livres de l'ancien et du nouveau Testament [1]. Césaire veillait lui-même à ce que ses clercs ne négligeassent point cette étude importante ; et il se faisait un devoir non pas seulement de les diriger dans la science de la vertu, mais encore de veiller à leur instruction et de leur expliquer les saints livres.

Mais l'étude et la prédication n'absorbaient point tellement son esprit et son cœur, qu'il ne portât sur d'autres objets sa paternelle sollicitude. Son âme, remplie de tendresse, lui suggéra un dessein plein de miséricorde à l'égard des pauvres et des malades, pour lesquels il eut toujours une préférence marquée. Un de ses premiers soins fut de bâtir pour les malades un vaste hôpital dans lequel il porta tout l'ameublement nécessaire, et où ils avaient à

[1] Vita S. Caes., lib. I, n. 43.

leur disposition un médecin et des serviteurs exclusivement occupés d'eux. C'est peut-être le premier établissement de ce genre qu'on ait vu dans les Gaules, car l'Italie en possédait déjà plusieurs. Le monde devait à la charité chrétienne cette institution admirable, inconnue de l'antiquité païenne et que le christianisme allait répandre partout où il porterait ses pas. L'évêque d'Arles éleva cet hôpital à côté même de la basilique de Saint-Etienne ; si bien que, de leur couche, les malades pouvaient suivre les saints mystères [1]. Il y avait réservé un endroit destiné uniquement aux prisonniers et aux pauvres qu'il aimait à visiter, et Césaire poussait si loin son amour pour ces derniers qu'il recommandait souvent à ses serviteurs de voir s'il n'y en aurait pas quelqu'un attendant aux portes ; « de peur, disait-il, que le Christ qui s'est travesti sous les haillons de leur misère, n'ait à souffrir de notre négligence. »

Ainsi la visite des malades, la prière publique à l'église, l'instruction et la direction de ses clercs, la prédication et l'étude : telles étaient ses occupations pendant son séjour dans sa ville épiscopale.

Il la quittait quelquefois pour remplir des devoirs non moins importants, tantôt pour visiter les paroisses de son diocèse, une fois l'an, comme on peut en juger par le sermon 69e, tantôt pour les affaires des autres Églises. Le prêtre Messien et le diacre Etienne l'accompagnaient dans

---

[1] Nous aimons mieux donner à ce passage de la vie de S. Césaire, assez obscur comme tant d'autres, cette interprétation que celle de Longueval (t. III, p. 77) qui croit qu'on récitait l'office divin dans cet hôpital, comme à la basilique, mais sans bruit, pour ne point fatiguer les malades.

ces voyages, et c'est à eux que nous devons de connaître plusieurs prodiges que Dieu fit à la prière de son serviteur. En voici un que nous croyons devoir placer au commencement de son épiscopat.

Un jour qu'il était venu à Ceyreste [1] pour la visite ordinaire, on lui présenta une jeune fille, possédée du démon d'une façon étrange ; Césaire avoua lui-même à ses familiers qu'il n'avait jamais rien vu ni entendu raconter de semblable : « *numquam isto genere diabolum insidiatum alicui, vel legi, vel vidi, vel audivi.* » Dès que cette pauvre jeune fille sortait de sa maison, une multitude de corbeaux accouraient sur elle, et, avec un acharnement diabolique, lui déchiraient la figure, la tête et les mains. Le fait paraît si extraordinaire au biographe, qu'il le raconte avec toutes sortes de détails, et il ajoute : « nous avons vu de nos yeux les corbeaux qui voltigeaient au-dessus d'elle, tandis qu'on l'amenait à l'église où se trouvait l'homme de Dieu. » Césaire la fit venir devant l'autel, il lui imposa les mains, bénit de l'huile et lui fit des onctions sur les yeux et sur les oreilles. Elle revint à sa maison, complètement guérie, et à partir de ce moment, on ne vit plus de corbeaux auprès d'elle. Pendant les deux jours qu'ils demeurèrent à Ceyreste, les biographes de saint Césaire purent constater la guérison [2].

C'est ainsi que Césaire préludait à ce grand et fécond épiscopat qui devait répandre tant de bienfaits sur l'Église

---

1 Voir à la fin du volume la note 4.
2. Vita S Cæs. lib II. n 17

et ramener tant d'âmes éloignées de son sein. Mais Césaire ne devait pas être seulement un grand évêque, il devait être aussi un grand saint. Or les saints rencontrent toujours des persécutions ; ils font l'œuvre de Dieu, à l'encontre de l'enfer : il faut bien que le démon s'oppose à leurs œuvres. C'est la raison que donne le biographe de Césaire, en parlant de l'orage qui allait éclater sur sa tête : *non enim acceptus aut gratus est inimico is qui orat ut ejus contradicatur operibus* [1].

La ville d'Arles dépendait en ce moment d'Alaric II, roi des Visigoths ; mais elle était sur les confins du royaume des Burgondes dont Césaire était originaire. Or si le roi des Burgondes, Gondebaud, était arien comme Alaric, il ne persécutait pas les catholiques et professait quelque estime pour les évêques. Ces considérations devaient donner plus de consistance à l'accusation que Licinien, l'un des secrétaires de l'évêque d'Arles, fit porter à Alaric sur le compte de son maître : Césaire, d'après lui, ne rêvait que de soumettre la cité d'Arles et tout son territoire au roi des Burgondes, « lui, pasteur plein de mansuétude, qui, le jour et la nuit, demandait à Dieu dans de ferventes prières de donner la paix aux nations et la tranquillité aux peuples. »

Le soupçon suffisait à ce prince ombrageux ; sans autres preuves, il n'hésita point à arracher le saint évêque à son Église et il le fit conduire en exil à Bordeaux. L'évêque d'Arles n'était pas la première victime des soupçons et des

---

[1] Vita S. Cæs., lib. I, n. 46.

craintes d'Alaric. En 498, Volusien, évêque de Tours et, en 500, Vère, son successeur, avaient été condamnés aussi à l'exil [1]. Ceux-ci étaient sur les confins du royaume des Francs, et si Alaric redoutait la puissance de Gondebaud, celle de Clovis lui portait encore plus ombrage.

Césaire était-il coupable du crime dont on l'accusait ? Cela ne paraît guère vraisemblable, et son biographe est persuadé de son innocence. En premier lieu, l'accusation ne repose sur aucun fait; or supposer à Césaire le désir de devenir sujet des Burgondes, uniquement parce qu'il était né dans leur pays, nous semble bien puéril. En second lieu, Gondebaud n'était pas si tendre pour les catholiques ; s'il professait pour l'évêque de Vienne, saint Avit, une vénération digne d'un cœur catholique, il lui avait cependant refusé jusqu'à ce jour la permission de convoquer un concile pour les évêques de son royaume, et l'histoire nous dit que quelques années auparavant, il avait chassé plusieurs évêques de leur siège [2]. On connaissait, du reste, son esprit artificieux, sacrifiant tout à la politique et à l'ambition. Le caractère de l'évêque d'Arles nous est trop connu pour que nous croyions qu'il pût désirer de quitter le joug d'un arien pour tomber sous celui d'un autre arien. Mais c'était, à cette époque, une accusation à la mode contre les évêques des pays Burgondes autant que des pays Visigoths. Le jeune roi des Francs remplissait la Gaule tout entière du bruit de ses conquêtes. Il sortait à peine

---

[1] Greg. Tur., Hist., l. II, c. 25; et l. X, c. 48.
[2] Greg. Tur., Hist., l. X, c. 31.

du baptistère de Reims et sa conversion éclatante avait rempli de bonheur tous les cœurs catholiques. Aussi de tous côtés, l'Église et avec elle tous les peuples tournèrent vers lui leurs regards. On ne peut le nier, et Grégoire de Tours lui-même le constate : « Lorsque la terreur du nom franc commençait à résonner dans le pays, tous désiraient ardemment leur règne... [1] »

Les historiens français [2], les allemands surtout ont fait un crime au clergé Gallo-Romain d'avoir voulu secouer le joug des Visigoths et des Burgondes en faveur des Francs, ces Francs qui, après tout, demeurèrent encore si longtemps barbares, qui devaient répandre leur barbarie partout, dans les lettres, dans l'Église elle-même ; quel mal n'allaient-ils pas faire ! Il est vrai; au sortir de la basilique de Reims, les Francs n'avaient pas été magiquement transformés en d'autres hommes, et le meurtre, le pillage, les cruautés de tous genres souilleront souvent la main du doux Sicambre et de ses successeurs : ce qui a fait dire avec vérité à l'illustre historien des *Moines d'Occident* : « En lisant les sanglantes biographies de ces mérovingiens, que traversent à peine quelques lueurs de foi et d'humilité, l'on est tenté de croire qu'en embrassant le christianisme, ils n'avaient ni abdiqué un seul des vices païens, ni adopté une seule des vertus chrétiennes. »

Mais Clovis était-il donc plus barbare qu'Alaric II, que Gondebaud, que Théodoric lui-même, et son règne fut-

---

[1] Greg. Tur., *Hist.*, l. II, c. 23.
[2] M. Guizot, entre autres ; *Hist. de la civilis. en France*, lec. 16e.

il plus sanglant que celui de ces rois, ses contemporains? Poser la question, c'est la résoudre. Et s'ils avaient les mêmes vices, ils n'avaient point les mêmes vertus. Clovis, comme tous les mérovingiens, laissait à l'Église une pleine indépendance dans les matières de foi et de discipline ; il se regardait comme son fils et non comme son maître ; et rien n'égala sa munificence comme celle de ses successeurs envers les évêques et les monastères. Faut-il s'étonner dès lors des préférences que témoigna l'Église, et les évêques ne devaient-ils pas désirer une semblable domination ? Les Goths étaient bien aussi barbares que les Francs, et qu'auraient-ils fait plus tard, devant les menaces des invasions du VIIIe et du IXe siècle ? Auraient-ils pu résister à ces nouveaux torrents, eux en qui l'on trouvait tous les vices des Romains joints aux vices des Barbares ? Les évêques travaillèrent donc pour la civilisation et non contre elle lorsqu'ils se tournèrent du côté des Francs. Ils devinèrent les hautes destinées de ce peuple encore au berceau ; dès lors ils firent bien de se donner à lui et de l'aider à accomplir sa mission, en corrigeant ses vices et en versant pour lui leurs plus nobles sueurs.

Ainsi, au lieu de déplorer ces aspirations et d'en faire un grief à saint Césaire et aux autres évêques du VIe siècle, l'histoire doit les justifier et constater l'immense service qu'ils rendirent à l'Église et à la civilisation.

C'est en l'an 505 que Césaire fut conduit à Bordeaux. Il y passa tout l'hiver et ne revint à Arles que vers le mois de mars de l'an 506. Plusieurs auteurs ont placé son exil après le Concile d'Agde, en 506 ou même en 507. Cela ne nous paraît guère possible. Le Concile d'Agde se réunit en effet au mois de septembre de l'an 506 : c'est là un fait certain. D'autre part, il n'est pas moins certain que Clovis déclara la guerre à Alaric et le tua dans la bataille de Vouillé, en 507. C'est donc entre le concile et la guerre avec les Francs, c'est-à-dire dans le court intervalle de quelques mois qu'il faudrait placer l'accusation de Césaire, son voyage, son séjour à Bordeaux et enfin son retour à Arles : autant de faits qui n'ont pu arriver en si peu de temps. Ce qui le prouve encore mieux, c'est la lettre écrite par Rurice à Césaire immédiatement après le Concile d'Agde (506), et dans laquelle il dit avoir rencontré l'évêque d'Arles à Bordeaux, l'hiver précédent, c'est-à-dire en 505. Il nous faut donc placer son exil vers la fin de l'an 505 et le prolonger jusqu'au milieu de l'année suivante, époque où son innocence fut reconnue.

On ignore l'accueil que fit l'évêque de Bordeaux à l'évêque d'Arles. La Vie de saint Césaire n'y fait aucune allusion. Nous serions porté à croire avec un grand nombre d'historiens, que Bordeaux était alors sans évêque, et que Césaire trouvant le siège vacant depuis plusieurs années, ordonna lui-même Cyprien, dont le nom paraît pour la première fois au Concile d'Agde (506) [1].

Mais il y rencontra l'évêque de Limoges, Rurice, que l'état de sa santé avait obligé de fuir les rigueurs du plateau limousin pour venir demander au ciel plus clément de Bordeaux un adoucissement à son mal. Rurice lui-même nous

---

[1] Cf. *Hist. de S. Léonce de Bordeaux*, H. Caudéran.

l'apprend dans une lettre dont nous parlerons bientôt. Pendant son séjour, il vint visiter souvent l'évêque d'Arles, et la magnanimité de l'illustre exilé autant que la protection visible dont le ciel le couvrit inspirèrent au vieil évêque de Limoges la plus grande estime et la plus vive affection pour son jeune frère dans l'épiscopat.

Le ciel qui permet que ses saints souffrent persécution, veut bien aussi quelquefois faire éclater au grand jour leur innocence. Il se chargea lui-même de justifier Césaire. L'évêque d'Arles était à Bordeaux (on ne sait depuis combien de temps), lorsque, une nuit, un incendie terrible éclata dans la ville. Le peuple effrayé des ravages du feu, impuissant à s'en rendre maître, courut en foule auprès du saint exilé pour lui demander son secours dans une si pénible extrémité. « Césaire, criait-on de toutes parts, éteignez par vos prières le feu qui nous menace. » Le saint, touché de leur désolation, accourt sur le lieu du désastre; il se prosterne, et, tandis que sa prière monte vers le ciel, les flammes sont repoussées et s'éteignent peu à peu, quand elles semblaient devoir tout envahir. Tant de pouvoir étendit au loin sa réputation de sainteté, et la vénération que l'on eut pour lui n'eut plus de bornes. « On le regarda non pas seulement comme un pontife mais comme un apôtre et un martyr, et le démon fut obligé de dévorer sa honte, en voyant la divine Providence couronner de l'éclat du miracle celui-là même qu'il avait voulu faire passer pour fauteur de trahison [1]. »

[1] Vita S. Cæs., lib. I, n. 11.

A partir de ce jour, le peuple accourut plus nombreux encore pour entendre sa parole. Et là comme partout ailleurs, Césaire ne cessait de recommander aux fidèles d'obéir à leur prince, de rendre à César ce qui est à César et à Dieu ce qui est à Dieu. Ce n'est point par lâcheté, ni pour s'attirer les bonnes grâces d'Alaric, que Césaire donnait de semblables enseignements. « S'il vous faut obéir à votre roi, ajoutait-il, si vous devez le respect à sa personne, vous ne devez que le mépris à l'erreur qu'il professe [1]. » Exilé par un roi arien sur une accusation calomnieuse, lui, évêque catholique, il prêche à la foule accourue pour l'entendre, l'obéissance à ce prince dont il était la victime, sans craindre toutefois de livrer au mépris public l'hérésie arienne dans laquelle le roi des Goths vivait. Les peuples ne manquaient point de remarquer ce courage, et ils étaient fiers de leurs pasteurs; et lorsqu'ils voyaient, d'un autre côté, tous ces évêques ariens, sans dignité, sans énergie, nourris dans les palais, flattant les princes, mais n'osant jamais lutter contre eux, les peuples n'avaient que de la répugnance pour l'erreur, et, malgré la faveur dont le pouvoir entourait l'arianisme, ils s'attachaient volontiers à la foi orthodoxe et suivaient les évêques catholiques.

Alaric, en dépit de ses vices, ne manquait pas d'une certaine droiture. En apprenant tout ce qui se passait à Bordeaux, et la noble conduite de l'évêque d'Arles, et la vénération que le peuple lui témoignait, ses soupçons s'évanouirent, et il donna des ordres afin que l'exilé put

---

[1] Vita S. Cæs., lib. I, n. 17.

retourner au plus tôt dans son Église. Alaric ordonnait en même temps qu'on se saisît du calomniateur et qu'on le lapidât. Il arriva alors ce qui arrive toujours, et ce que l'histoire des grandes âmes ne se lassera point de raconter. Lorsque Césaire apprit que Licinien était condamné à la mort, et que le peuple se mettait déjà en mesure d'exécuter la sentence royale, il courut au lieu du supplice et obtint par ses prières la grâce de l'accusateur ; « afin, dit son biographe, que le repentir pût guérir cette âme pécheresse. Et ainsi en un seul combat, Césaire remporta deux victoires sur son antique ennemi, celle d'une admirable résignation dans l'épreuve et celle d'une vengeance plus admirable encore [1]. »

Son retour à Arles fut un triomphe. Malgré sa jeunesse, Césaire avait déjà conquis l'estime et l'affection de tous. L'auréole de la persécution qui couronnait son front ne fit qu'accroître l'une et l'autre. Tout le peuple alla au-devant de lui en portant des cierges et chantant des hymnes, et le ciel lui-même voulut se mêler à ce triomphe et augmenter la joie publique en faisant tomber une pluie abondante sur la terre brûlée par une longue sécheresse ; comme pour montrer au peuple d'Arles que celui qui arrivait dans ses murs avait entre ses mains tous les trésors et qu'il les dispenserait largement à tous.

L'histoire ne dit pas si Césaire vit Alaric, en passant à son retour par Toulouse, qui était la résidence ordinaire du roi des Visigoths. Il ne serait pas étonnant que le

[1] Vita S. Cæs., l. I, n. 18.

prince arien eût voulu voir un évêque, son sujet, à qui Dieu donnait tant de puissance, et l'eût mandé auprès de lui. Césaire profita de la faveur qui lui était rendue et il demanda au roi la permission de convoquer en concile tous les évêques de son royaume, pour la restauration de la discipline ecclésiastique. Après tous les troubles auxquels l'Église des Gaules venait d'être en butte, après les ravages des invasions, les violences des ariens, la discipline avait souffert, les mœurs chrétiennes et cléricales étaient déchues de leur pureté primitive, la doctrine elle-même avait subi de graves amoindrissements. Les évêques sentaient le besoin de remédier à ces maux, et toutes les fois qu'ils le purent ils assemblèrent des conciles ; là ils mettaient en commun leur expérience et leurs lumières pour mieux étudier les abus et chercher les moyens les plus efficaces de les réprimer. C'est ainsi que dans l'espace de quelques années, au commencement du VIe siècle, nous trouvons, dans les Gaules, trois grands conciles nationaux : celui d'Agde, en 506, pour les états d'Alaric ; celui d'Orléans, en 511, pour les états de Clovis, et celui d'Epaone, en 517, pour le royaume de Bourgogne.

Le Concile se réunit le 11 septembre 506 dans l'église Saint-André d'Agde, sous la présidence de Césaire. Les évêques commencèrent par prier le Seigneur d'accorder un règne long et prospère au prince *très-pieux* [1] qui avait permis ce concile ; puis, lecture faite des anciens

---

[1] Longueval fait remarquer que c'est là une expression de pur style et qui ne tire pas à conséquence.

canons, ils en dressèrent quarante-sept nouveaux. Labbe, dans sa Collection des conciles [1], en donne soixante-onze ; mais d'après le père Sirmond [2] et plusieurs autres historiens des conciles, on n'en a trouvé que quarante-sept dans les manuscrits ; les autres qui sont dans les collections sont tirés de divers conciles postérieurs, de celui d'Epaone en particulier.

Césaire eut une trop grande part dans les délibérations du Concile d'Agde pour que nous n'en mentionnions pas ici les décisions les plus importantes. Ces règlements nous permettent de juger de l'état de la discipline et des mœurs au commencement du VIe siècle.

Un grand nombre de ces canons, trente sur quarante-sept, concernent les évêques et les clercs. On y recommande aux évêques de ne point prononcer l'excommunication pour des fautes légères (c. III), de ne pas ordonner diacre celui qui n'a pas atteint l'âge de vingt-cinq ans, prêtre ou évêque celui qui n'a pas atteint l'âge de trente ans (c. XVI, XVII), de ne pas préférer pour les dignités ecclésiastiques les jeunes clercs aux anciens (c. XXIII), de donner leur salaire aux clercs qui servent fidèlement l'église (c. XXXVI), de se rendre aux conciles et aux ordinations d'évêques, sur l'invitation du métropolitain (c. XXXV). Il leur est expressément défendu de vendre les vases sacrés de l'église, d'en aliéner les maisons, les esclaves ou les autres biens (c. VII), à moins que ces biens soient de peu

---

[1] Tom. IV, col. 1381.
[2] Conc. Galliæ, t. I, p. 161.

de valeur (c. XLV, XLVI). On voit par là que les évêques étaient regardés comme les économes universels des biens ecclésiastiques. Le Concile fait la même recommandation aux clercs inférieurs qui ont l'usufruit des biens de l'église (c. XXII, XXVI). Le Concile d'Orléans (511) prendra les mêmes précautions ; il paraît que ce n'était pas hors de propos dans ces temps où le droit de propriété avait reçu de la part des Barbares de si graves atteintes.

Plusieurs canons nous montrent combien l'Église tenait aux mœurs saintes et irréprochables de ses ministres, et avec quelle sollicitude elle y veillait. Cette vigilance était nécessaire à un moment où le sacerdoce se recrutait souvent parmi les hommes mariés, et où les mœurs publiques laissaient tant à désirer. Le Concile défend aux clercs de garder chez eux d'autres femmes que leur mère, leur sœur, leur fille ou leur nièce, et d'avoir des servantes ou des affranchies demeurant dans la même maison (c. X, XI) ; il rappelle les décrets des papes Innocent et Sirice contre les prêtres et les diacres qui vivent avec leur femme, après leur ordination (c. IX) ; avant d'ordonner quelqu'un qui est marié, il faut avoir le consentement de son épouse et ne l'ordonner qu'après qu'ils se seront séparés et que tous deux auront promis la continence (c. XVI, XVII). Le Concile condamne à la *communion étrangère* les clercs qui sont négligents dans leurs fonctions à l'église (c. II). Cette *peregrina communio,* à laquelle sont aussi condamnés les clercs qui auraient volé l'église (c. V), a été le sujet de longues dissertations ; on ne sait pas trop en quoi elle consistait. Les uns disent que ces clercs étaient regardés comme des clercs étrangers, c'est-à-dire qu'ils ne recevaient plus leur part des rétributions de l'évêque [1]; les autres croient qu'ils communiaient après tout le clergé, avant les laïques, comme les clercs étrangers [2].

La pénitence publique était encore en pleine vigueur. Le canon XVe ordonne à ceux qui la demandent de recevoir du pontife l'imposition des mains et le cilice sur la tête. On ne doit pas admettre au nombre des pénitents ceux qui n'ont pas coupé leurs cheveux ou qui n'ont pas changé d'habits. On l'imposait communément au commencement du carême. Les pénitents se présentaient à la porte de la basilique, l'évêque leur donnait une pénitence proportionnée à leurs crimes, et après les avoir introduits dans l'église, il récitait pour eux les sept psaumes de la pénitence; il leur imposait les mains, leur jetait de l'eau bénite, leur mettait des cendres sur la tête et la leur couvrait d'un cilice; puis le clergé les chassait de l'église en chantant cette antienne : *Vous mangerez votre pain à la sueur de votre front*. Les cendres que l'on donne encore au commencement du carême sont un vestige de cette cérémonie.

Nous pouvons juger de quelle manière les fidèles passaient ce temps du carême, par les deux canons que le Concile lui a consacré. Il est ordonné expressément de jeûner tous les jours du carême, même le samedi, excepté seulement le dimanche (c. XII). En Orient on ne

---

[1] Longueval, t. III, p. 83, et tous ceux qui l'ont copié; Mgr Jager, t. II, p. 127 et les autres.
[2] D. Ceillier, t. X, p. 584.

jeûnait pas le samedi pendant le carême ; les Goths en avaient apporté la coutume, et c'est contre eux qu'est dirigé ce canon. On expliquera publiquement le symbole dans toutes les églises avant la semaine qui précède la fête de Pâques (c. XIII). La communion était d'obligation à Pâques, ainsi qu'à Noël et à la Pentecôte. Les fidèles qui négligeraient de communier à l'une de ces trois fêtes ne devraient pas être réputés catholiques (c. XVIII).

Quant à l'office, pour arriver à l'uniformité dans sa célébration, le Concile règle que les évêques et les prêtres doivent dire les collectes après les antiennes ou psaumes chantés en chœur, ainsi qu'il se pratique en beaucoup d'endroits (c. XXX) ; chaque jour on doit chanter les hymnes ; à la fin de l'office du matin et du soir, après l'hymne, on récite le capitule tiré des psaumes. L'évêque doit bénir le peuple après la collecte de l'office du soir.

Tous ces canons furent inspirés en grande partie par Césaire, et l'on peut voir, en lisant sa Vie, s'il y fut toujours fidèle. Son biographe le dit expressément pour plusieurs ; ainsi en est-il du canon XIXe, d'après lequel on ne doit pas donner le voile aux religieuses avant l'âge de quarante ans ; ainsi en est-il des canons concernant l'ordination des clercs. Sur ce point l'évêque d'Arles était encore plus sévère que le Concile ; car il ne voulait pas ordonner de diacre avant l'âge de trente ans [1]. Dans le canon XLVIIe, il est ordonné à tous les laïques d'assister le dimanche à la messe entière et de n'en sortir qu'après la

---

[1] Vita S. Cæs., lib. I, n. 43

bénédiction de l'évêque. Dans plusieurs de ses homélies [1], Césaire revient sur ce point, qui devait être assez mal pratiqué, si l'on en juge par la persistance avec laquelle il le rappelle à ses auditeurs. Il s'éleva toujours avec beaucoup d'énergie contre cet abus. Un jour, ayant aperçu plusieurs fidèles qui, pour ne pas assister au sermon, sortaient de l'église immédiatement après l'Évangile, Césaire quitte l'autel, il accourt tout ému dans la nef et il s'écrie : « Pourquoi, mes frères, sortez-vous du lieu saint ? Restez-y pour le salut de vos âmes et écoutez avec attention la parole de Dieu. Au jour du jugement, vous ne pourrez pas fuir ainsi. Je vous en conjure, ne soyez point sourds à ma voix, à mes reproches. » Il employa souvent un moyen plus efficace que tous ses avis : après l'Évangile, il faisait fermer les portes de l'église ; et, ajoute l'auteur de sa Vie, ces captifs d'un nouveau genre se félicitaient ensuite de ce procédé quelque peu violent [2].

Le Concile d'Agde exerça une grande influence sur toute l'Église des Gaules. Les grands conciles qui s'assemblèrent quelques années après s'inspirèrent tous de ses décisions et se contentèrent souvent de les renouveler ; on peut le voir en parcourant les canons du premier Concile d'Orléans (511), ceux d'Epaone (517) et ceux de plusieurs autres. Depuis longtemps l'Église des Gaules n'avait point vu de réunion d'évêques aussi imposante. Trente-quatre prélats y assistèrent et en souscrivirent les actes, vingt-

---

[1] C'est le sujet des sermons 80e et 81e ; Opera S. Aug., t. V, *Append.* (édit. Migne).

[2] Vita S. Cæs., lib. I, n. 19.

quatre en personne et dix par leur représentant ; parmi ces derniers étaient huit prêtres et deux diacres⁽¹⁾. Après la signature de Césaire qui présidait, viennent celles des métropolitains Cyprien de Bordeaux, Clair d'Eauze, Tétradius de Bourges ; les plus éminents parmi les autres évêques étaient : Héraclius de Toulouse, Quintien de Rodez, Galactoire de Béarn, Gratus d'Oléron, saint Lizier de Conserans, Pierre qui prend le titre d'évêque du palais.⁽²⁾

D'après le canon XXXV°, les évêques qui, malgré l'invitation du métropolitain, refuseraient de se rendre soit à un concile, soit à une ordination, devaient être privés de la communion de l'Église jusqu'au prochain concile. Rurice, évêque de Limoges, invité à venir à celui d'Agde, ne s'était point rendu avec les autres évêques et n'avait envoyé personne pour le représenter. Il avait écrit cependant des lettres d'excuse à Césaire ; mais elles n'étaient pas arrivées à leur destination. L'évêque d'Arles fut peiné de cette absence ; d'un caractère ardent et passionné, il ne voyait plus d'obstacles capables d'arrêter un évêque quand la foi était en question. Il avait conservé pour Rurice la plus vive affection et la plus haute estime ; Césaire s'empressa de lui témoigner sa peine et sa surprise dans une lettre où les tendresses de l'ami

---

(1) D. Ceillier *(Hist. des auteurs sacrés,* t. XV, p. 636*)*, en compte quatre-vingt-quatre ; mais il ne dit point sur quoi repose ce sentiment.

(2) Cet évêque et son titre ont fourni aux historiens un thème fécond en conjectures. Avec quelques-uns d'entre eux, nous pensons qu'il n'est pas impossible qu'Alaric, roi arien, eût à sa cour un évêque catholique pour les courtisans catholiques, comme il devait avoir un évêque arien pour les ariens.

font oublier les légers reproches du primat. Voici cette lettre, telle que nous la donnent toutes les collections des conciles [1] :

« A mon saint et très-pieux seigneur, si affectionné dans le Christ, qui porte avec tant d'honneur le flambeau de la vérité, à Rurice, évêque, Césaire, évêque ;

« Tandis que mon esprit était plein d'angoisses, en pensant que nous n'avions pu mériter votre présence au Concile, mon vénéré seigneur Vérus, évêque [2], m'a dit avoir envoyé par son diacre, à Agde, des lettres de vous qui m'étaient adressées. Je ne sais par quel hasard ou par quelle négligence elles ne me sont pas parvenues. Cependant j'ai la plus entière confiance en votre frère, mon vénéré seigneur, et j'aime mieux accuser la négligence du commissionnaire. Mais quoique vous eussiez envoyé ces lettres si désirées, il eût été plus convenable, vous le savez bien, de nous déléguer un représentant qui aurait souscrit à votre place les décisions de vos frères vénérés. J'ai fait part à l'assemblée de votre bon vouloir qui m'était connu et de l'ardent désir que vous aviez de venir au Concile : nous ne pouvions ni ne devions accuser en rien votre piété. Mais si nous avons été privés de votre présence tant désirée, nous aurons au moins vos prières ; nous les avons méritées, et c'est pourquoi, après vous avoir salué

---

[1] LABBE, t. IV, col. 1399.

[2] C'est le même Vérus qui avait succédé à Volusien, sur le siége de Tours. Comme son prédécesseur, il fut exilé par Alaric, et c'est de son exil qu'il envoya un représentant au Concile d'Agde. (Greg. Tur., *Hist.* l. II, c. 25).

avec l'estime et l'affection qui vous sont dues, je vous conjure de ne point m'oublier devant le Seigneur. Je vous annonce en même temps que l'an prochain, s'il plaît à Dieu, nous aurons à Toulouse un grand concile, auquel seront convoqués les évêques d'Espagne eux-mêmes ; priez le Seigneur pour que ce vœu se réalise.

« Je vous recommande avec les plus vives instances mon frère, le prêtre Capillut, si doux et si bon, qui vous aime et vous estime beaucoup. Les soins dont vous l'avez comblé, paraît-il, sont au-dessus de toute expression ; je vous en remercie infiniment. Et maintenant comme il brûle du désir de vous revoir, je l'ai choisi pour vous porter ces lettres. A son retour j'attends les vôtres, s'il plaît à Dieu : je les recevrai comme un présent du ciel. Priez pour moi. »

Rurice lui répondit une lettre qui devait dissiper tous les nuages et resserrer les liens d'amitié qui les unissaient :

« A mon saint et apostolique seigneur ; à mon frère, auquel je dois spécial honneur et amour ; à Césaire, évêque, Rurice.

« Notre frère dans le sacerdoce, Capillut, nous a paru doublement cher cette fois, puisque après s'être fait désirer bien longtemps, il nous est enfin revenu et nous a presque rendu votre présence en nous apportant votre lettre. A son retour, il vous portera le juste témoignage de ma reconnaissance pour toutes les charités que votre Béatitude a eues envers moi.

« Vous me demandez pourquoi j'ai manqué à notre convention en ne venant pas au synode : j'ai manqué de force et non de bon vouloir. Vous pouvez, en effet, vous souvenir de l'affaiblissement que vous avez constaté de vos yeux à Bordeaux, et cela en plein hiver, saison où je souffre le moins. En été, dans ma propre demeure, j'ai peine à apporter quelque soulagement à mes infirmités continuelles. Comment m'eût-il été possible de supporter les chaleurs du midi, au milieu de vous? J'espère donc que vous prierez plutôt pour moi ; et si Dieu nous accorde encore un peu de vie, vous ferez connaître vos nouveaux ordres par votre messager, et, au temps que vous aurez fixé, je tâcherai d'aller à vous. Puis, vous le dirai-je? votre lettre de convocation m'était arrivée un peu tard.......[1] »

Telles étaient les raisons de son absence : il les exposait à son ami avec trop de délicatesse, pour que l'évêque d'Arles lui en gardât rancune [2].

Les évêques rentraient à peine dans leurs diocèses qu'une circulaire d'Alaric les convoquait à une assemblée politique dans la ville de Toulouse. La révision du Code Théodosien qu'un savant jurisconsulte, Agnan, avait mis en harmonie avec les lois visigothes, était terminée. Ce code fut promulgué le 3 février 507. Malgré le silence de son historien, nous pensons que Césaire se rendit à cette invitation ; et c'est probablement dans cette circonstance

---

[1] Labbe, t. IV, col. 1399.

[2] Que dire, pour le remarquer en passant, de la droiture et de la bonne foi de Basnage et des autres auteurs qui, dénaturant les motifs de cette absence, l'ont exploitée contre saint Césaire, et ont prétendu prouver par là que l'évêque d'Arles usurpait la primatie, ainsi que le pouvoir de convoquer des conciles ?

qu'ayant vu Alaric bien disposé en faveur des catholiques, il lui demanda de permettre, pour l'année suivante, à Toulouse, la réunion d'un concile plus nombreux que celui d'Agde. On vient de voir qu'il en est fait une mention expresse dans la correspondance échangée entre Césaire et Rurice. Plusieurs anciens historiens ont cru, sur cette invitation, que ce concile s'était réellement tenu à Toulouse en 507. Ils seraient bien embarrassés pour en donner le moindre détail. Mais on a prouvé d'une manière péremptoire que ce concile n'avait pu avoir lieu [1].

L'année suivante, Alaric avait bien d'autres soucis que celui de convoquer des conciles. Quelque temps auparavant (503), il avait eu avec Clovis une entrevue pleine de courtoisie, dans laquelle les deux rois s'étaient promis une amitié réciproque : « mais ils étaient rois et jeunes, » dit un historien. Clovis, un moment retenu par la maladie, fut fidèle à sa promesse ; mais rendu bientôt à la santé par les prières de saint Séverin [2], il sentit son humeur belliqueuse reprendre le dessus, et un jour il dit à ses Francs : « Je ne puis voir sans douleur ces ariens occuper une partie des Gaules. Allons les vaincre avec l'aide de Dieu, et réduire leur pays en notre puissance [3]. » Tous les Francs applaudirent ; et la guerre fut déclarée. Césaire devait en ressentir le contre-coup. Les persécutions dont Alaric avait accablé plusieurs évêques, l'arianisme dont il

---

[1] Cf. MANSI, t. VIII, p. 347 ; Mgr HÉFÉLÉ, t. III, p. 265.
[2] Vita S. *Severini*, apud Bolland., 11 febr.
[3] GREG. TUR., *Hist.*, l. II, c. 37.

faisait profession, n'avaient pas compté pour peu dans la décision du roi des Francs. Il marcha droit à Poitiers où Alaric l'attendait. Celui-ci, après avoir tardé longtemps à venir à lui, s'avança enfin dans les plaines de Vouillé et présenta la bataille à Clovis. On connaît l'issue de cette fameuse journée, et la victoire que le roi des Francs remporta en mettant en fuite les Visigoths et en tuant Alaric de sa propre main. En peu de temps il se rendit maître de l'Aquitaine, prit Toulouse et vint passer l'hiver de l'an 507 à Bordeaux, tandis que son fils Thierry soumettait l'Albigeois, l'Auvergne et le Rouergue. Il revint ensuite à Tours, où une ambassade de l'empereur Anastase l'attendait pour lui décerner les honneurs du consulat.

Thierry, après sa conquête, fit alliance avec les Burgondes, et continuant avec eux la guerre contre les Visigoths, il vint, vers la fin de l'an 508, mettre le siège devant la ville d'Arles. Ce n'est point la sympathie qu'éprouvait Gondebaud pour Clovis qui l'avait poussé à cette alliance; c'était plutôt la crainte de voir se tourner contre lui ces Francs redoutables qui commençaient à l'inquiéter, ainsi que le désir de retirer quelque profit dans cette guerre et d'étendre ses frontières du côté d'Arles et de la Septimanie.

Ce siége fut long [1]. Quoiqu'on n'ait aucune donnée certaine sur sa durée, on s'accorde assez à croire que, commencé vers la fin de l'an 508, il ne fut levé qu'en 510. Arles, nous l'avons dit, était la clef de la Provence;

---

[1] Greg. Tur., *Hist.*, l. III, c. 22.

or, c'est par la Provence que les Visigoths d'Alaric communiquaient avec les Ostrogoths de Théodoric et pouvaient former ensemble un seul peuple dont les forces eussent été redoutables. Il importait donc de couper cette voie de communication qui leur donnerait peut-être, dans un temps rapproché, plus ou moins de chance de reprendre les possessions perdues et d'étendre de nouveau leurs états. De là les efforts de Thierry et des Burgondes pour se rendre maîtres de la ville d'Arles.

Il nous serait difficile de préciser à une telle distance les forces qu'elle pouvait opposer aux assiégeants. Nous savons par l'historien des Goths, Jornandès [1], que les Visigoths s'y étaient concentrés en nombre et qu'ils se battirent avec bravoure, quoique leur roi ne fût encore qu'un enfant [2]. Dès le commencement du siége, ils avaient dépêché des envoyés à Théodoric pour lui demander des secours ; le roi d'Italie les avait promis. Dès lors, l'espoir d'une prochaine délivrance soutint le courage des assiégés, malgré la longueur de l'attente et tous les malheurs de la guerre.

Que faisait Césaire pendant que cette calamité pesait si lourdement sur sa ville épiscopale ? Plein de douleur à la vue de son peuple éprouvé, menacé par les ennemis au-dehors, par la famine au-dedans, par l'insolence des partis, des juifs et des ariens qui volontiers se liguaient contre les catholiques, Césaire, impuissant à les défendre et

---

[1] *De rebus getic.*, c. 57 et seq.
[2] Amalaric, petit-fils de Théodoric.

à les délivrer, priait du moins et pleurait pour son peuple. Les catholiques envahissaient les églises. L'évêque montait en chaire pour distribuer à cette foule le pain de la consolation. Il leur ouvrait, dans les divines Écritures, les pages remplies d'espoir et de courage où Dieu fortifie les peuples comme les âmes. Jamais sur ses lèvres, d'allusion politique, ayant trait aux événements : c'eût été accroître leurs infortunes ; car les Goths n'eussent pas manqué de découvrir dans ses paroles des désirs, coupables à leurs yeux. De là vient que dans les homélies, dont plusieurs ont été prononcées pendant ce long siège, nous ne trouvons aucune indication sur l'histoire de ces malheurs ; Césaire ramenait les fidèles à l'espérance, à la pratique de leurs devoirs, et il leur apprenait à profiter de ces calamités pour l'amélioration de leur vie.

L'année précédente, il avait commencé à bâtir en dehors de la ville, aux Alyscamps, un monastère destiné à sa sœur Césarie et aux vierges qui voudraient partager sa solitude. Il avait hâté les travaux, auxquels il prenait part de sa propre main : *manuque propria et sudore construxerat* [1]. Au moment où les Francs vinrent mettre le siège devant Arles, Césaire avait réuni beaucoup de matériaux pour cette construction, et l'édifice était élevé jusqu'aux étages supérieurs. Les assiégeants ne se contentèrent pas de renverser les murailles, mais ils se servirent des bois pour leurs travaux de circonvallation, et détruisirent tout le reste.

[1] Vita S. Caes., l. I, n. 20.

Ce fut une rude épreuve pour le cœur du saint évêque, et le chagrin qu'il en ressentit contribue largement à augmenter la mauvaise opinion que son historien a des assiégeants, qu'il appelle des sauvages, des barbares : *barbarorum ferocitate direptis* ; et plus loin : *sceleratissimis obsidentibus inimicis* [1].

Aussi l'on se demande comment le peuple d'Arles put croire à la trahison, dont les Juifs accusèrent leur évêque. Les auteurs s'accordent à placer ce fait peu de temps avant la fin du siége, c'est-à-dire en 510. Un des clercs de Césaire, son compatriote et son parent, effrayé des mauvais traitements qui l'attendaient s'il tombait au pouvoir des assiégeants, sortit de la ville, et, sans trop réfléchir aux suites de son imprudence, il vint se réfugier dans le camp de l'ennemi. A cette nouvelle, les Goths ariens et les Juifs se portent en foule à la demeure de l'évêque, et ils excitent le peuple contre lui, en l'accusant d'avoir envoyé pendant la nuit un de ses parents aux Burgondes pour leur livrer la ville. Et, sans autre preuve, les Juifs et les ariens s'emparent de lui et le conduisent dans un étroit cachot, d'où ils voulaient le tirer, la nuit suivante, pour le jeter dans le Rhône ou le plonger dans la forteresse de *Castrum Ugernense* [2]. Les appartements de l'évêque sont envahis et sa chambre elle-même est souillée par la présence des ariens. Mais par une permission du ciel, l'un des

---

(1) Vita S. Cœs., lib. II. 20, 21.

(2) Plusieurs historiens croient que c'est la ville de Beaucaire. Il est plus probable, dit Longueval, que c'est une île du Rhône appelée : Gernica-la-Vergne.

Goths qui, malgré ses compagnons, avait voulu se reposer sur le lit du saint, fut frappé d'un mal subit et inconnu et mourut peu après. Une nouvelle attaque des assiégeants ne permit pas au petit bâteau qui portait Césaire de descendre le Rhône; ses ennemis ramenèrent donc l'évêque pendant la nuit dans le palais, et ils le tinrent si bien au secret, que les catholiques le crurent mort.

Mais tandis que « le démon et les Juifs se réjouissaient, » tandis que les Juifs surtout vomissaient contre les amis de Césaire l'insulte et l'outrage, et les traitaient de perfides et de traîtres, une nuit, l'un des plus acharnés parmi eux, qui était de garde sur le rempart, jeta aux assiégeants une pierre à laquelle était attachée une lettre. Dans cette lettre qu'il avait signée, le juif invitait les ennemis à venir la nuit suivante, avec des échelles, à l'endroit que ceux de sa tribu étaient chargés de défendre. Il demandait pour prix de ce service que lorsque la ville serait en leur pouvoir, aucun Juif ne fût rançonné ou conduit en captivité. Le lendemain, comme les ennemis s'étaient éloignés, quelques assiégés étant sortis en avant du rempart, trouvent cette lettre qu'ils s'empressent de rapporter dans la ville et de lire tout haut sur la place publique. Le coupable est amené, convaincu de trahison, mis à mort immédiatement; ainsi la méchanceté et la perfidie des Juifs apparurent au grand jour; « notre Daniel est tiré de sa fosse aux lions, et l'accusation des perfides satrapes est publiée devant tout le peuple; sur eux s'est accomplie cette parole : *laçum ape-*

ruit et effodit eum, et incidit in foveam quam fecit [1]. »
(Ps. VII, 16).

Cependant une armée de huit mille hommes, commandée par Ibbas, arriva enfin. Les Francs et les Burgondes, voulant tenter un dernier effort avant de battre en retraite, se portèrent, avec toutes leurs troupes, contre un pont, jeté sur le Rhône, qui mettait en communication les deux parties de la ville. Ibbas avait confié la défense de ce point important à Tulus, un de ses meilleurs officiers. Le combat fut bientôt général, et les deux armées en vinrent aux mains avec le plus grand acharnement. Tulus fut blessé ; mais, après de longues heures d'efforts inouïs de part et d'autre, les Francs et les Burgondes finirent par plier. Jornandès porte à trente mille le nombre des morts que les assiégeants laissèrent sur le champ de bataille [2].

Mais il était temps pour la ville d'Arles que ce siége fût levé. Théodoric lui fut reconnaissant de la résistance énergique qu'elle avait opposée aux assiégeants et dans une lettre adressée à Gemellus, préfet du prétoire à Arles, en 510, il remit aux Arlésiens tous les impôts qu'ils avaient à payer pendant quatre ans : « Il ne serait pas juste, dit-il, de demander de l'argent à ceux qui ont déjà donné leur vie, qui nous ont payé d'avance le précieux tribut de leur fidélité, en souffrant la famine pendant un siège si difficile. » Il leur envoyait en même temps les fonds nécessaires pour la réparation des murailles de la ville [3].

---

[1] Vita S. Cæs., lib. I, n. 21, 22.
[2] *De rebus getic.*, c. 58.
[3] CASSIODORE, *in Variar.*, lib. III, ep. 32 et 40.

Césaire nous dit quelque chose des horreurs de cette guerre dans un sermon qui a dû être prêché peu de temps après la levée du siège. « Où sont maintenant ces biens auxquels vous étiez tant attachés? En quel état sont vos campagnes et vos splendides habitations? C'est avec les yeux pleins de larmes que je vous rappelle ces malheurs, et non point pour insulter à votre misère.... Pourrions-nous jamais oublier les fléaux que la justice de Dieu a fait tomber sur nous? Des provinces entières réduites en esclavage, des femmes égorgées, des mères enlevées à leurs enfants et des enfants arrachés au sein de leurs mères et jetés sur le chemin, sans qu'elles pussent ni leur sauver la vie, ni même donner la sépulture à leur cadavre! Des femmes nobles et délicates, jusque-là servies par de nombreux esclaves, et se voyant, en un jour, devenues les esclaves d'hommes grossiers, obligées de leur rendre les services les plus bas et les plus pénibles. La douleur et l'effroi torturaient notre cœur comme autant de bourreaux. Les clameurs confuses de ces mauvais jours retentissent encore à nos oreilles. Il faudrait avoir un cœur de bronze pour n'être point ému par de semblables calamités [1]. »

Le siège était levé; mais à ce moment les désastres de la guerre allaient se faire sentir plus cruellement, et tous les malheurs à la fois devaient tomber sur ces peuples déjà si éprouvés. Toute la campagne était dévastée au loin; la famine commençait à faire de nombreuses victimes; à la famine se joignait une épidémie redoutable qui décima

---

[1] Opera S. Aug., t. v. Append., serm. 298 (Edit. Migne).

encore la population d'une manière effrayante. « Nous avons assisté à tous les malheurs du siége ; maintenant ce sont les ravages de la peste qui se présentent à nos regards : les vivants ne suffisent plus à ensevelir les morts.... [1] » Et comme si ce n'était pas assez des horreurs de la famine et de l'épidémie, Ibbas ramenait tous les jours de ses expéditions une foule de captifs qui venaient encore accroître la misère publique. La ville d'Arles en regorgeait, et ne pouvait plus leur fournir ni asile, ni vêtements, ni pain.

La charité de Césaire fut à la hauteur de ces calamités. Il commença par donner un abri aux prisonniers : toutes les églises, sa maison même en furent bientôt remplies ; ils trouvaient là aussi la nourriture et le vêtement. Pour subvenir à ces dépenses, Césaire n'hésita pas à prendre l'argent laissé par saint Éon dans le trésor de l'église. Mais il voulait plus encore.

Qu'allaient devenir tous ces captifs Francs et Burgondes, entre les mains des Goths? S'il déplorait la misère des corps, Césaire redoutait bien plus la perte des âmes : son cœur d'évêque lui fit entrevoir les dangers que ces âmes allaient courir ; il entreprit de leur rendre la liberté. L'église d'Arles possédait des vases d'or et d'argent ; ne consultant que sa foi, Césaire vend ces vases précieux, les patènes, les encensoirs, les calices ; il ôte même l'argent dont les colonnes et les balustrades étaient ornées, et il brise ainsi les chaînes d'un grand nombre de captifs. C'était l'œuvre capitale de la charité au milieu des invasions et

---

[1] Serm. 298e, Ibidem

des guerres qui multipliaient si prodigieusement le nombre des esclaves. Les grands évêques du IV⁰ siècle, les Ambroise, les Augustin, avaient donné l'exemple de cette générosité héroïque. On aurait dû l'admirer; il se trouva des fidèles, même des clercs, qui la blâmèrent. Césaire voulut répondre à ses détracteurs et justifier sa conduite : « Peut-on faire quelque chose de trop pour des hommes rachetés dans le sang de Jésus-Christ? Et compte-t-on pour rien le danger que courent ces hommes, devenus esclaves, contraints par le malheur à se faire ariens ou juifs? Non, ce n'est point appauvrir l'Église, c'est l'enrichir au contraire et placer en sûreté ses trésors. L'Église, c'est une mère, et tous les jours elle ouvre son sein à ses enfants.... Je voudrais savoir si ceux qui se plaignent seraient fâchés qu'on en fît autant pour eux, et s'ils oseraient accuser de sacrilége les auteurs de leur délivrance. » Et il ajouta ces belles paroles : « Je ne crois pas qu'il déplaise à Dieu, que les instruments de son culte soient employés pour ces rachats, quand il s'est donné lui-même pour racheter les hommes [1]. »

La charité de Césaire était connue au loin ; aussi les captifs venaient de tous les côtés à Arles, sûrs d'y trouver un asile, du pain et souvent même leur rançon. Quelquefois l'évêque se trouva à bout de ressources, mais la Providence ne l'abandonna jamais. Un jour son intendant vint à lui, tout soucieux : « Seigneur, lui dit-il, que tous ces prisonniers s'en aillent chercher leur pain sur la place

---

[1] Vita S. Cæs., lib. I, n. 23. 24.

publique ; car si vous les nourrissez encore aujourd'hui comme à l'ordinaire, demain il n'y aura plus même de pain pour votre table. » Césaire, toujours plein de la même confiance, entra dans le cellier. Il se mit en prière et versant un torrent de larmes, il demanda au Seigneur de donner aux malheureux leur subsistance. Bientôt, se sentant exaucé, l'évêque sortit du cellier où on l'avait laissé tout seul, et après avoir reproché à l'intendant son manque de foi, il dit au prêtre Messien, son secrétaire : « Allez dans le grenier et balayez si bien qu'il ne reste plus de grains ; puis faites du pain comme pour notre nourriture ordinaire. Si nous n'avons rien demain, nous jeûnerons ; mais du moins ces malheureux captifs n'iront pas mendier aujourd'hui un morceau de pain dans les carrefours, tandis que nous serons tranquillement occupés à boire et à manger. » Pourtant appelant l'un des siens, il lui dit : « Demain, Dieu viendra à notre aide, car celui qui donne aux pauvres ne manquera jamais de rien. » On lui obéit, malgré les murmures de certains serviteurs. Le même Dieu qui avait pourvu par la femme veuve à la nourriture d'Elie, avait donné l'assurance au saint évêque qu'il ne pourrait rien perdre à secourir ainsi les captifs et les malheureux. Le lendemain, dès le lever du jour, tandis que ceux qui s'étaient plaints, attendaient avec anxiété l'issue de l'évènement, on vint annoncer à Césaire l'arrivée de trois navires chargés de froment : Gondebaud et Sigismond, rois des Burgondes, ayant appris avec quelle générosité l'évêque d'Arles s'était conduit envers les captifs de leur nation, lui envoyaient ces secours, comme gage de leur reconnaissance. Et les incrédules de la veille furent les premiers à crier au miracle et à chanter les louanges du serviteur de Dieu [1].

D'autres fois il fut dupe de la supercherie et de la fraude. Son biographe nous raconte à ce sujet une anecdote naïve et touchante. Un gaulois vint, un jour, le trouver ; il s'appelait *Bienné* (de nom mais pas de fait, dit le biographe). Bienné se plaignit d'avoir été réduit en esclavage avec ses petits enfants. « Voici mon petit-fils, dit-il à l'évêque en lui montrant un jeune homme qui le suivait. Il est esclave, comme sa sœur, qui viendra plus tard. » L'homme de Dieu, plein de compassion pour leur sort, les embrassa tous les deux avec la tendresse qu'il avait pour tous les malheureux, et il leur donna l'argent nécessaire à leur rançon. Deux jours après, Bienné revenait, cette fois, pour demander la rançon de sa fille qui l'accompagnait ; Césaire ne fut pas moins généreux que la première fois. Or on apprit bientôt que Bienné n'avait point de fils, mais seulement une fille et que, pour recevoir un peu plus d'argent, il l'avait présentée deux fois à l'évêque, la première fois avec des vêtements d'homme, et la seconde avec les vêtements de son sexe. Et comme les serviteurs se fâchaient de cette supercherie et s'indignaient de la conduite de cet homme, Césaire leur dit doucement : « Ne vous irritez pas de la sorte. Vous avez bien agi en me recommandant un étranger, et Dieu vous en récompensera. Quant à ce pauvre homme qui m'a fait embrasser une jeune fille, que Dieu lui pardonne ; le ciel

---

[1] Vita S. Cæs., lib. II, n. 7, 8.

permettra qu'ayant embrassé un prêtre, elle soit tellement sainte qu'elle n'embrasse jamais un autre homme. » Mais comme Dieu, qui lit dans l'avenir, savait qu'elle ne persévèrerait pas dans la virginité, il la retira du monde le jour suivant, afin que la prière de son serviteur ne fut point vaine [1].

Et Césaire ne continuait pas moins à répandre autour de lui les largesses de sa charité, sans tenir compte ni des mécontents, ni des ingrats. Telle est la vraie charité chrétienne, généreuse, ne reculant jamais devant les obstacles, ne se laissant point abattre par l'insuccès, se multipliant avec la misère. Et c'est là, dans ces évêques que nous la surprenons vivante, héroïque. Ainsi étaient-ils tous : pleins d'une sainte audace devant les grands de la terre qui portaient atteinte aux droits de l'Église et de la vérité, courageux et fiers devant les maîtres qui les chargeaient de chaînes et les envoyaient en exil, ils étaient doux comme des agneaux, pleins de tendresse et de bonté, en présence de la souffrance et du malheur ; ils se faisaient petits avec les petits, pleuraient avec l'infortune ; et alors ils ne se contentaient plus de paroles pour consoler ; ils se séparaient sans regret de leurs biens, des trésors de leurs Églises, pour soulager ces peuples qu'ils aimaient avec un cœur de mère.

---

[1] Vita S. Cæs., lib. II., n. 19.

CHAPITRE III

LE MONASTÈRE SAINT-JEAN.
RÈGLE DE CÉSAIRE POUR SES RELIGIEUSES.
SAINTE CÉSARIE.

510.

La sœur de Césaire. — Il l'envoie à Marseille. — Le monastère Saint-Jean et sa basilique. — Césarie en prend possession. — Règle monastique de Césaire ; son influence sur la vie religieuse. — Sainte Radegonde vient à Arles et rapporte à Poitiers la règle de Césaire. — Cette règle se répand dans toute la Gaule.
Mort de Césarie. — Césarie la jeune lui succède. — Lettres de Césaire à sa sœur et aux Vierges. — Les trois grandes vertus religieuses : la pauvreté, l'obéissance, la chasteté, demandées par Césaire.

« Dans l'histoire de la plupart des saints qui ont exercé une action réformatrice et durable sur les institutions religieuses, on retrouve presque toujours le nom et l'influence d'une sainte femme associée à leur dévouement et à leur œuvre. Ces rudes combattants dans la guerre de l'âme contre la chair semblent avoir puisé de la force et de la consolation dans une chaste et fervente communauté de sacrifices, de prières et de vertus avec une mère, avec une sœur par le sang ou par le choix, et dont la sainteté répand sur ce coin de leur glorieuse vie comme un rayon de lumière plus intime et plus douce[1]. » C'est ainsi qu'on voit Macrine à côté de saint Basile, et que les noms de Monique et d'Augustin, de saint Benoît et de sainte Scolastique sont inséparables, comme ceux de saint François d'Assise et de sainte Claire, de saint François de Sales et de sainte Jeanne de Chantal, pour ne citer que les plus célèbres dans les siècles récents.

Césaire avait, lui aussi, une sœur, appelée Césarie. Disons-le bien vite : le nom de la sœur a pâli à côté de celui du frère, et Césarie est presque une inconnue dont la vie nous échappe à peu près complètement. Mais, malgré le silence de l'histoire, malgré les ombres dont sa mémoire est enveloppée, elle n'en mérite pas moins une place d'honneur auprès de l'illustre évêque d'Arles, à cause du rôle important qu'elle eut dans l'établissement et dans la direction de ce fameux monastère qui fut, après tout, l'œuvre principale de Césaire par l'importance qu'il lui donna et la prédilection dont il l'entoura toujours. Et si ce rôle de Césarie reste caché au premier abord, si l'influence qu'elle exerça sur l'âme de Césaire n'est pas au grand jour dans l'histoire, le cœur, du moins, la sent et la devine au parfum de tendresse, de douceur et de bonté qui s'exhale à chacun des pas de notre illustre saint.

Selon toute apparence, lors de son départ de Châlon, il avait laissé Césarie pour le remplacer auprès de sa famille ; et quoique l'histoire garde le silence, on peut conjecturer qu'à la mort de ses parents la sœur voulut rejoindre son

---

[1] *Moines d'Occ.*, t. II, p. 36.

frère, alors évêque d'Arles. Mais ce n'était point pour goûter avec lui, sous le même toit, les douceurs de l'amitié fraternelle. Dieu l'avait appelée ; elle venait auprès de son frère pour mieux répondre à cet appel et marcher plus vite dans le chemin qui mène à Dieu. Césaire conçut alors le projet d'élever un monastère pour les femmes et de le placer sous la conduite de sa sœur. Il n'y avait apparemment, à Arles, aucun établissement de ce genre ; c'est le premier dont il soit fait mention dans l'histoire. En attendant qu'il fût prêt à recevoir ses religieuses, Césaire envoya sa sœur dans un monastère de Marseille, « afin, dit son biographe, qu'elle apprît à obéir avant de commander, et qu'elle commençât par pratiquer elle-même ce qu'elle devait enseigner aux autres. » Ce monastère, le seul peut-être qui existât dans tout le pays, était sans aucun doute celui que Cassien avait fondé, vers l'an 410, aux portes de Marseille, dans le voisinage de la célèbre abbaye de saint Victor. Pendant de longs siècles, on le vit florissant, grâce à l'impulsion qu'il avait reçue de son illustre fondateur. Après avoir porté le nom de Saint-Cyr [1] jusqu'aux invasions sarrazines, il prit celui de Saint-Sauveur à l'époque de son rétablissement, au Xe siècle. La règle de ce monastère de femmes, comme celle du monastère d'hommes de saint Victor, n'était qu'un abrégé des *Institutions* et des *Conférences* de Cassien. Il est donc

---

[1] S. Cyr était fils de sainte Julitte ; il fut martyrisé, à l'âge de 4 ou 5 ans, sous Dioclétien, à Tarse, en Cilicie (304). S. Amatre, évêque d'Auxerre, apporta ses reliques dans les Gaules, vers 420, et les donna aux religieuses cassianites de Marseille C'est de là que leur monastère prit son nom.

facile de se faire une idée de la manière de vivre de ces moines et de ces religieuses, et de la perfection à laquelle ils devaient arriver, avec les leçons d'un maître qui avait fait son noviciat parmi les solitaires de la Thébaïde et de la Palestine, et dont les ouvrages sont restés au premier rang des codes de la vie monastique.

C'est là, sous cette règle, que Césarie vécut pendant plusieurs années. Elle avait dû y venir au moment où Césaire commençait à bâtir son abbaye, dans le courant de l'an 507, et elle y demeura jusque vers l'an 512.

On s'en souvient ; ce monastère dont les travaux étaient déjà avancés, avait été détruit pendant le siège d'Arles, par les Francs et les Burgondes. Lorsque la paix eût été rendue à la ville, et que les désastres de la guerre furent réparés, Césaire, délivré des grandes préoccupations qui l'avaient assailli, mit de nouveau la main à l'œuvre et pressa les travaux de construction. Recommencé en 510, le monastère fut achevé en 512.

Alors « quand ce Noé des nouveaux temps eût construit son arche contre le déluge des passions et les orages du monde, » il fit venir sa sœur de Marseille et l'installa avec deux ou trois compagnes dans le monastère dont il fit la dédicace solennelle le 26 août de l'an 512. Cet édifice se trouvait aux Alyscamps [1], sur le chemin qui condui-

---

(1) A l'époque des invasions sarrazines, il fut reconstruit dans la ville. Quelques-uns ont pensé que Césaire lui-même l'avait transporté dans l'intérieur de la ville après le siège ; cela pourrait bien être. Son biographe dit bien en parlant d'un incendie qui menaça de détruire le monastère, que la maison, atteinte par le feu, était voisine du monastère et située *in civitate* (lib. II, n. 24).

sait de la basilique de Saint-Etienne à l'église de Notre-Dame-de-Grâce. Césaire avait bâti en même temps une église attenante à l'abbaye, et avec laquelle les religieuses pouvaient communiquer ; elle avait deux portes : l'une, extérieure pour les fidèles ; l'autre, intérieure donnant accès dans le monastère [1]. Elle se composait de trois nefs, une grande et vaste nef dédiée à la sainte Vierge et deux nefs latérales dédiées, l'une à saint Jean et l'autre à saint Martin ; la nef de saint Jean donna d'abord son nom à toute l'abbaye, mais celui de saint Césaire lui est resté finalement. Il fit préparer et ranger symétriquement dans le sol de l'église des cercueils de pierre pour la sépulture des religieuses [2].

Plusieurs auteurs pensent que cette basilique fut construite en même temps que le monastère et que le fondateur en fit la dédicace le même jour. Nous aimons mieux croire que le monastère n'avait, en 512, pour toute église que celle de saint Jean, dont il tira son nom, et que, plus tard, Césaire ajouta deux grandes nefs à l'église primitive. L'ordre dans lequel son biographe raconte les faits, nous parait une preuve suffisante de ce sentiment. Au commencement du Ier livre, quand il parle de la construction du monastère, il ne dit rien de l'église ; ce n'est que plus

---

[1] *Recapitulatio Regulæ*, art. IX. Les éditions de la règle varient à l'article concernant cette porte ; d'après les unes, les religieuses auraient pu venir dans la basilique pourvu qu'elles n'en sortissent pas ; selon les autres, elles ne pouvaient pas même venir dans la basilique ; ce qui, d'après Lecointe (t. II, p. 486), serait plus vraisemblable.

[2] Vita S. Cæs., lib. I, n. 45.

loin, et à la fin même de ce premier livre que, après avoir raconté le voyage à Ravenne et à Rome, différents miracles, l'amitié d'Eucher et de Césaire, le biographe dit, sans allusion aucune à la construction du monastère : « Il ne cessa jamais de travailler pour Dieu ; *ab opere Dei nunquam otiosus;* mais il éleva une basilique à trois nefs,.... il y creusa des cercueils dans les dalles..., Peu de temps après, sa sœur mourut. » (Nous dirons plus loin qu'on rapporte cette mort à l'an 529 ou 530). Cette église, qu'on appelle toujours la basilique de Sainte-Marie, fut donc construite longtemps après le monastère, et n'est pas autre que celle dont les pères du IVe Concile d'Arles firent la dédicace (524).

Outre cette grande église, les religieuses avaient encore, pour leur usage particulier, un ou deux oratoires intérieurs dans lesquels un prêtre venait célébrer la messe aux jours de fête. Il en est fait plusieurs fois mention dans la règle.

Césarie avait pris possession du monastère avec deux ou trois compagnes, et elle ne tarda pas à entraîner une foule de jeunes chrétiennes, désireuses de suivre ses traces et d'embrasser la vie d'austérité, de prière et de travail, qu'elle y avait vouée à Dieu. « Elles venaient sous la conduite de Césaire qu'elles regardaient comme un père, de Césarie, leur mère, elles venaient à la rencontre du Christ leur époux, avec leurs lampes allumées, pour mériter de l'étreindre au ciel dans des embrassements éternels. » Leur nombre s'éleva prodigieusement, car au moment de la mort de Césaire, en 542, on en comptait plus de deux cents. N'aurions-nous que ce détail, il suffirait pour donner la plus haute idée du mérite et de la vertu de Césarie [1].

Mais ce n'est pas seulement à la vertu de son abbesse que le nouveau monastère devait sa prospérité ; il la devait aussi à la règle que Césaire lui avait imposée.

Il n'existait point jusque-là de règle uniforme, adoptée par les familles nombreuses de vierges qui s'étaient séparées du monde pour mener la vie religieuse. Chacune se faisait à elle-même sa discipline et sa loi. Ici, c'était la volonté mobile d'une abbesse ; là, un règlement écrit ; ailleurs, les traditions des anciens qui ordonnaient la vie religieuse. Depuis saint Basile et saint Chrysostôme, en Orient, saint Augustin et Cassien, en Occident, qui avaient écrit des préceptes et des constitutions à l'usage des religieuses qu'ils avaient réunies, chaque fondateur de monastère avait rédigé des statuts spéciaux pour sa communauté ; mais rien de durable dans ces règles. Et qu'il y avait loin de la vie religieuse, telle qu'on la pratiquait alors, à celle que nous trouvons quelques siècles plus tard ! Avant saint Césaire, les monastères de religieuses n'étaient guère que des réunions de saintes femmes, ayant renoncé au monde, mais revenant dans le monde toutes les fois que les circonstances le demandaient ; passant leur journée dans la prière et le travail, mais sans que les heures de prière et de travail fussent réglées d'avance ; vivant en commun, sous la direction d'une supérieure, mais gardant leur initiative personnelle et n'ayant pas cette unité de vie qui ne peut résulter que

---

1) Vita S. Caes., lib. I, n. 34.

de l'obéissance expresse et nécessaire à une seule. Tels étaient les monastères de femmes, comme aussi les monastères d'hommes, même après que saint Jérôme, saint Augustin et Cassien les eurent réformés. Ils étaient encore à l'état rudimentaire.

La règle de Césaire est le point de départ d'une ère nouvelle pour la vie religieuse. Elle contient en germe tous les perfectionnements que les grands fondateurs y ont apportés dans les siècles modernes. Ils ont pu ajouter quelques détails nouveaux : cette règle n'en demeure pas moins le fondement de tout ce qui s'est fait en ce genre dans la suite des temps. Aussi, tandis que la communauté de Césaire a de grandes ressemblances avec les communautés que nous avons aujourd'hui sous les yeux, sa physionomie est toute différente de celle des monastères du IIIe, du IVe et du Ve siècle.

Il commence dans sa règle par détailler minutieusement les occupations de la journée, imposer à chaque heure son travail, fixer l'ordre de la prière, enlacer en un mot toutes les actions de la vie dans une heureuse et sainte obéissance. A la vue des dangers que le monde offrait aux vierges chrétiennes, à la vue des obstacles qu'elles rencontraient à leur sanctification, Césaire comprend qu'il leur faut un abri, « une arche pour les garder »; et le premier, il inscrit en tête de sa règle la clôture inviolable et perpétuelle. Aucun fondateur, avant lui, n'avait osé demander ce sacrifice héroïque ; Césaire pensa qu'il ne serait pas au-dessus du courage des vierges chrétiennes qui ont entendu l'appel du céleste époux et lui ont donné leur foi.

Sur un grand nombre de points, il se servit, il est vrai, de l'expérience de ses devanciers. Césaire l'avoue humblement dans le préambule adressé à ses filles : « il a puisé ces avis ça et là dans les écrits des saints Pères. » Saint Augustin qui avait fondé à Tagaste un monastère de femmes et lui avait donné aussi sa sœur pour supérieure, fournit à Césaire de précieuses leçons ; beaucoup de ses règlements sont tirés en particulier de la lettre CIX® de l'évêque d'Hippone. Mais même en empruntant aux autres, il écarte ce qu'ils ont de vague et de diffus, et le remplace par quelque chose de précis, de méthodique et de mieux approprié au temps dans lequel il vivait.

Ecoutons-le exposer lui-même, dans son préambule, le but et l'esprit de ces règlements, en un style où respirent la douceur et l'humilité du saint.

« Puisque le Seigneur dans sa miséricorde a daigné nous inspirer de vous élever un monastère et nous a aidé à le bâtir, nous avons cru devoir vous donner, dans de simples avis, la manière d'y vivre selon les anciens règlements des saints Pères. Nous espérons qu'avec le secours du ciel vous les garderez fidèlement. A l'abri de vos cellules, ne cessez d'implorer par de fréquentes prières la visite du fils de Dieu, afin que vous puissiez dire : *nous avons trouvé celui que cherchait notre âme* (Cant. III). O vous qui attendez l'arrivée de l'époux, avec vos lampes allumées et une conscience pure, vierges consacrées à Dieu, priez-le aussi pour moi, puisque c'est à moi que vous devez ce monastère ; afin qu'après avoir été le compagnon de votre pèlerinage, je puisse aussi vous suivre lorsque vous entrerez dans le ciel avec les vierges sages, et que je ne reste pas dehors avec les vierges folles [1]. »

Après ce préambule, vient l'exposé de la règle qui se divise en deux parties : la première contient quarante-trois articles; la deuxième, qu'il appelle la *Récapitulation*, contient vingt-un articles [2]. Cette seconde partie fut composée plus tard, ainsi qu'il le dit lui-même ; elle est comme le résumé succinct de la première, à l'exception de quelques articles nouveaux. Césaire la rédigea à cause des nombreuses corrections faites à sa première règle, en second lieu pour condenser toutes ces prescriptions dans quelques paroles bien courtes qu'il serait plus facile de retenir, et enfin pour régler l'élection de l'abbesse et les priviléges du monastère, dont il ne dit rien ailleurs. Les deux derniers articles de la Récapitulation, concernant l'un, la cellériére, et l'autre, la portière, ne sont pas de Césaire ; ils ont été tirés plus tard de la règle de saint Benoit [3].

Un grand nombre d'articles de la règle *ad virgines* ne sont que la reproduction, du moins quant au sens, de la

---

[1] BOLLAND, 27 août. *Prologus ad virgines*.

[2] Tous les auteurs qui ont édité la règle de saint Césaire n'en ont pas donné la même division. Ainsi Holstenius et Stellartius la divisent en huit paragraphes et quarante-quatre chapitres, et la récapitulation en deux par. et quatorze chap. Mais le texte est le même. Bollandus l'avait imprimée en 1643 ; avant lui, Stellartius en avait donné une édition, en 1626. (Lecointe, t. I, p. 464).

[3] Les auteurs de l'*Histoire littéraire* (tome III) ont comparé la règle de S. Césaire avec celle de S. Benoit. Ils ont trouvé plusieurs articles tout-à-fait semblables, dans les deux règles, et pour la forme et pour le fond. Comme S. Benoit est postérieur de quelques années à S. Césaire, ils croient que le moine de Subiaco avait lu la règle de l'évêque d'Arles et s'en était inspiré.

règle *ad monachos,* dont nous avons déjà parlé. Nous donnons ici un aperçu succinct des points principaux.

La clôture est perpétuelle et si sévère qu'il n'est jamais permis à aucune religieuse de sortir du monastère [1], ni même de venir dans la basilique extérieure (I) ; aucun étranger, homme ou femme, ne doit entrer dans le monastère, excepté l'évêque et ses ministres pour la célébration des saints mystères à certaines fêtes (XXXIII, XXXIV). Pendant les heures de repos, l'abbesse doit garder les clefs de l'abbaye (IX, Récapit.)

Le monastère n'est pas établi seulement pour les vierges ; les veuves et les femmes mariées qui veulent renoncer au monde peuvent y faire profession de la vie religieuse. Mais avant d'être admises *in schola*, dans la salle commune des sœurs, et de recevoir l'habit, les novices demeurent à part, pendant un an, sous la conduite d'une des anciennes qui doit éprouver leur vocation (III). Plus tard, ainsi qu'il est prescrit dans la Récapitulation (VIII), on lisait plusieurs fois la règle, dans le parloir, aux postulantes qui se présentaient, et on ne les admettait que lorsqu'elles avaient promis d'en observer toutes les prescriptions.

Toutes les religieuses, après avoir appris à lire et à écrire, devaient étudier les lettres, c'est-à-dire la grammaire

---

[1] Le biographe de Césaire nous raconte (lib. II, n. 24) qu'un incendie s'étant déclaré, une nuit, dans une maison voisine, le feu, poussé par le vent, était sur le point de se communiquer au monastère. Mais les religieuses, malgré leur épouvante, ne pensèrent pas même à sortir de leur cloître. Elles jetèrent tout ce qu'elles avaient de précieux dans des citernes vides et s'y réfugièrent elles-mêmes. Césaire averti, vint en toute hâte, se mit en prière et rassura ses filles. Bientôt le feu fut éteint.

et les autres éléments de littérature qu'on enseignait à cette époque. On devait y consacrer les deux premières heures du jour (XVII)[1]; le reste du temps était donné aux exercices religieux, à la lecture des livres saints et à des ouvrages de femme. Une sœur lisait à haute voix pendant le travail qui se faisait dans une salle commune. Plusieurs étaient occupées à confectionner et à réparer les vêtements pour l'usage des religieuses ; d'autres étaient chargées des différents services de la maison, de la bibliothèque, du vestiaire, du cellier et de la cave (XXVI, XXX). Tous les jours l'abbesse distribuait à chacune sa tâche (XIV). Nous apprenons par le biographe de saint Césaire[2] que quelques-unes, sous la conduite de Césarie, transcrivaient les livres saints avec de beaux caractères pour en multiplier les copies. Quant à la cuisine et aux divers offices du monastère, toutes y passaient à leur tour, excepté la supérieure (XII). A certaines heures de la journée, on se réunissait dans l'oratoire du monastère pour la psalmodie, pendant laquelle Césaire défend expressément de causer ou de travailler, les jours de fête et les dimanches (VIII) ; une sœur, debout au milieu, récitait les psaumes, les autres écoutaient. Il avait fini par permettre le travail aux jours ordinaires pour qu'on ne dormît point. Aux grandes fêtes, telles que Noël, l'Épiphanie, les veilles se prolongeaient davantage : elles étaient partagées entre la psalmodie, la

---

[1] Césaire divise encore le jour et la nuit en douze heures, comme les anciens.

[2] Vita S. Cæs., lib. I, n 44.

lecture et l'oraison ; dans ces moments surtout on devait méditer la sainte Écriture : *de divinis scripturis semper aliquid ruminate* (XX).

C'était la vie commune sous tous les rapports. Aucune sœur ne devait avoir de chambre, pas même une armoire (VII) ; nous avons dit qu'elles travaillaient et priaient ensemble ; elles couchaient toutes dans le même dortoir et prenaient leur repas en commun (XVI). Aussi, prévoyant avec raison le désordre et la dissipation qui s'ensuivraient, si chacune se laissait aller à son désir de dire quelques mots, le fondateur insista de toutes les manières sur le silence, pendant le repas (XVI), pendant le travail (XVIII), aux heures de la prière (VIII) : lorsque quelqu'une parlait par nécessité, ce devait toujours être à voix basse. L'obéissance de la part de ses filles ne lui était pas moins à cœur. C'est la pierre de touche des communautés et la vertu qui les fait prospérer. Outre l'abbesse qui était regardée comme la mère des religieuses, il y avait encore trois supérieures auxquelles elles devaient obéir : la prieure *(præposita)*, la plus ancienne *(primiceria seu senior)* et la maîtresse des novices *(formaria)*. On doit bien se garder de murmurer contre les dignitaires (XXXII, XVI) ; et aucune sœur ne peut rien faire, rien donner, rien recevoir sans leur permission.

Césaire voulait des religieuses pratiquant la pauvreté. En entrant, elles devaient renoncer à tous les biens qu'elles possédaient dans le monde (IV) ; dans le monastère, rien ne leur appartenait en propre, pas même les vêtements dont elles avaient l'usage (XV). Ces vêtements devaient être simples et de laine blanche ; il n'était pas permis d'en porter de noirs ou d'autre couleur (XL). L'article VII de la Récapitulation donne la dimension de la coiffure : un pouce et deux lignes de hauteur [1]. Césaire ne leur ordonne pas de couper leurs cheveux, pas plus que saint Ambroise et saint Augustin ne l'avaient fait : cet usage n'est venu que longtemps après. Il ne voulait aucun tableau dans l'intérieur du monastère, aucune peinture sur les murailles, encore moins dans les cellules (XLI). Les ornements sacrés n'étaient que de laine ou de toile, sans broderies ni fleurs (XLII) ; si quelqu'un en donnait de plus beaux, on pouvait les vendre ou bien les destiner à l'usage de la basilique extérieure. Point d'argenterie dans le monastère, excepté à l'église (XLI) ; les lits devaient être aussi de la plus grande simplicité, sans aucun ornement aux couvertures.

Au précepte de la pauvreté, Césaire joignait celui de la mortification. Les jeûnes qu'il imposait étaient nombreux. L'abbesse les règlera depuis la Pentecôte jusqu'au mois de septembre ; à partir de cette époque le fondateur les fixe lui-même : en septembre et octobre, jeûne tous les lundis, mardis et vendredis ; depuis novembre jusqu'à Noël, tous les jours, excepté le dimanche et le samedi ; les sept jours qui précèdent l'Épiphanie sont des jours de jeûne ; depuis l'Épiphanie jusqu'au Carême, jeûne tous les lundis, mardis et vendredis ; en Carême, tous les jours,

---

(1) Cette dimension était indiquée sur les exemplaires de la règle par une ligne tracée à la marge.

et pendant le temps pascal, le vendredi seulement (XXV). Il indique même le nombre de plats qui doivent être servis aux religieuses : trois plats au repas des jours de jeûne ; les autres jours, deux plats au dîner et deux au souper. Aux jours de fête, il veut cependant qu'on ajoute quelques douceurs au menu : *dulceamina addenda sunt*. On ne servait jamais de viande à la communauté (XVII). Mais malgré ces austérités, les malades et les anciennes avaient droit à toutes sortes de ménagements, et il est touchant de voir comme Césaire revient souvent sur les soins qu'on leur devait : elles avaient une chambre commune (VII) ; une sœur sage et expérimentée, qui savait accorder l'observance régulière avec la charité et la condescendance que l'on doit aux malades, les avait sous sa garde (XXX), leur préparait des bains et leur servait de la volaille, quand les médecins le jugeaient nécessaire (XXIX, XVII). Comme, ordinairement, il n'y avait pas de bon vin dans la cave du monastère, c'était à elle de conserver pour les malades celui que des mains généreuses pourraient leur offrir (XXVIII).

Césaire leur recommande entre elles une parfaite charité et ordonne qu'on punisse sévèrement celles qui auraient usé envers leurs sœurs de termes injurieux, ou qui les auraient frappées (XXIV). On se contentera de faire des remontrances à celles qui se sont rendues coupables de fautes légères ; si la faute est grave, on doit les condamner à subir le fouet devant la communauté, mais jamais plus de trente-neuf coups [1]. On sépare de la communion, c'est-à-dire de la prière et du repas commun, celles qui arrivent tard à l'office divin (X) et celles qui, au lieu de s'humilier de leurs fautes, les excusent ou refusent d'obéir (XI).

Quant à l'office *(opus Dei)*, il était à peu près le même que celui dont nous avons parlé à propos des moines que Césaire gouverna avant d'être évêque.

Telle est, en résumé, la règle de Césaire. On voit qu'il y mettait en pratique la belle parole de saint Jérôme à saint Paulin : « Je ne puis me résigner à rien voir en vous de médiocre ; je voudrais que tout y fût exquis et parfait. » Cette règle est un mélange de douceur et de sévérité, de précision et de bon sens, qui devait rendre plus faciles les chemins de la perfection chrétienne et conduire les vierges, comme nécessairement, à son plus haut terme qui est la sainteté ; et en la lisant, on n'est pas étonné de l'attrait invincible qu'elle inspira pendant bien longtemps à ces essaims nombreux de religieuses qui vinrent en faire leurs délices.

On s'est demandé à quelle époque Césaire avait donné cette règle à son monastère. Quelques auteurs ont cru que c'était à la prière de Césarie la jeune, c'est-à-dire au plus tôt vers l'an 530. Mais il nous paraît difficile d'admettre qu'il ait attendu si longtemps de donner à ses filles un règlement de vie. D'ailleurs, lui-même le dit dans le préambule

---

[1] C'était probablement en mémoire de S. Paul : *quadragenas una minus accepi* (II Cor. 11).

de la Récapitulation : *cum Deo propitio, in exordio institutionis monasterii vobis regulam fecerimus;* c'est donc au commencement de la fondation du monastère qu'il leur avait donné la règle ; ces paroles ne peuvent laisser aucun doute. Césaire ajoute ensuite qu'il avait dû modifier peu à peu ce texte par des additions et des suppressions que lui avaient demandées son expérience et les événements. Le texte de la première partie que nous avons est sans aucun doute le corrigé de cette règle. Quant à la Récapitulation, il paraît certain qu'il ne la rédigea qu'après la mort de sa sœur. En effet, dans sa dernière visite à ses religieuses, en 542, le fondateur leur recommande d'observer fidèlement la règle qu'il a donnée peu d'années auparavant, *ante aliquot annos* [1]. Césaire ne parlerait pas de la sorte s'il faisait allusion à celle qu'il avait composée au commencement de leur institution, *in exordio*. A la fin même de cette Récapitulation, il demande à ses filles des prières pour les saintes mères avec lesquelles il a travaillé à ces règlements. Comment pouvait-il parler de plusieurs mères avant la mort de sa sœur ? Les auteurs de l'*Histoire littéraire de la France* croient qu'il rédigea la Récapitulation vers l'an 534. On a trouvé, dans un vieux manuscrit du monastère de saint Martin, à Autun, cette règle souscrite par Césaire, avec l'indication de la date : *sub die X calendis Julii, Paulino consule;* ce qui nous reporterait en 534, d'après dom Martène, auteur de

---

[1] Vita S. Cæs., lib. II, n. 34.

cette trouvaille [1]. Après la signature de Césaire, viennent les signatures de sept évêques, dont plusieurs sont connus : Cyprien de Toulon, Firmin d'Uzès, Jean de Sisteron, Montan, Lupercien, Sévère et Simplicius.

Nous n'avons pas connaissance qu'aucun auteur ait jamais révoqué en doute l'authenticité de la règle de Césaire. Elle s'appuie sur des témoignages trop nombreux et trop éclatants pour qu'on y puisse seulement penser. Indépendamment de la Vie de saint Césaire qui parle de sa règle à deux reprises différentes [2], Grégoire de Tours la rappelle dans plusieurs circonstances, et notamment dans la lettre écrite à sainte Radegonde par les évêques Euphronius, Prétextat et quelques autres : « Nous ordonnons expressément que celles qui, poussées par la grâce de Dieu, viendront dans votre monastère de Poitiers pour y vivre suivant la règle de l'évêque d'Arles, Césaire, d'heureuse mémoire, ne puissent plus jamais en sortir, ainsi que l'ordonne cette règle [3]. » Et ailleurs il dit, en parlant de sainte Radegonde : « Elle vient à Arles avec son abbesse et en rapporte la règle de saint Césaire et de la bienheureuse Césarie..... [4] » Plus loin encore, sainte Radegonde dit

---

[1] MARTENIUS, Thes. anecd., t. I, p. 5, n. 6.

[2] Lib 1, n. 25, et lib. II, n. 34.

[3] Specialiter definimus, si qua..... Deo providente, in Pictava civitate vestro monasterio meruit sociari, secundum beatæ memoriæ domini Cæsarii Arelatensis episcopi constituta, nulli sit ulterius discedendi licentia ; quæ, sicut continet Regula, voluntate prodita videtur ingressa (Hist. franc., lib. IX, c. 39).

[4] Necessitate commota, cum abbatissa sua, Arelatensem urbem expetunt ; de qua, Regula sancti Cæsarii atque Cesariæ beatæ suscepta .... (c. 40).

dans sa lettre aux évêques : « De plus, j'ai donné à la congrégation que j'ai fondée avec le secours du Christ, la règle sous laquelle vit sainte Césarie, et qu'elle a reçue de la sollicitude du bienheureux Césaire, évêque d'Arles [1]. »

Il faut ajouter encore à ces témoignages de Grégoire de Tours ceux que nous trouvons dans Fortunat :

Regula Cæsarii linea nata sibi est [2].

Et ailleurs :

Concipiente fidem Christi Radegundis amore,
Cæsarii lambit Regula quidquid habet [3].

Tels sont les principaux témoignages des auteurs contemporains. Les différentes divisions qui ont été faites de la règle, les variantes qu'on y trouve, ne sauraient en détruire la valeur, ni fournir une preuve sérieuse contre son authenticité.

La renommée eut bientôt porté au loin la sagesse et l'excellence de ces statuts ; un demi siècle après, la règle de saint Césaire était connue et observée dans toute la Gaule. Sainte Radegonde qui commença à bâtir le monastère de Sainte-Croix, à Poitiers, quelques années après la mort de Césaire, en entendit parler. Elle voulut venir elle-même à Arles avec l'abbesse qu'elle avait donnée à ses filles, pour étudier cette règle et la rapporter à Poitiers,

---

[1] Insuper congregationi per me, Christo præstante, collectæ, regulam sub qua degit sancta Cæsaria, quam sollicitudo beati Cæsarii antistitis Arelatensis ex institutione sanctorum patrum convenienter collegit, ascivi (c. 42).

[2] Lib. VIII, c. I.

[3] Lib. VIII, c. IV.

d'autres disent pour se former à la vie religieuse sous la conduite de Césarie [1].

Mais sainte Radegonde n'adopta pas la règle dans toute sa rigueur. Elle garda pour son monastère quelques-uns des raffinements de la vieille civilisation et des commodités de la vie mondaine que nous ne trouvons pas à Arles. Ainsi tandis que Césaire ne permet les bains qu'aux sœurs malades, sainte Radegonde en laisse l'usage fréquent à toutes ses religieuses. Une table bien servie était souvent dressée à Poitiers pour les visiteurs et les amis ; ce que Césaire avait expressément défendu dans son monastère. Le poëte Fortunat en avait profité pendant son long séjour à Poitiers ; et dans ses rapports fréquents avec la fondatrice de Sainte-Croix, il avait vu de près les règlements de l'évêque d'Arles dont il parle souvent et avec tant d'éloges.

Au livre V^e, dans une épître à Martin de Dune, évêque de Brague (en Galice), le poëte demande à ce pontife la protection de ses prières pour le monastère d'Agnès et de Radegonde, « afin que les vierges, confiées à leurs soins, croissent en nombre et en vertus, et que parmi elles soit toujours fidèlement observée la règle de l'évêque Césaire, qu'elles ont reçue de la cité de Genès. » Dans une autre épître à Agnès, abbesse de Sainte-Croix, il écrivait ces lignes peu de temps après la mort de sainte Césarie : « Parmi elles, Césarie, la gloire d'Arles, brille d'un doux éclat. Grâce aux conseils de Césaire, elle est associée main-

---

[1] Voir à la fin du volume la note 5.

tenant au bonheur des élus par les lis de la virginité, sinon par les roses du martyre. Pendant ce temps Liliole marche sur leurs traces et fait revivre leurs vertus. » Et plus loin encore : « Quelle douce consolation pour toi, ô vénérée Césarie, de n'être plus séparée de ton Césaire. Imitez-les, vous aussi, attachez à leur souvenir votre cœur et votre vie, et vous aurez la même couronne [1] ! »

Plus tard, lorsque Clotaire eut quelques désirs de rappeler Radegonde auprès de lui, celle-ci s'adressa aux évêques du second Concile de Tours (566) pour se mettre avec sa communauté sous leur protection, et provoquer de leur part une mesure qui la mit à l'abri, pour l'avenir, contre de semblables tentatives [2]. Les évêques firent droit à sa demande; ils confirmèrent, sur l'autorité de Césaire d'Arles, le vœu de clôture perpétuelle qu'avaient fait les religieuses de Sainte-Croix, et ordonnèrent que si l'une d'entre elles était assez malheureuse pour le violer en sortant du monastère, elle encourrait l'excommunication et l'anathème ; si elle poussait l'audace jusqu'à vouloir se marier, elle ainsi que son époux sacrilège et tous leurs complices seraient soumis aux mêmes peines [3]. Clotaire renonça à ses projets, et fit prier Radegonde de demander à Dieu son pardon. Elle ne devait plus elle-même sortir de son abbaye, jusqu'au jour où on la porterait au

---

[1] Voir à la fin du volume la note 6.

[2] Greg. Turon., *Hist. Franc.* lib. IX, c. 43. C'est la lettre dont nous avons cité plus haut quelques lignes.

[3] *Conc.* t. V, p. 872.

cimetière de Poitiers (587). Ce jour-là, ses religieuses, retenues à l'intérieur par la sévère clôture qu'elle leur avait prescrite, se pressèrent aux fenêtres, sur les murs et les créneaux du monastère, étouffant la voix des chantres par leurs lamentations et leurs sanglots et voulant suivre, au moins du regard, jusqu'à sa dernière demeure, le cercueil d'une mère si aimée [1]. La règle de Césaire ne fut pas observée seulement à Poitiers ; tous les monastères des Gaules ne tardèrent pas à l'embrasser.

Aurélien, l'un des successeurs de Césaire, fait une règle pour un nouveau monastère de femmes qu'il fonde dans l'intérieur de la ville d'Arles (546). Nous l'avons confrontée dans le Code des règles d'Holstenius avec celle de Césaire : elle est absolument la même, sauf quelques détails de peu d'importance [2]. Saint Ferréol, évêque d'Uzès (553), y fonde un monastère auquel il donne une règle, tirée de saint Césaire et de saint Benoît [3]. La règle que nous avons de Tarnat (Agaune, aujourd'hui Saint-Maurice en Valais), et qui avait fait de ce monastère l'un des plus florissants et des plus illustres, emprunte aussi plusieurs traits à celle de saint Césaire. Saint Donat, évêque de Besançon, qui vivait dans la première moitié du VIIe siècle (604-650), rédigea des statuts pour un monastère de vierges, fondé à Besançon par Flavie, sa mère. D'après ce qu'il dit dans le prologue, il leur avait déjà donné les règles de saint Benoît,

---

[1] GREG. TURON., *De gloria confess.*, cap. 106.
[2] HOLSTENIUS, pars III.
[3] D. CEILLIER, t. XI, p. 312.

de saint Colomban et de saint Césaire ; mais depuis longtemps ces vierges lui demandaient une règle spéciale pour elles, sous prétexte que les deux premières étaient faites pour des hommes, et celle de saint Césaire, quoique rédigée pour des vierges, ne leur convenait pas, parce que la disposition des lieux n'était pas la même, pas plus que le caractère et les mœurs des arlésiennes ne ressemblaient à leur caractère et à leurs mœurs. Saint Donat résiste longtemps à cette demande ; à la fin cependant il se met à l'œuvre ; mais il leur fait bien observer que cette règle ne sera qu'un résumé des trois autres [1].

Saint Præjectus (S. Prie), évêque d'Auvergne vers le milieu du VIIe siècle, établit dans sa ville épiscopale un monastère de vierges auquel il donna une règle spéciale : *ex regula virorum sanctorum, id est, S. Benedicti, et S. Cæsarii, atque Columbani.* Ce sont les paroles du contemporain qui a écrit la vie de saint Prie [2].

Plus tard la règle de Césaire se perdit dans celle de saint Benoit [3], comme Lérins devint un monastère des fils du célèbre patriarche. Mais malgré la transformation qu'amenèrent les siècles, tous les fondateurs de monastères firent mention de la règle de saint Césaire, à côté de celle de saint Benoit. Et ce n'est pas l'une des moindres

---

(1) HOLSTENIUS, pars III.
(2) BOLLAND., t. III, p. 215.
(3) Lorsque, après les invasions sarrazines, les religieuses de S. Césaire rebâtirent leur monastère dans l'intérieur de la ville, sur la paroisse de S. Jean de Moustier, elles durent elles-mêmes suivre la règle de S. Benoit, par ordonnance du Concile d'Aix, en Allemagne (817), et l'ordre de Louis-le-Débonnaire.

gloires de l'évêque d'Arles d'être placé sur le même rang que l'illustre législateur des moines en Occident.

Césaire voulait faire une œuvre durable. Or il savait l'inconstance des temps dans lesquels il vivait et le peu de solidité que présentaient les institutions, même les meilleures. Son monastère demeurerait florissant pendant sa vie ; mais après lui, n'allait-il pas déchoir peu à peu, par suite de compétitions injustes, d'envahissements illégitimes, ou d'une direction opposée à ses vues ? Le fondateur avait doté sa communauté, il lui avait créé, par des ventes et des donations légales, des revenus qui devaient pour jamais en éloigner la misère. Mais les spoliations n'étaient-elles pas à l'ordre du jour à cette époque ? C'est donc pour assurer l'avenir, pour obvier, autant que possible, à ces maux qu'on pouvait facilement prévoir, qu'il voulut sanctionner d'une autorité plus haute que la sienne tout ce qu'il avait fait pour le monastère de Saint-Jean. Il écrivit au pape Hormisdas et lui demanda de confirmer l'institution et les règlements de ses religieuses. La lettre de Césaire a été perdue, mais nous avons la réponse d'Hormisdas dans les Bollandistes ; ils l'ont placée après la règle [1]. Le pape commence par féliciter vivement l'évêque d'Arles de la sollicitude infatigable dont il donne sans cesse des preuves pour la gloire de Dieu et le bien de cette Église d'Arles qui lui devra de si beaux accroissements : « Vous ne croyez pas avoir accompli votre devoir, lui dit-il, si chaque jour vous ne faites quelque

---

[1] BOLLAND., 12 janvier.

chose de plus que la veille ; ainsi la vraie charité craint de diminuer tant qu'elle ne sent pas sa ferveur s'accroître. » Il le félicite d'avoir ajouté aux communautés de clercs et de moines que possédait l'Église d'Arles de nouveaux chœurs de vierges, et, comme l'avait demandé Césaire, il défend aux évêques, ses successeurs, de s'ingérer dans le gouvernement des religieuses de Saint-Jean ; l'évêque d'Arles n'aura que le droit de les visiter [1]. Le pape confirme en même temps toutes les ventes et donations faites en faveur du monastère, et il interdit pour l'avenir l'aliénation d'aucun de ses biens.

Cette lettre qui ne manque pas d'importance et à laquelle nous verrons que Césaire fait allusion dans son testament, n'a point de date. Il faut la placer sous le pontificat d'Hormisdas, de l'an 514 à l'an 523.

Césaire avait entouré ses ventes comme ses donations et celles de ses amis de toutes les prescriptions du droit. Il pouvait être rassuré sur l'avenir de son œuvre.

La sœur de l'évêque d'Arles, Césarie, ne demeura pas longtemps à la tête de son monastère ; mais on n'a aucune donnée certaine sur l'époque de sa mort. Les Bollandistes la placent vers l'an 530 et, quoiqu'ils n'en donnent pas de preuve bien convaincante, leur sentiment est généralement adopté. Le texte de la Vie de saint Césaire n'est pas assez précis : l'auteur y parle de la construction de la

---

[1] C'est un des premiers exemples d'exemption que nous rencontrions dans l'histoire : il ne devait pas être le dernier.

grande basilique du monastère, et il ajoute : « Peu de temps après, la mère du monastère, sa sainte sœur, Césarie, mourut ; il déposa ses restes dans l'une des sépultures creusées dans l'église, auprès de celle qu'il s'était préparée à lui-même [1]. » Resterait à savoir à quelle époque remonte la construction de cette basilique qui précéda de quelque temps la mort de sa sœur. Si, comme nous l'avons dit, c'est la même dont Césaire fit la dédicace, lors du IVe Concile d'Arles, en 524, on serait fondé à placer la mort de Césarie vers l'an 529 ou 530.

Une autre Césarie, qu'on appelle ordinairement Césarie la jeune, pour la distinguer de la fondatrice, lui succéda. On croit qu'elle était la nièce de Césaire. Peut-être lui donna-t-il ce nom, pour qu'elle lui rappelât une sœur enlevée de trop bonne heure à son affection, et en même temps que la nouvelle abbesse se crût plus obligée à suivre les saints exemples de sa devancière, dont elle avait pris et la place et le nom.

Nous trouvons, parmi les œuvres de Césaire, plusieurs lettres, écrites à des religieuses ; deux, entre autres, adressées à Césarie et à sa communauté ; nous croyons que c'est à sa sœur elle-même et non à Césarie la jeune qu'il les écrivit. Césaire lui donne en effet dans toutes les deux le nom de sœur ; dans la première : *famula Dei ac venerabilis in Christo soror ;* et dans la deuxième : *Cæsariæ*

---

[1] Non multo post igitur, monasterii matrem germanam suam Cæsariam sanctam, ad præmia Christi migrantem, inter has quas præmiserat inibi ad medium throni, juxta eam quam sibi paraverat, condidit sepulturam. (Vita S. Cæs., lib. I, n. 44.)

sanctæ sorori abbatissæ. Ce titre, il aurait pu sans doute le donner à Césarie la jeune ; mais on doit remarquer que l'évêque ne le lui donne pas, lorsque, certainement, il s'adresse à elle. Ainsi il la salue, au commencement de son testament, avec les prêtres et les diacres de son église : *sanctæ ac venerabili Cæsariæ abbatissæ*. Dans le legs qu'il lui fait, Césaire se sert encore de ces expressions : *ancillæ nostræ Cæsariæ abbatissæ mantum majorem, quem de cannabe fecit, dari volo*. Sans donner à cette preuve plus de valeur qu'elle n'en saurait avoir, nous ne croyons pas être téméraire en disant qu'il écrivit ces lettres d'exhortation à sa sœur elle-même, pendant qu'elle était à la tête de son monastère.

Dans la première, l'évêque accuse sa sœur de lui arracher par ses fréquentes importunités des conseils qu'il est incapable de donner. Mais devant ses instances il lui écrira, à une condition toutefois, c'est qu'elle promette que seule elle lira ces lignes. Aussi qu'elle ne l'accuse point de témérité ni de présomption. S'il y a quelque chose de bien dans ces avis, c'est aux prières de sa sœur, et non à lui-même qu'il faudra l'attribuer [1]. Nous pouvons savoir gré à la sainte abbesse de Saint-Jean d'avoir été si importune ; c'est à ses importunités que nous devons quelques belles pages sur la perfection. Connaître la volonté de Dieu, et la suivre ; chercher ce qui lui plaît et le faire : tel doit être le premier souci de l'abbesse. Mais pour arriver à ce degré, il faut lutter, lutter sans cesse contre soi-même,

---

[1] Epistola I S. Cæs., ad Cæsariam et congregationem suam.

contre ses vices et surtout contre le premier de tous, l'orgueil. Dans une vierge, ce vice est plus redoutable encore, car il conduit toujours à la luxure : c'est la punition ordinaire que Dieu inflige aux âmes orgueilleuses. Le démon tient le monde sous sa griffe, par ces deux vices, l'orgueil de l'esprit, la corruption de la chair. Donc elle doit lutter avec une grande énergie pour pratiquer l'humilité, non pas une humilité extérieure, mais intérieure et sincère, pour garder toujours intacte la virginité qu'elle a vouée à Dieu. Elle luttera aussi contre la colère, contre l'envie, contre ces fautes innombrables que notre langue nous fait si aisément commettre, et gardera tous ses sens avec la plus parfaite vigilance ; le voile de la modestie enveloppera toujours ses yeux, et ses oreilles devront être en garde contre tout, même contre les charmes de la voix du lecteur dans l'église. « Le combat est long et difficile, diras-tu, mais regarde la couronne, je te prie. Regarde, si tu le peux, la beauté, l'étendue de la récompense et compare-lui la peine d'un moment. Après que ta chair sera morte, et que ton âme aura pris son essor, Dieu te réserve le plus beau destin, ô vierge ! Après cette vie, ton corps, un moment confié à la terre, sera glorifié dans le ciel ; après cette vie, tu deviendras la compagne des anges, et reine dans le ciel, tu règneras éternellement avec le Christ. »

La deuxième de ces lettres est aussi adressée à sa sœur et à toute sa communauté. Césaire y prend le titre « du plus petit serviteur des serviteurs de Dieu. » Il commence par dire « qu'il est bien incapable par lui-même de donner un conseil, et que c'est présomption de sa part de l'oser entreprendre ; lui qui est tiède, il veut réchauffer des fervents ; lui qui se traîne dans la voie de la vertu, il veut exciter des vierges qui volent déjà ; lui qui demeure terre à terre, il prétend stimuler des âmes dont les désirs et les pensées ne sont qu'au ciel. Pourtant comme le temps ne lui permet pas d'aller les voir, il puisera dans les saints Pères quelques avis pour les mêler à ses conseils pleins d'aridité et d'ennui, afin que ceux-ci prennent un peu de la douceur et du charme de ceux-là. Toutefois, il les en supplie, qu'elles se gardent bien de montrer ces lignes à personne, de peur que les oreilles délicates ne soient choquées de la dureté d'un discours si rustique. » Mais ce discours ne l'est pas autant que son humilité le lui faisait penser. « Réjouissez-vous, leur dit-il, mes vénérables filles ; rendez d'éternelles actions de grâces au Christ qui a daigné vous retirer d'un monde orageux et vous conduire dans ce port tranquille. Voyez ce que vous avez laissé derrière vous, et ce que vous avez gagné. Vous avez quitté les ténèbres du monde pour contempler, heureuses, la radieuse lumière du Christ. Vous avez dédaigné les plaisirs amers des passions, pour goûter la douceur et les charmes de la chasteté. Et s'il vous faut lutter jusqu'à la fin de votre vie, avec le secours de Dieu cependant nous sommes sûrs de votre victoire... Mais je vous en prie, mes vénérables filles, si le passé inspire à vos cœurs une douce confiance, que l'avenir, du moins, soit l'objet de votre sollicitude. Déposer les vêtements du siècle et revêtir ceux de la religion, c'est l'affaire d'un moment. Mais conserver des habitudes vraiment saintes, combattre contre ses inclinations mauvaises et contre les plaisirs si amers du monde, c'est le travail de toute une vie ; et, vous le savez, ce n'est pas celui qui commence mais celui *qui persévère jusqu'à la fin qui sera sauvé.* (Matth. X, 22). » Et il insiste sur cette lutte qu'elles ont à soutenir contre elles-mêmes ; il leur indique les chances de succès et leur apprend sur quels points elles doivent principalement porter leurs efforts [1].

C'est un traité complet de la perfection dans la vie chrétienne et surtout dans la vie religieuse. Aussi nous comprenons que Césaire ait souvent puisé dans cette longue épître, lorsqu'il avait à écrire à d'autres vierges des conseils sur le même sujet. Nous comprenons mieux encore la noble émulation qui devait s'emparer de ses filles à la lecture de ces lettres, et l'impulsion que la parole tendre et forte d'un père si aimé donnait à ce monastère.

Le Code des règles de saint Benoît d'Aniane contient une troisième lettre de Césaire à Oratorie, abbesse du monastère d'Arluc, bâti sur la côte de la mer par Nazaire, abbé de Lérins (463). Le saint évêque y traite des qualités que doivent avoir les religieuses chargées de la conduite d'une communauté, et il nous donne, là, un résumé plein de sagesse, de précision autant que de finesse, de tous les devoirs d'une bonne supérieure. Les deux Césarie ne pouvaient qu'exceller dans le commandement et la direction de leur monastère, après avoir reçu des leçons à si bonne école. Césaire avait donné ces mêmes avis à sa sœur et à sa nièce ; c'est pourquoi nous allons en transcrire

---

[1] Epist. II S. Cæs. ad Cæsariam ejusque congregationem.

ici quelques extraits : « Quel que soit votre désir de vous livrer sans cesse à l'étude et de vous occuper des affaires extérieures, il faut cependant, ma très chère sœur et fille, laisser quelquefois toutes ces sollicitudes pour la direction de vos sœurs. N'oubliez pas que les choses de la terre, devant passer comme elle, ne doivent point trop vous absorber : le renoncement à vous-même, la perfection de votre âme, l'amour de Dieu, voilà à quoi vous vous appliquerez toujours et sans mesure. Lorsque vous vous êtes débarrassée d'une affaire temporelle, revenez à la prière et à la lecture avec autant d'empressement que si vous vous jetiez dans les bras d'une mère. Le seul désir de votre cœur doit être de vous dépouiller des sollicitudes mondaines, pour ne penser qu'à servir Jésus-Christ, selon cette parole de nos saints livres : *Quiconque veut se donner à Dieu, ne doit point se jeter dans les affaires du siècle.* (II Timoth., II, 4).

« Suivant le conseil de l'apôtre, montrez-vous toujours le modèle de tout ce qu'il y a de bien et de parfait. Dieu vous a appelée à être la lumière de cette maison : or la lumière, on ne la cache point ; on la place au contraire à découvert pour que tous soient éclairés par ses rayons. Ainsi faut-il que votre vie, vos exemples, vos vertus montrent à tous le chemin qu'ils doivent suivre. Comme ces oiseaux qui hantent toujours les sommets, que vos pensées, que vos désirs n'aspirent qu'en haut....

« Lorsqu'il vous faudra parler à vos sœurs pour leur apprendre leurs devoirs, que vos discours prêchent moins encore que vos exemples, et que vos filles retrouvent en vous toutes les vertus que vos lèvres doivent leur rappeler. Vous êtes la première en dignité, prenez garde d'être la dernière en vertu.... Toujours la première à l'oraison et au travail, soyez la dernière au réfectoire et à la récréation. Que rien ne vous distingue de vos sœurs dans la nourriture, et puisque vous vous asseyez à la même table, prenez aussi les mêmes aliments.... Quel que soit le chemin que vous montrerez aux autres, n'oubliez pas qu'il vous faut y marcher la première; et les meilleurs discours que vous pourrez faire ne vaudront jamais les bons exemples que vous donnerez....

« Votre affection doit être la même pour toutes vos inférieures; et s'il y a dans votre cœur plus de sympathie pour les unes que pour les autres, que ce soit pour celles qui sont plus pieuses, et non pour celles qui voudraient s'attirer vos bonnes grâces par leurs assiduités ou par leurs flatteries. Lorsqu'elles viennent à vous, que toutes rencontrent le même accueil affectueux. Surtout, si vous avez à les reprendre, faites-le en temps opportun et toujours avec des paroles où ne respirent ni la colère, ni la raideur. Alors plus que jamais vous devez vous montrer patiente et bonne : ainsi reconnaîtront-elles en votre cœur la tendresse maternelle qui doit l'animer toujours.

« Lorsque vous êtes obligée de vous entretenir avec les personnes du siècle, commencez d'abord par vous munir du signe de la croix, afin que Notre Seigneur vous accompagne et vous soutienne; puis allez à elles, en pensant à la modestie de Marie en présence de Gabriel : elle ne lui dit à lui que quelques paroles, tandis qu'elle s'épancha avec Elisabeth en de longs cantiques et en de magnifiques discours.... Et alors à la vue de votre réserve, le monde bénira Dieu et félicitera cette famille d'avoir à sa tête une telle mère. Prenez garde toutefois de vous éloigner tellement de lui ou de lui parler si peu, lorsque cela est nécessaire, que vous ne passiez à ses yeux pour une orgueilleuse ou pour une sotte. Vos paroles, à vous, vierge du Christ Jésus, doivent être si pleines de sens, si douces, si saintes, qu'on les trouve toujours trop courtes.

. . . .

« J'oubliais le vêtement ; ne prenez point prétexte de votre rang pour choisir pour votre usage l'étoffe la plus belle ou la plus neuve ; vos filles seront toujours mal-édifiées de vous voir apporter trop de soins à votre coiffure, et vous blâmeront intérieurement si votre chaussure est plus élégante que la leur....

« Enfin que toutes vos actions ne soient que pour Dieu, que vos discours aient Dieu pour objet, que vos pensées soient toutes en Dieu.... Ainsi, comme vous le recommande saint Paul, serez-vous *sainte de corps et d'esprit,* à l'extérieur comme à l'intérieur ; et le Seigneur, votre époux, dirigera tous vos pas vers la sainteté, lui qui vivra et régnera toujours [1]. »

Il existe une quatrième lettre de Césaire, adressée à une vierge : *ad virginem Deo dicatam.* On ignore qui pouvait être cette vierge. Les auteurs qui ont cru qu'il s'agissait encore de l'abbesse d'Arluc, Oratorie, n'ont pas remarqué

---

[1] Epist. ad Oratoriam abbatissam.

que cette lettre est à peu près la même que la troisième, dont nous venons de parler, sauf le commencement et quelques autres passages. C'était donc une autre abbesse à qui il a voulu donner les mêmes conseils qu'à Oratorie. Il est probable que Césaire n'était pas évêque depuis longtemps quand il l'écrivit. Il s'étonne que cette religieuse ait tant de vénération pour quelqu'un, dont elle a à peine entendu prononcer le nom, dont elle n'a jamais vu les traits ; comme toujours, il se déclare incapable de donner les conseils et la direction qu'on lui demande. Mais elle n'est pas une ignorante, pas plus qu'une novice ; depuis sa plus tendre enfance, n'a-t-elle pas appris la science de la perfection avec la science des divines Écritures ? C'est au souvenir de leur vieille et religieuse amitié qu'il lui écrira. Il ne le cache pas : sa sollicitude pour elle est bien excitée depuis que Dieu l'a élevée à de si difficiles fonctions. Suivent les avis qui doivent aider cette abbesse dans la conduite de son monastère et faire d'elle une supérieure parfaite [1].

Comme on a pu en juger, les lettres écrites à des religieuses ne sont pas autre chose que le développement des articles de sa règle, qui se résument dans la pratique des trois conseils évangéliques : la pauvreté, la chasteté, l'obéissance. Nous ne les avions pas encore vus avec cet ensemble dans les règles connues jusqu'à ce jour ; celle de Césaire les contient tous les trois, et on voit qu'ils y sont regardés comme la condition nécessaire de la vie religieuse.

[1] Epistola hortatoria ad virginem Deo dicatam.

La pauvreté, le saint fondateur l'impose à ses filles, et il prend tous les moyens pour en assurer l'observation : elles ne garderont rien des biens qu'elles avaient dans le monde, elles ne possèderont rien, pas même le vêtement qui sera à leur usage. A côté de cette obligation, il insiste sur la loi du travail, travail de l'esprit, travail des mains. C'est à cette loi, « la plus utile qui ait jamais été portée, dit quelque part Ozanam, si l'on considère les résultats qu'elle a produits, » c'est à cette loi que les lettres doivent les quelques vestiges qui nous sont parvenus à travers les ténèbres du VIe siècle et des siècles suivants.

L'obéissance à ces règlements, l'obéissance aux supérieures n'est pas moins strictement recommandée par le législateur. Il savait que c'est là toute la perfection pour une vierge consacrée à Dieu, il savait que là aussi était tout l'avenir de son institution.

La chasteté enfin, but principal que se proposaient la plupart de ces nobles âmes en faisant profession de la vie religieuse, devait aussi en être la base, et l'on reconnaît le sens pratique de Césaire dans les précautions dont il veut qu'elles s'entourent. Aimer, aimer beaucoup le Sauveur Jésus à qui elles se sont données, lui garder toutes les affections de leur cœur, ce sera le gage le plus sûr et le plus doux de leur fidélité et de leur persévérance. « Mes filles, aimez le Christ, si vous voulez garder fidèlement cette virginité que vous lui avez consacrée avec tant d'ardeur [1]. »

Mais tout en demandant aux vierges, que leur vocation

---

[1] Epist. II°, *ad virgines.*

avait affranchies des liens du sang, cet amour brûlant pour Dieu, Césaire ne prétendait pas étouffer en elles les saintes affections que Dieu permet. « Nous n'aimerons pas nos parents alors, disaient quelques religieuses à Césaire ! — A Dieu ne plaise, s'écrie-t-il, que telle soit ma pensée. Comment, nous vous ordonnons d'aimer vos ennemis, et nous vous dirions de ne plus aimer vos parents ? Aimez-les toujours tant que vous pourrez [1]. »

Et voilà comment, après avoir aimé en Dieu leur mère et leurs sœurs selon la nature, elles entouraient de la plus tendre affection cette mère et ces sœurs nouvelles que Dieu leur donnait dans le cloître. « Il serait singulier, a dit l'austère et tendre Lacordaire, que le christianisme, fondé sur l'amour de Dieu et des hommes, n'aboutit qu'à la sécheresse de l'âme à l'égard de tout ce qui n'est pas Dieu…. Le détachement de soi-même, loin de diminuer l'amour, l'entretient et l'augmente. Ce qui ruine l'amour, c'est l'égoïsme, ce n'est pas l'amour de Dieu ; et il n'y eut jamais sur la terre d'ardeurs plus durables, plus pures, plus tendres que celles auxquelles les saints livraient leur cœur, à la fois dépouillé d'eux-mêmes et rempli de Dieu [2]. » Telle est la raison et l'explication des pures et saintes amitiés qui naissaient derrière les murs de ces cloîtres austères, et dont l'histoire nous touche autant qu'elle nous édifie. Ici, c'était une Galla qui, sur son lit de mort (au rapport de saint Grégoire-le-Grand), demandait comme

---

[1] Ibidem.

[2] *Lettres à des jeunes gens*, 9 nov. 1852.

grâce suprême à son protecteur que la sœur Benedicta, sa sœur de prédilection, mourut avec elle, et qui l'obtenait. Là, une inconnue, une Anglo-Saxonne, écrivait à son frère, disciple de saint Boniface : « A Balthard, mon frère unique, si aimé dans le Seigneur, et plus aimé que personne dans le monde.... J'ai reçu avec une tendre reconnaissance le message et les dons que tu m'as envoyés. Je ferai, avec l'aide de Dieu, tout ce que tu me recommandes, mais à la condition que tu daigneras revenir me voir. Je suis ici seule, abandonnée, dépourvue de toute parenté. Mon père et ma mère m'ont délaissée, mais le Seigneur m'a adoptée. Entre toi et moi, il y a l'abîme des grandes eaux dont parle l'Écriture ; mais nous sommes réunis par l'amour, car le véritable amour n'est jamais vaincu, ni par l'espace ni par le temps. Mon frère, ta sœur unique te salue dans le Christ.... Je prie pour toi comme pour moi-même, jour et nuit, à chaque heure et à chaque minute.... Je prie en pleurant et prosternée sur la terre, afin que tu vives heureux ici-bas et que tu deviennes tout simplement un saint. » Plus tard un saint Léandre, le glorieux fondateur des moines en Espagne, disait à sa sœur Florentine, supérieure de quarante couvents, en lui donnant sa règle : « J'ai cherché quelles richesses et quel patrimoine je pourrais te léguer ; de tout ce que j'ai vu sous le soleil, il n'y a rien qui soit digne de toi.... Le Christ, sœur bien-aimée, est déjà ton époux, ton père et ton ami. Ah! comprends donc l'ardent désir qui enflamme le cœur de ton frère de te voir avec le Christ..... Tu es la meilleure partie de moi-même.... Malheur à moi, si un autre allait dérober ta couronne.... (1). »

Césaire ne le comprenait pas autrement ; et voilà pourquoi, en recommandant à ses filles de brûler pour Dieu des plus vives ardeurs, il voulait aussi qu'elles s'aimassent entre elles de l'affection la plus tendre : « Avant tout, leur dit-il, soyez unies les unes aux autres par les liens de l'amour le plus fort (2). » Il savait que Dieu lui-même a voulu ces douces compensations aux sacrifices quotidiens de la vie du cloître. Il savait que rien ne pouvait mieux rendre ces cœurs heureux et les porter à Dieu, que cette affection d'autant plus forte et plus douce qu'elle est plus pure et plus sainte. « Aimez-vous, si vous voulez que Dieu habite dans vos âmes, » disait Césarie la jeune à sainte Radegonde. C'est là, au souffle brûlant de l'amour de Dieu, que s'épanouit cette douce fleur ; nulle part ailleurs on ne saurait la trouver.

Il l'avait compris, ce poëte, dont la muse tour à tour rampante et sublime, sut trouver à ses heures des accents si chrétiens, lorsqu'il écrivait ces beaux vers, connus de tous :

> Cloîtres silencieux, voûtes des monastères,
> C'est vous, sombreux caveaux, vous qui savez aimer ;

---

(1) Epist. 148 S. Bonifacii.
(2) Epist. II S. Cæsarii, ad Virgines.

Ce sont vos froides nefs, vos pavés et vos pierres,
Que jamais lèvre en feu n'a baisés sans pâmer.
....
Trempez-leur donc le front dans les eaux baptismales,
Dites-leur donc un peu ce qu'avec leurs genoux,
Il leur faudrait user de pierres sépulcrales
Avant de soupçonner qu'on aime comme vous.
Oui, c'est un vaste amour qu'au fond de vos calices
Vous buviez à plein cœur, moines mystérieux !
Vous aimiez ardemment ! Oh ! vous étiez heureux [1] !

---

[1] ALFRED DE MUSSET, *Rolla*.

CHAPITRE IV

CÉSAIRE MANDÉ A RAVENNE.
VOYAGE A ROME.
PRIMATIE DE L'ÉGLISE D'ARLES.

513-524.

Mort de Clovis. — Théodoric garde pour lui Arles et la Provence. — Césaire devant Théodoric ; honneurs qu'il en reçoit. — Lettre d'Ennodius à Césaire. — Césaire vient à Rome.
Primatie d'Arles ; son institution ; ses péripéties. — Droits des primats. — Juridiction métropolitaine de l'évêque d'Arles. — Différend entre Arles et Vienne ; Symmaque y met fin. — Postulata de Césaire. — Le pape loue son zèle. — Retour de Césaire à Arles. — Il dénonce l'évêque d'Aix, Basile, au Saint-Siège. — Les affaires d'Orient. — Lettre de saint Avit à Césaire.

Clovis venait de mourir en 511, dans la force de l'âge, emportant dans sa tombe, prématurément ouverte, les justes regrets de l'Église des Gaules tout entière. Malgré son caractère violent, ses habitudes barbares, son ambition et ses désirs de conquête, il subissait facilement l'influence des évêques, et leur commerce le rendait plus doux, plus humain, plus chrétien : aussi les peuples aimaient son gouvernement, et les rois Burgondes et Visigoths étaient obligés de l'imiter, de suivre la même direction, afin que leurs sujets n'aspirassent pas trop à devenir tributaires du roi des Francs. La civilisation et l'Eglise n'avaient qu'à gagner à cet état de choses, lorsque la mort de Clovis vint, sinon briser toutes leurs espérances, du moins arrêter un moment leur marche, et plonger de nouveau l'Église et la civilisation dans des alternatives de prospérité et de décadence qui devaient retarder pendant de longs siècles leurs progrès définitifs. Césaire lui-même, quoiqu'il ne fût pas sujet de Clovis, allait ressentir le contre-coup de ce douloureux événement.

Le duc Ibbas, après avoir fait lever le siège d'Arles aux Francs, et battu Thierry, fils de Clovis, s'était emparé de tout le pays situé entre les Alpes et le Rhône ; il poursuivit ses conquêtes, prit Narbonne où Gondebaud s'était établi, se rendit maître de Toulouse et de toute la Septimanie, délivra Carcassonne, et, allant droit aux Pyrénées, il s'ouvrit un passage en Espagne qu'il finit encore par soumettre. Ainsi était reconstitué, à peu près, le royaume qu'Alaric II avait laissé ; Théodoric, gardant pour lui tout le pays situé entre la Durance, le Rhône et la Méditerranée, gouverna le reste au nom de son petit-fils Amalaric.

Arles n'avait donc point changé de maître : c'étaient encore les Goths qui y commandaient. Mais on n'a pas oublié l'admirable conduite de Césaire vis-à-vis des nombreux prisonniers que les vainqueurs avaient faits dans cette guerre et la sollicitude qu'il leur témoigna ; on n'a pas oublié non plus la reconnaissance des rois Burgondes, Gondebaud et Sigismond, qui avaient envoyé à Arles un navire chargé de froment. Cette générosité à l'égard de leurs ennemis, dans une ville soumise aux Goths, toujours en état de guerre et menacée par les Francs et les Burgondes, devait éveiller des soupçons dans des esprits aussi ombrageux. Césaire fut accusé auprès de Théodoric de favoriser les Francs et les Burgondes. Il fut aussitôt mandé à Ravenne où résidait le roi d'Italie, pour se défendre devant lui contre ses accusateurs.

Théodoric était arien ; mais il avait une âme grande, et malgré tout, il sut longtemps protéger la liberté religieuse des catholiques. Jusqu'à ce moment, l'Église n'avait eu qu'à se louer de sa bienveillance. Ces bons procédés, elle les devait surtout aux sages conseils des ministres dont Théodoric avait su s'entourer, de Cassiodore en particulier, à qui il faut attribuer la plus belle part dans son règne ; pendant cinquante ans, depuis Odoacre jusqu'à Vitigès, le sage conseiller vécut à la cour des rois barbares, consacrant toute son intelligence et son énergie à les prémunir contre leurs violences et leurs excès, et à polir leurs mœurs farouches. Docile aux avis d'un ministre aussi habile que pieux, Théodoric ne s'occupait guère des choses de l'Église, et il disait noblement et avec sagesse « que, comme roi, il respectait ce qui était de l'Église et ne s'en mêlait pas autrement. » Toutefois malgré son grand caractère, malgré sa bienveillance pour les catholiques, il ne faut pas oublier que Théodoric demeura toujours barbare au fond. Un trait nous le peindra mieux que toutes les paroles. Un jour, pendant qu'il était à Rome, une veuve vint se plaindre de n'avoir point encore pu obtenir de jugement dans un procès que, depuis trois ans, elle avait intenté à un sénateur. Théodoric manda les juges auprès de lui : « Si vous ne terminez demain cette affaire, leur dit-il, c'est moi qui vous jugerai vous-mêmes. » Le lendemain, la sentence était rendue. La veuve vint, selon la coutume, le remercier, un cierge à la main. « Où sont les juges ? » dit Théodoric. On les lui amena. « Et pourquoi, leur dit-il avec indignation, avez-vous prolongé pendant trois ans une affaire qui ne vous a coûté qu'un jour de discussion ? » Et il leur fit trancher la tête. Plus tard il devint persécuteur, et déshonora la fin de son règne par des meurtres que l'histoire flétrit, sans pouvoir les expliquer. Tel était Théodoric.

Mais ce n'était pas la première fois que Césaire se trouvait, comme accusé, en présence des rois. Lorsqu'il parut devant Théodoric, l'évêque d'Arles portait sur son front un air si majestueux et si intrépide à la fois, que le roi se leva respectueusement devant lui, le salua avec bienveillance, et sans dire un mot de l'accusation pour laquelle il comparaissait, lui demanda des nouvelles de son voyage et lui parla affectueusement de ses Goths et des habitants de la ville d'Arles. Puis quand l'évêque se fut retiré, le roi s'adressant à ceux qui l'entouraient, leur dit : « Que Dieu punisse les misérables qui ont forcé cet homme vénérable à entreprendre un si long et si pénible voyage ! A sa vue, je me suis senti frissonner ; j'ai cru voir paraître devant moi un ange du ciel ou l'un des saints apôtres. C'est une chose indigne d'avoir calomnié un homme aussi saint. » Et aussitôt il envoya un de ses officiers porter à l'évêque d'Arles un plat d'argent du poids de soixante livres, avec trois cents écus d'or, et il lui fit dire : « Saint évêque, le roi votre fils prie votre Béatitude de recevoir ce présent et de le garder en souvenir de lui. »

Trois jours après, les courtisans rapportaient au roi que déjà l'évêque d'Arles avait vendu son présent pour racheter des captifs avec le prix qu'il en avait retiré. C'est ce qui était arrivé : Césaire, « qui ne voulait pas se servir de vaisselle d'argent, à l'exception des cuillères, » avait fait vendre ce plat précieux pour soulager l'infortune ; et à partir de ce moment, sa maison fut entourée d'une si grande foule de malheureux que l'accès en devint impossible à ceux qui voulaient saluer le grand évêque. Au lieu de se fâcher, Théodoric ne conçut que plus d'estime et de vénération pour lui. Ce que voyant, les sénateurs et les courtisans s'empressèrent de porter de larges offrandes à Césaire, pour qu'il en fût le distributeur ; et « tous ne cessaient de proclamer leur bonheur d'avoir vu de près un si grand évêque, fidèle imitateur des saints apôtres. » N'oublions pas que tout ce monde était arien : or pour qu'un évêque catholique s'attirât de leur part tant d'hommages, il fallait bien qu'il fût d'une sainteté et d'un mérite au-dessus de toute critique. Quant à Césaire, sans prendre garde à ces louanges, il ne pensait qu'à racheter les captifs que le duc Ibbas avait envoyés, choisissant de préférence ceux qui venaient d'Arles, des bords de la Durance, et surtout de la ville d'Orange où les prisonniers avaient été très nombreux ; après leur avoir rendu la liberté, il procurait à tous les moyens de rentrer dans leur patrie [1].

Dieu lui-même voulut glorifier son serviteur dans cette ville arienne qui lui montrait tant de déférence. Une pauvre veuve vint un jour à lui. Son fils unique, seul soutien de ses vieux jours, était tombé subitement malade, et il était presque sans vie. Quand tout espoir humain fut perdu, n'écoutant que sa foi, elle courut se jeter aux pieds du saint évêque, et le conjura en pleurant de rendre un fils à sa mère. Touché de compassion, l'homme de Dieu pensa qu'il serait cruel de ne point prêter l'oreille à ces supplications, et il vint en cachette dans la demeure de la veuve. Il pria quelque temps, prosterné au pied du lit du mourant; puis il partit, laissant son secrétaire Messien auprès du malade. L'évêque était à peine sorti, que le jeune homme, revenant à lui, se tourna vers sa mère et lui dit : « Allez bien vite remercier Césaire, car c'est à lui que vous devez votre fils. » La mère, dans le transport de sa joie, ne trouva d'abord que des larmes pour exprimer sa reconnaissance ; puis elle donna à l'évêque ce fils qu'il lui avait rendu, le priant de l'emmener et de le garder toujours.

Son biographe nous raconte un autre prodige qui eut lieu à Ravenne pendant son séjour. Le diacre Elpidius[2],

---

[1] Vita S. Cæs., lib. I, n. 27.

[2] Rusticus Elpidius était diacre de l'église de Lyon. Plein de savoir et de piété, et surtout très habile dans la médecine, il plut à Théodoric qui voulut se l'attacher ; le roi l'appela en effet à sa cour et lui donna toute sa confiance. D. Ceillier veut que cette maison fût à Arles. Rien ne le fait supposer, et la place qu'occupe la narration de ce fait dans la vie de S. Césaire, suffit à prouver que c'est à Ravenne qu'il se passa et non à Arles.

médecin célèbre, avait une maison hantée par les démons ; ils lui suscitaient toutes sortes d'ennuis; et en particulier, souvent ils faisaient tomber sur sa demeure une vraie pluie de pierres. Césaire y vint, l'aspergea d'eau bénite, et, à partir de ce moment, on n'y remarqua plus rien d'extraordinaire.

Il n'en fallait pas autant pour grandir l'évêque d'Arles aux yeux des hommes et pour répandre au loin le renom de sa sainteté.

C'est à peu près vers cette époque que Théodoric prit des mesures favorables à quelques églises des Gaules qui avaient particulièrement souffert des maux de la guerre. Il ordonna à Ibbas de faire restituer à l'église de Narbonne les biens qu'on lui avait volés à la faveur des troubles, et envoya à Sévère, évêque d'une ville de la Provence qu'on ne nomme pas, quinze cents sous d'or, pour être distribués aux victimes de la guerre. Le roi des Visigoths dispensa en même temps les Gaulois ses sujets de payer les impôts. « Donnez tous vos soins, écrivait-il à Ibbas, afin que vous, qui vous êtes déjà rendu illustre par vos victoires, le deveniez encore plus par votre humanité. C'est le moyen d'attirer sur vos armes la protection du ciel [1]. » Et ailleurs : « Avec l'aide de Dieu, notre intention est de vaincre, de manière que nos sujets regrettent de ne pas nous avoir eus plutôt pour maîtres [2]. » Quoiqu'il eût auprès de lui des conseillers capables de lui

---

[1] Apud Cassiod., lib. II, ep. 8 ; lib. III, ep. 40

[2] Apud Cassiod., lib. IV, ep. 17.

inspirer de semblables mesures, et qui, dans bien d'autres circonstances, usèrent sur lui de leur influence, on croit cependant que le passage de Césaire et son séjour à Ravenne ne furent point étrangers à ces dispositions favorables, dignes d'un prince catholique et suggérées sinon par les conseils de l'évêque d'Arles, du moins par la vénération dont le roi arien l'entourait.

Il nous reste une lettre d'Ennodius, évêque de Pavie, qui était né à Arles et qui, quoique amené en Italie dès sa plus tendre enfance, avait conservé avec sa ville natale des relations suivies ; il devait connaître Césaire tout particulièrement. Ennodius répond à une lettre de l'évêque d'Arles qui a été perdue et dans laquelle Césaire avait dû lui faire part de la réception de Théodoric ; c'est donc de Ravenne ou peut-être de Rome que Césaire lui écrivit. Ennodius est heureux des sentiments que le roi du ciel a inspirés au roi son maître ; mais il ne pouvait en arriver autrement. Les puissances de la terre ne doivent-elles pas s'incliner devant un noble Pontife qui parle au nom du Tout-Puissant ? Sa seule vue devait, en révélant son innocence, dissiper les menaces et désarmer toutes les colères. « Dieu vous a élevé au sein de son Église, illustre Pontife, pour y dominer comme le soleil au firmament. Un seul de vos regards enfante les vierges et votre parole est un glaive qui frappe les coupables sans merci. Les bons n'ont qu'à suivre vos traces pour devenir meilleurs. Bienheureux êtes-vous, vous à qui Dieu a donné d'enseigner par vos exemples autant que par vos paroles, et qui, toujours le premier dans le droit chemin, invitez les autres à vous suivre. En vous entendant, on ne désire plus de livres pour s'instruire davantage et les maîtres eux-mêmes apprennent à votre école. Le plus grand de nos docteurs, Augustin, vous le développez avec tous les charmes de l'éloquence : en un mot, en vous se trouve le double éclat de la parole et des œuvres. Quelle gloire pour les Gaules, **quelle gloire pour Arles, ma patrie, d'envoyer vers nous** un si grand Pontife ! Mais c'est au ciel lui-même que nous devons un semblable présent, et voilà pourquoi nul n'a de honte à s'incliner respectueusement devant un évêque plein à la fois de douceur et de fermeté. Je me laisse entraîner peut-être un peu loin, mais prenez-vous en à vos mérites et à mon dévouement. Ces paroles seront un gage des sentiments que je professe pour vous ; en retour, donnez-moi un souvenir dans vos prières [1]. »

Cette lettre quoique d'un style pompeux et ampoulé, nous montre, à travers l'exagération de la louange, quelle haute estime ses contemporains avaient pour Césaire.

L'évêque d'Arles ne séjourna pas longtemps à Ravenne. Avant de rentrer dans les Gaules, il voulut aller à Rome pour rendre ses hommages au souverain Pontife et traiter de vive voix avec lui les affaires de son Église. La renommée de ses miracles et de la réception royale de Théodoric, l'avaient devancé dans la ville éternelle, « si bien que, dit son biographe, longtemps avant son arrivée, depuis le souverain Pontife et les sénateurs, jusqu'au peuple lui-même, tous désiraient avec impatience le voir et l'entendre [2]. »

---

(1) Epist. S. Ennodii ad Cæsar. ; apud Sirmund.
(2) Vita S. Cæs., lib. I., n. 27.

A son arrivée, ce fut à qui l'entourerait de plus d'honneurs, de vénération et d'amour. Il fut solennellement présenté au pape Symmaque, aux sénateurs ainsi qu'aux grandes dames romaines. « Tous se réjouissaient et remerciaient Dieu des bénédictions que leur apportait un évêque qui remplissait tout l'Occident de la renommée de sa sainteté **et de ses miracles.** »

Symmaque ne se contenta pas de le recevoir avec les plus grands honneurs, il voulut encore accorder à l'évêque d'Arles un privilège insigne : il lui donna le *pallium* [1]. Cet ornement était réservé alors aux souverains Pontifes qui seuls le portaient dans les cérémonies ; ce ne fut que plus tard qu'ils l'accordèrent comme une marque de haute distinction à certains évêques qu'ils voulaient honorer d'une manière toute spéciale. Césaire fut le premier à le recevoir. Symmaque étendit encore plus loin ses faveurs en accordant encore l'usage des *dalmatiques* [2] aux diacres de l'Église d'Arles, en considération de son évêque. Seuls, les diacres de Rome jouissaient de ce privilège qui ne passa que plus tard dans les autres églises. Un siècle après, saint Ariège de Gap le demandait à Grégoire-le-Grand comme une haute distinction.

Mais Césaire comptait sur des privilèges bien autrement importants. Il voulait avant tout faire confirmer solennellement par le pape la juridiction de l'évêque d'Arles,

---

[1] Voir à la fin du volume la note 7.

[2] Ce vêtement fut nommé *dalmatique*, parce que l'usage en était venu à Rome de la Dalmatie.

et lui demander de régler d'une manière définitive l'éternel différend qui divisait les églises d'Arles et de Vienne.

L'évêque d'Arles avait deux juridictions bien distinctes l'une de l'autre, celle de vicaire du Saint-Siège dans les Gaules et celle de métropolitain. Il fut le premier dans les Gaules, et pendant longtemps le seul, à porter ce titre de vicaire du Saint-Siège, qu'il partagea plus tard avec les évêques des plus illustres églises, Reims, Vienne, Lyon, Narbonne, Bourges, Bordeaux et Rouen.

L'institution de ce privilége pour l'Église d'Arles remonte vers le Ve siècle. Nous le trouvons, en propres termes, dans les lettres que le pape Zozime adressa aux évêques des Gaules et à l'évêque d'Arles en particulier. Dans la lettre datée du 22 mars 417, le pape dit aux évêques des Gaules que « tout clerc, de quelque pays des Gaules qu'il soit, qui voudra venir à Rome ou ailleurs, doit obtenir du métropolitain d'Arles des *lettres formées*, attestant son sacerdoce..... L'évêque d'Arles jugera toutes les causes, excepté celles qui par leur importance auraient besoin de notre intervention..... Il ne doit être dérogé en rien aux priviléges de l'Église d'Arles : c'est à elle la première que le siège apostolique envoya le saint Pontife Trophime, et c'est de cette source que toutes les Gaules ont reçu les ruisseaux de la foi [1]. » Au mois de septembre de la même année, Zozime dénonçait à Patrocle, évêque d'Arles, les abus qui se produisaient dans les ordinations ; il lui disait ensuite : « Faites connaître à tous notre défense

[1] S. Zozimi, épist. 1.

contre ces irrégularités [1]. » Et enfin le 5 mars 418, le pape lui écrivait de nouveau : « Nous vous l'avions recommandé de vive voix, nous vous l'avons ensuite rappelé dans nos lettres, vous devez user de vos droits de métropolitain que le Saint-Siège a confirmés, pour vous opposer à l'audace de Proculus ; vous devez lui appliquer toute la rigueur des censures dont le pouvoir vous a été confié pour le maintien de la discipline. C'est dans ce but que nous vous avons délégué notre autorité [2]. »

Ainsi le pape Zozime prétendait bien étendre au-delà de la juridiction ordinaire des métropolitains la juridiction de l'évêque d'Arles ; il en faisait son représentant, son vicaire dans les Gaules. Les souverains Pontifes continuèrent ces privilèges aux successeurs de Patrocle sur le siège d'Arles ; une seule fois, ces droits furent interrompus dans le différend survenu entre saint Léon le Grand et saint Hilaire [3]. Le pape voulut même, à cette occasion, donner la juridiction primatiale à Léonce de Fréjus, le plus ancien parmi les évêques des Gaules ; mais il n'en fit rien, et, à la mort de saint Hilaire, Ravennius, son successeur, fut de nouveau nommé vicaire du Saint-Siège, sur la demande expresse des évêques, ses suffragants. Dans leur lettre à saint Léon, ils reconnaissent les droits de l'évêque d'Arles. « ..... Pour tous ces motifs, disent-ils, l'évêque d'Arles a toujours regardé comme un objet de sa sollicitude pas-

---

(1) S. Zozimi, epist VII.
(2) S. Zozimi, épist. X.
(3) Voir à la fin du volume la note 8.

torale les ordinations de la province de Vienne comme celles des trois autres provinces sur lesquelles il exerce une autorité propre et personnelle. Il est en outre chargé, comme vicaire du Saint-Siége, de faire observer la discipline ecclésiastique dans toutes les Gaules. Pour ces mêmes motifs, nous supplions votre Sainteté de rendre ou de confirmer pour toujours à l'évêque d'Arles tous les pouvoirs qu'il tenait de l'antiquité de son Église ou de l'autorité du Saint-Siège [1]. » Il en était encore ainsi au temps de Césaire, et, comme nous le verrons, Symmaque ne fit que confirmer d'une manière très explicite des priviléges accordés au siège d'Arles un siècle auparavant.

En principe, cette juridiction devait s'étendre sur toutes les provinces des Gaules ; le pape Zozime le dit expressément. Mais en fait, depuis les invasions, l'évêque d'Arles n'exerça guère ces pouvoirs que dans les provinces soumises à la même domination que sa ville métropolitaine, à l'Empire d'abord et ensuite aux Visigoths et aux Ostrogoths. Il y avait des ménagements politiques à garder, et les métropolitains n'auraient pu, sans se compromettre, convoquer à leurs conciles des évêques de tout pays. Pour cette raison, le pape Symmaque, sans avoir l'intention d'amoindrir les pouvoirs de Césaire, nomma saint Remi, son vicaire, dans les États de Clovis. Ce privilège était purement personnel au grand évêque de Reims, et après sa mort, il n'en est plus fait mention.

D'après les lettres pontificales adressées aux primats

---

[1] Epist. episcop. Provinciæ.

d'Orient et d'Occident et, en particulier, d'après les lettres de Zozime et celle de Symmaque à saint Remi, les vicaires du Saint-Siège ou primats avaient une juridiction et des pouvoirs plus étendus que les autres évêques et métropolitains. Sans nuire en aucune façon aux privilèges, encore moins aux droits de ces derniers, les primats recevaient du Siège apostolique et de la libre volonté du pape une part de son autorité et ils l'exerçaient en son nom dans les lieux qui leur étaient désignés. En conséquence de ce titre de vicaires du Saint-Siège, ils devaient approuver et confirmer, avant leur consécration, non pas seulement les évêques de leur province, mais les métropolitains eux-mêmes, et ils avaient, dans les ordinations, la principale autorité ; ils pouvaient convoquer à leurs conciles tous les évêques et les métropolitains de leur vicariat, et sanctionner les décisions des synodes provinciaux. C'était à eux encore de veiller au maintien de la foi et de la discipline dans les diocèses soumis à leur juridiction primatiale, et par conséquent de juger par eux-mêmes de toutes les affaires qui relèvent directement du Saint-Siège, à l'exception de celles que leur importance devrait faire porter à Rome. Enfin le primat des Gaules avait, seul, le privilège de donner des lettres de communion, qu'on appelait des *lettres formées*[1], à tout clerc, quel qu'il fût et de quelque contrée des Gaules qu'il vînt, qui voulait se rendre à Rome ou partout ailleurs [2].

[1] Voir à la fin du volume la note 9.
[2] Cf. Lecointe, *Annal. eccles.*, I, p. 268.

Tels étaient les privilèges de l'évêque d'Arles en tant que primat ; telle était leur étendue. Ils étaient énoncés trop clairement dans les lettres des souverains Pontifes pour pouvoir être discutés ; aussi ne le furent-ils jamais.

Toutefois, on n'en peut dire autant de ses droits de métropolitain. Ces droits n'étaient pas moins respectables cependant, puisqu'ils dataient de l'établissement de l'Église d'Arles et reposaient sur ses antiques et glorieuses traditions. Ils se résumaient dans la convocation des conciles et l'ordination des évêques de la province. L'accord fut quelquefois difficile, sur l'étendue de ces pouvoirs, entre les évêques d'Arles et les métropolitains des provinces voisines, ceux de Vienne en particulier.

Au commencement du Ve siècle, c'est-à-dire au moment de la division de la Gaule en dix-huit provinces civiles, ayant chacune à leur tête une métropole, la juridiction de l'évêque d'Arles s'étendit, sans contestation aucune, sur la Viennoise, les deux Narbonnaises et les Alpes-Maritimes. Le métropolitain d'Arles avait donc pour suffragants : dans la Viennoise, les évêques de Vienne, Genève, Grenoble, Valence, Tarentaise, Viviers, Die, Saint-Paul-trois-Châteaux, Vaison, Carpentras, Orange, Avignon, Cavaillon et Marseille ; dans la première Narbonnaise, les évêques de Narbonne, Toulouse, Béziers, Nimes, Uzès et Lodève ; dans la seconde Narbonnaise, les évêques d'Aix, Apt, Fréjus, Riez, Sisteron, Gap et Antibes ; dans les Alpes-Maritimes, les évêques d'Embrun, Digne, Senez, Castellane, Glandève, Vence et Cimiers [1]. Cette nouvelle division civile des provinces multiplia le nombre des métropoles et contribua, pour une grande part, à exciter les ambitions et les rivalités. De cette époque date le fameux différend qui divisa les deux Églises d'Arles et de Vienne jusqu'à saint Césaire.

Laissons le savant auteur de la *Primatie de la sainte Église d'Arles* exposer l'origine et les phases de ce différend. « Au commencement du V⁰ siècle, quelques villes acquirent subitement une importance nouvelle, au milieu des morcellements de l'empire, et leur indépendance politique leur inspira le désir de se soustraire à la suprématie religieuse d'Arles. Narbonne était devenue la capitale des Visigoths, Eugène s'était fait proclamer empereur à Vienne, le César Constance, beau-frère d'Honorius, résidait à Marseille et en faisait la capitale des possessions de l'empire dans les Gaules. Ces trois villes, pour mettre leur importance religieuse au niveau de leur importance politique, essayèrent presque en même temps d'enlever à l'évêque d'Arles son titre de métropolitain ou de le partager avec lui. La question fut d'abord portée devant un concile assemblé à Turin (401) : le concile posa d'excellents principes, mais n'osa pas en déduire les conséquences. Patrocle, évêque d'Arles, en appela au Saint-Siège ; saint Zozime invita les évêques intéressés à faire valoir leurs droits. Hilaire, évêque de Narbonne, n'invoqua que des raisons de conve-

---

[1] Plus tard, vers le milieu du VI⁰ siècle, Cimiers changea son nom en celui de Nice.

nance, et le pape lui répondit qu'il ne s'agissait pas de savoir ce qui lui paraissait plus ou moins convenable, mais ce que l'antiquité avait réglé. Proculus de Marseille, comptant surtout sur l'appui du César Constance, refusa d'aller défendre sa cause à Rome et fit même entendre des menaces de schisme : saint Zozime, après l'avoir plusieurs fois averti, le déposa et confia momentanément le soin de l'Église de Marseille à l'évêque d'Arles. Simplicius de Vienne présenta de meilleures raisons et insista principalement sur la nécessité de pourvoir, dans certains cas urgents, aux besoins de certaines églises voisines de Vienne, que leur éloignement d'Arles exposait à des délais fâcheux ; il en était d'ailleurs regardé comme le métropolitain depuis près d'un siècle, et le Concile de Turin avait reconnu ses droits. Saint Zozime trouva ces raisons sérieuses et maintint à l'église de Vienne sa juridiction sur les églises de son voisinage, tant qu'il n'en serait pas ordonné autrement [1]. » C'était un premier empiètement sur la juridiction du métropolitain d'Arles, et il était autorisé par le Saint-Siège. On pense qu'il s'agissait des quatre villes épiscopales les plus voisines de Vienne, c'est-à-dire de Valence, Tarentaise, Grenoble et Genève, qui, dans cette occasion, furent soustraites à la juridiction de l'évêque d'Arles.

Les métropolitains de Vienne aspirèrent à étendre plus loin encore leur autorité. Vers l'an 445, l'évêque d'Arles, Ravennius, ayant ordonné l'évêque de Vaison, celui de Vienne protesta auprès du Saint-Siège, prétendant que cette

---

[1] *Primatie de la sainte Église d'Arles*, ch. I, p. 4.

ville dépendait de sa métropole. Saint Léon le Grand, après avoir pesé et discuté toutes les raisons d'Arles et de Vienne, trancha la question dans la lettre qu'il écrivit, le 5 mai 450, aux évêques des Gaules : « Vienne et Arles ont toujours été deux villes illustres dans votre province ; selon les circonstances, elles l'ont emporté alternativement l'une sur l'autre dans la juridiction ecclésiastique.... Nous maintenons sous l'autorité de l'évêque de Vienne les quatre villes épiscopales voisines de sa métropole, c'est-à-dire Valence, Tarentaise, Genève et Grenoble.... Nous comptons assez sur la modération de l'évêque d'Arles pour espérer qu'en vue de la paix, il ne regardera pas ce qu'on donne à un frère comme perdu pour lui [1]. » Ainsi le Saint-Siège confirmait de nouveau la première usurpation des évêques de Vienne. Ceux-ci ne s'en contentèrent pas.

A la fin du Ve siècle, saint Avit, évêque de Vienne, obtenait du pape Anastase une juridiction un peu plus étendue. Le souverain Pontife lui accordait, on ne sait pourquoi, juridiction sur les Églises de Viviers et de Die. Mais lorsque Symmaque succéda à Anastase, en 498, saint Eon, alors évêque d'Arles, se plaignit au pape de cette usurpation. Le pape ordonna aux deux évêques de lui déléguer des députés pour soutenir leurs prétentions. Eon envoya le prêtre Crescence, mais saint Avit n'envoya personne. Symmaque ordonna de s'en tenir à ce que le Saint-Siège avait autrefois réglé par saint Léon, disant qu'il ne convenait pas que les décrets d'un pape fussent annulés

[1] S. Leonis. epist. CIX.

par ses successeurs. Sur les plaintes de saint Avit, Symmaque lui écrivit qu'il n'avait pas voulu l'offenser et qu'il serait bien aise de revenir sur sa décision si on pouvait lui donner les motifs de la conduite d'Anastase. L'affaire en resta là ; et sur cette lettre, l'évêque de Vienne continua probablement d'exercer les droits de métropolitain hors de sa juridiction, c'est-à-dire sur les Églises de Viviers et de Die.

La question en était à ce point lorsque Césaire vint à Rome. Il exposa lui-même l'affaire à Symmaque, et celui-ci décida qu'il fallait s'en tenir, pour les limites des deux métropoles, à ce qu'avait prescrit saint Léon. Il fit connaître cette décision à tous les évêques des Gaules dans une lettre du 13 novembre 513. « C'est au Siège apostolique, dit-il, qu'il appartient de veiller avec la plus grande sollicitude au maintien de la paix entre toutes les parties de l'Église : ce qui a lieu quand les successeurs suivent fidèlement les traces de leurs devanciers. Aussi Césaire, notre frère, évêque de la ville métropolitaine d'Arles, s'étant présenté devant nous à Rome, nous a demandé la confirmation de tous les privilèges accordés autrefois à son Église. Le pape Léon, notre prédécesseur d'heureuse mémoire, a jugé le différend entre les Églises d'Arles et de Vienne ; nous en possédons ici les documents. Mais pour que l'oubli ou le temps n'enlève rien de sa force à ce décret, nous croyons nécessaire de le renouveler aujourd'hui. Le pape Léon avait déterminé, avec connaissance de cause, le nombre de villes qui devaient dépendre d'Arles et de Vienne ; qu'on s'en tienne à son jugement et que l'évêque de Vienne étende sa juridiction sur les villes de Valence, Tarentaise, Genève et Grenoble. L'évêque d'Arles gardera sous sa juridiction tous les autres diocèses et paroisses : c'est pour lui une gloire autant qu'un droit qu'il doit conserver et défendre.... La charge qui nous est confiée nous faisait un devoir de prendre cette décision ; ceux qui se soumettront à la parole de l'Église seront pour nous un sujet de joie en nous demeurant unis ; et pour ceux qui refuseraient d'obéir, qu'ils n'oublient point qu'ils se sépareraient de la communion de l'Église [1]. »

Par ce décret, le pape Symmaque avait donc mis fin à ce différend qui n'avait pas duré moins d'un siècle en soulevant de part et d'autre tant de réclamations. De longtemps les droits du métropolitain d'Arles ne devaient plus être contestés. A cette époque il avait sous sa juridiction : dans la Viennoise, les églises de Marseille, Avignon, Orange, Vaison, Carpentras, Cavaillon, Saint-Paul-trois-Châteaux, Toulon, Viviers et Die, auxquelles devait être annexée l'église d'Uzès, quelques années plus tard, pendant l'épiscopat de Césaire. Quant aux autres métropolitains de Narbonne, d'Aix et d'Embrun, ils se détachèrent peu à peu d'Arles pour ce qui tient à la juridiction métropolitaine ; mais ils durent le faire lentement et avec prudence, puisque les évêques d'Arles ne protestèrent point contre une usurpation de pouvoirs faite à leur préjudice.

D'autres abus tendaient à s'introduire dans l'Église des Gaules. Césaire, malgré son zèle, se sentait impuissant à

---

(1) Symmachi, epist. VIII, ad episc. Galliæ.

les réprimer. Il crut que la parole du Saint-Siège serait plus écoutée et mieux obéie ; et, dans un mémoire écrit à Rome même, il exposa ces abus à Symmaque, en le suppliant de les réprimer. « C'est à vous, mieux encore qu'aux évêques, lui dit-il, de tracer à chaque Église les règlements spéciaux qu'elle doit suivre. Or, premièrement, sous divers prétextes, dans les Gaules, les biens de l'Église sont aliénés ; et ainsi on néglige les intentions pieuses des fondateurs et on frustre les pauvres de secours nécessaires. Nous demandons au Saint-Siège de défendre l'aliénation de ces biens, excepté peut-être lorsqu'il s'agit de faire quelques largesses à un monastère. En second lieu, nous demandons que les laïques, qui ont rempli quelque emploi dans la judicature ou le gouvernement des provinces, ne soient ordonnés prêtres ou évêques qu'après une longue épreuve et des signes certains d'une conversion sincère. Nous demandons troisièmement qu'il ne soit point libre au premier venu de s'emparer, même en vue du mariage, des veuves qui ont revêtu l'habit religieux et des vierges qui ont passé de longues années dans un monastère. Enfin nous demandons humblement que le clergé et le peuple ne puissent plus signer un décret d'élection, sans l'avis et le consentement du métropolitain, afin que nul ne puisse arriver à l'épiscopat par la brigue ou par l'argent [1]. »

Le pape Symmaque approuva le zèle de l'évêque d'Arles et répondit à chacune de ses demandes dans un rescrit [2]

---

[1] Ce mémoire nous est parvenu avec la réponse de Symmaque. SIRMUND., *Concil. Galliæ*, t. I.

[2] Epist. Symm. ad Cæsar. LABBE, t. IV, col. 1295.

daté du 6 novembre 513. « La justice, dit-il, nous fait un devoir de donner satisfaction à chacune de vos demandes ; toutes ces questions ont déjà été réglées maintes fois, mais il n'est peut-être pas inutile d'en faire un nouveau décret. » Il déclare sur le premier point qu'on peut aliéner les biens ecclésiastiques en faveur des monastères et des hôpitaux, ou en faveur des clercs qui ont bien mérité de l'évêque, à condition que ces biens retourneront à l'Église, à la mort de ceux à qui on les aura cédés. Symmaque ordonne ensuite de ne pas élever trop rapidement les laïques au sacerdoce, mais de les faire passer par les divers degrés de la cléricature. Il excommunie ceux qui enlèvent des veuves ou des vierges et ceux qui se marient avec des vierges consacrées. Enfin pour réprimer l'ambition et les brigues, surtout à l'égard de l'épiscopat, le pape ordonne que le décret d'élection ne sera signé qu'en présence du visiteur [1].

Nous voyons ici l'origine des bénéfices ecclésiastiques ; c'est la première fois qu'il en est fait mention dans l'histoire. On reconnaît bien dans ces *postulata* de Césaire à Symmaque le promoteur du Concile d'Agde, qui, dans son canon VIIe, recommandait aux évêques de conserver les biens des églises comme un dépôt sacré et inaliénable, leur permettant d'en donner quelquefois l'usufruit à des clercs et même à des étrangers et à des laïques ; mais d'après le canon XXIIe du même concile, les usufruitiers ne pouvaient rien aliéner de ces biens, et les ventes qu'ils

---

[1] Le visiteur était un évêque nommé par le métropolitain pour visiter l'église vacante et présider à l'élection.

faisaient étaient nulles. L'autorité du Saint-Siège devait corroborer efficacement les décisions si opportunes du Concile d'Agde.

Après avoir obtenu tout ce qu'il demandait, Césaire quitta Rome, dans le courant de novembre (513), et reprit le chemin d'Arles. Nous croyons trouver ici la place d'un fait qui eut lieu à son retour. Nous le puisons dans une lettre que le prêtre Messien, son compagnon de voyage, écrivit à Vivence, l'un des trois évêques auteurs de la Vie de saint Césaire. D'après cette lettre, Vivence aurait accompagné l'évêque d'Arles à Ravenne et à Rome, mais sur sa demande et même sur la demande du souverain Pontife, il l'aurait quitté pour aller on ne sait où, remplir quelque mission spéciale. On ignore aussi à quelle époque cette lettre fut écrite. Il est probable que c'est au moins quelques années après le voyage de Rome, puisque Messien invite Vivence, évêque (il ne l'était pas en allant à Rome), à venir assister à la consécration de l'église que Césaire fit construire à son retour, en l'honneur du martyr saint Hermès. Voici cette lettre : [1]

« A mon seigneur Vivence, évêque, Messien le plus petit de tous, prêtre par l'ordination mais non par les fonctions.

---

[1] Le chanoine Saxi, le premier, a donné cette lettre élégante du prêtre Messien à Vivence, au sujet de la consécration de l'église de saint Hermès. Il l'a tirée, dit-il dans son *Pontifical* (p. 99), du recueil manuscrit qui était en sa possession et que l'on avait appelé : *capituli authenticum*, l'authentique du chapitre, pour montrer quelle autorité on lui donnait. Mabillon l'a copiée dans Saxi. (*Annal.*, t. 1, p. 683).

« Il m'est impossible de vous dire, très cher, la douce joie que j'ai éprouvée dans ma solitude à la lecture de votre affectueuse lettre. Vous savez mieux que moi combien notre voyage a été heureux sous la garde de Dieu ; mais ce que vous ne savez pas, c'est ce qui est arrivé après votre départ, lorsque vous nous eûtes quittés, pour obéir aux paroles de notre maître en même temps qu'aux ordres du pape. Nous étions arrivés dans un endroit tout couvert de délicieuses prairies, arrosées par un ruisseau limpide : c'était la fête du grand docteur Augustin, dont notre maître nous rappelle si souvent les avis et les exemples. » Et Messien raconte comment, pendant la nuit, le Seigneur est apparu à Césaire, accompagné de saint Pierre, de saint Paul, de saint Hermès et de saint Augustin, et lui a recommandé de redoubler de zèle dans le gouvernement de son Église, parce que l'heure de la récompense allait bientôt sonner ; il lui avait reproché en même temps d'oublier la mémoire du martyr Hermès, dans la messe. Le lendemain, après les saints offices, Césaire éleva une croix de pierre sur le lieu de l'apparition. Un prêtre d'une église voisine, nommé Ursus, vint au-devant d'eux et leur donna, ce jour-là et la nuit suivante, une douce hospitalité. « C'était ce même prêtre qui avait présenté dans le sanctuaire un enfant possédé au saint évêque, et que celui-ci avait délivré ; cet enfant est maintenant auprès de nous. » Le lendemain, ils arrivent à Arles, où on les reçoit avec les plus grands honneurs ; Césaire, après avoir donné au peuple sa bénédiction avec le baiser de paix, fait la lecture des lettres de salutation que le pape lui avait remises, et il construisait l'église de saint Hermès quelque temps après.

Il résulte de cette lettre que Césaire retournait d'un long voyage ; après une courte absence, on ne l'aurait pas reçu à Arles avec tant d'honneurs. En second lieu, il revenait de Rome, puisque à son retour, il lit au peuple les lettres que le pape lui avait données. Nous avons dit à quelle époque faut-il fixer ce retour. D'après la relation de Messien, ce voyage se faisait au mois d'août, puisqu'il parle de la fête de saint Augustin, célébrée au mois d'août, et des prairies verdoyantes, des eaux limpides ; choses qu'il n'aurait pas remarquées en novembre ou en décembre. Or il nous semble difficile que Césaire qui était à Rome au mois d'août de l'an 513, y ait séjourné jusqu'au mois d'août de l'année suivante. Les rescrits de Symmaque qui font droit aux réclamations de Césaire sont datés du mois de novembre, époque à laquelle Césaire avait présenté lui-même sa requête. D'autre part, ces paroles, « l'heure de votre récompense n'est pas loin, » sembleraient indiquer que ceci se passait peu d'années avant la mort de l'évêque d'Arles. Plusieurs critiques, se trouvant dans l'impossibilité de concilier toutes ces dates, ont jugé plus simple de rejeter la lettre de Messien, en récusant son authenticité ; ils s'appuient en particulier sur ce que Messien qui raconte dans la Vie de saint Césaire le miracle dont il est question dans la lettre, ne dit rien de cette vision ni des autres détails. [1] Ils ont peut-être tort.

---

(1) Vita S. Cæs., lib. II, n. 46.

Quoiqu'il en soit de la lettre de Messien, Césaire arriva à Arles, chargé d'honneurs et de présents ; il rapportait huit mille sous d'or pour racheter de nouveaux captifs. La renommée de tous ses bienfaits, la longueur de l'absence élevèrent au plus haut point l'enthousiasme du peuple. Il accourut au devant de son évêque, au chant des psaumes, et tout le cortège vint à la basilique pour y recevoir sa bénédiction. Dieu permit qu'une femme fût prise tout-à-coup de convulsions terribles qui jetèrent l'épouvante dans tous les cœurs ; on l'annonça à Césaire qui se mit en prière et, selon sa coutume, lui fit des onctions avec l'huile sainte ; aussitôt elle fut guérie [1].

Césaire s'empressa, à son retour de Rome, de communiquer à tous les évêques des Gaules les décisions prises par Symmaque au sujet de la juridiction de l'évêque d'Arles, et les décrets sur la discipline. D'après l'une de ces décisions, les évêques devaient se rendre aux ordinations et aux conciles, sur la convocation de l'évêque d'Arles ; il avait ce droit sur plusieurs, comme leur métropolitain, sur tous comme primat et vicaire du Saint-Siège.

Quelques mois après son arrivée, Césaire eut l'occasion de convoquer les évêques à quelque réunion de ce genre ; l'histoire ne nous dit point laquelle, et il n'y a aucune trace de concile ou d'ordination à ce moment-là. L'évêque d'Aix ne répondit pas à son invitation. Le siège d'Aix était occupé par Basile (514), le même qui, assistant comme simple prêtre aux funérailles de saint Hilaire, évêque d'Arles (449),

---

[1] Vita S. Cæs., lib. I. n. 31.

avait habilement écarté la foule du cercueil, qu'on ne pouvait plus déposer dans la terre, en portant à l'écart, pour le distribuer aux fidèles, le drap mortuaire qui recouvrait les restes du saint [1]. On ignore les motifs de ce refus ou peut-être de cette simple absence. L'évêque d'Aix étant lui-même métropolitain depuis que sa ville épiscopale était métropole de la seconde Narbonnaise [2], se croyait-il dispensé de répondre aux invitations d'un autre métropolitain, sans trop tenir compte des droits du vicaire du Saint-Siège? Ce n'est guère probable, puisque ce même Basile avait assisté, en 475, au concile d'Arles contre Lucide. Ne pourrait-on pas plutôt supposer que Césaire s'était laissé tromper sur les intentions de l'évêque d'Aix, et que la seule raison qui motiva cette absence, fut le grand âge de Basile? Celui-ci devait être âgé d'environ 95 ans [3]. Or il nous semble que cette cause suffisait pour le dispenser de quitter sa ville épiscopale. Elle ne le dispensait pas, sans doute, d'envoyer un représentant à Arles ; et c'est ce qui dut motiver les plaintes de Césaire. Car au commencement de l'année 514, celui-ci envoya à Rome l'abbé Gilles [4] et son secrétaire Messien, porteurs d'une supplique dans laquelle Césaire exposait le fait au Saint-Siège ; il parlait ainsi à Symmaque : « Le souverain Pontife a droit de commander à toutes les Églises de l'univers, et ses décrets ont une autorité bien plus grande

---

(1) Vita S. Hilarii.

(2) Voir à la fin du volume la note 10.

(3) En 449 il était déjà prêtre : supposé qu'il eut été ordonné quelques mois avant, il avait au moins 30 ans en 449, et par conséquent 95 en 514.

(4) Voir à la fin du volume la note 11.

que tous nos décrets synodaux. Mais il peut communiquer son autorité à d'autres et elle mérite alors aussi bien la soumission. L'évêque d'Arles qui a reçu de votre Béatitude juridiction sur les autres églises des Gaules, vous demande de confirmer ses privilèges et de commander à tous de les respecter. Il prie le souverain Pontife d'ordonner à l'évêque d'Aix de se rendre aux conciles et aux ordinations toutes les fois qu'il y sera appelé par le métropolitain d'Arles ; afin que les droits que l'autorité des siècles a consacrés, soient gardés intacts, sous votre autorité, maintenant et toujours. Donné par l'abbé Gilles et le secrétaire Messien [1]. »

Symmaque répondit à l'évêque d'Arles « que le meilleur témoignage de piété, c'est la fidélité aux prescriptions de nos pères. Rien de plus juste que l'Église d'Arles jouisse de ses privilèges ; de nouvelles prétentions ne doivent pas détruire ce que les siècles ont consacré et que l'autorité de nos pères a fortifié. De même il ne faudrait pas diminuer les pouvoirs accordés à d'autres. Sans porter préjudice à aucune église, nous confions à votre sollicitude tout ce qui intéresse la religion dans les Gaules et dans l'Espagne. S'il faut convoquer un concile, que chacun se rende à votre appel : nous serons heureux d'approuver vos décisions, et si vous ne pouvez terminer l'affaire, à vous d'en référer à notre autorité. Mais que l'évêque d'Aix et tous les autres sachent bien qu'ils encourront les peines ecclésiastiques, s'ils ne veulent pas répondre à l'invitation régulière que leur aurait faite leur métropolitain..... Nous voulons aussi

---

[1] S. Cæsar. ad Symm. LABBE, t. IV, c. 1310.

qu'aucun clerc, de quelque ordre qu'il soit, ne vienne à nous d'Espagne ou des Gaules, sans une lettre de vous, pour que nous puissions, en toute sûreté, le recevoir dans notre communion [1]. »

On voit bien, par les termes de la lettre de Symmaque, que Basile n'était pas seul en faute et que d'autres avaient dû aussi se montrer récalcitrants contre l'évêque d'Arles. On ignore la suite de ce différend. Il est bon de remarquer en passant que le successeur de Basile, Maxime, assista à tous les conciles que convoqua Césaire, à Arles, à Vaison, à Orange, à Marseille, excepté à celui de Carpentras.

Ainsi la décision provoquée par Césaire arrivait plus étendue et plus importante qu'il ne l'avait demandée. Symmaque ne se contentait pas de rappeler à l'évêque d'Aix l'obligation de répondre aux invitations régulières d'un métropolitain, il affirmait de nouveau les privilèges de l'évêque d'Arles, « en confiant expressément à sa sollicitude tout ce qui intéressait la religion dans les Gaules et dans l'Espagne [2], et en obligeant tous les clercs partant pour

---

[1] Symm. epist. ad Cæsar. Labbe, t. IV, c. 1310.

[2] Symmaque veut parler ici seulement des provinces méridionales de la Gaule qui formaient avec l'Espagne le royaume des Visigoths, et non des provinces situées au-delà des Pyrénées. Lecointe croit qu'il s'agit de toutes les provinces que les Visigoths possédaient dans le midi des Gaules et en Espagne. Il prétend que c'était comme un dédommagement que Symmaque donnait à Césaire : ces nouvelles provinces étendant la juridiction de l'évêque d'Arles au midi, auraient remplacé les états de Clovis que le pape venait de lui soustraire au nord, en nommant saint Remi son vicaire dans cette partie des Gaules. Il faut remarquer qu'on ne peut rien conclure de cette primatie de S. Remi contre celle d'Arles. Elle fut personnelle au grand évêque

Rome à demander des lettres à l'évêque d'Arles. » A un siècle de distance, saint Zozime ne parlait pas autrement.

La lettre de Symmaque est datée du 11 juin de l'an 514. Ce fut un des derniers actes de ce pape qui occupait le Saint-Siège depuis seize ans ; il mourut le 19 juillet de la même année. Il avait fait beaucoup pour l'Eglise d'Arles, dont il avait confirmé et étendu les glorieux privilèges ; nous verrons qu'Hormisdas, qui lui succéda, ne fit pas moins que son illustre prédécesseur. A peine devenu pape, il s'occupa activement de la réunion au Saint-Siège des évêques d'Illyrie et de Dardanie, que l'empereur Anastase avait voulu séparer de la foi catholique et attirer à l'erreur d'Eutychès, à la suite de tout l'Orient. Mais devant les persécutions que cet indigne empereur fit subir à quelques-uns d'entre eux pour les attirer dans le schisme, ils se réunirent au nombre de quarante, à l'appel de leur métropolitain, Timothée de Constantinople, et, s'étant solennellement séparés d'Anastase, ils envoyèrent au pape des lettres de communion.

Césaire s'était vivement préoccupé de la séparation des Grecs, il s'en était plaint souvent au pape et, maintes fois, il lui avait écrit à ce sujet. Hormisdas apprit leur retour avec joie et il conçut de grandes espérances pour tout l'Orient. Il s'empressa d'annoncer à Césaire cette bonne nouvelle, en le priant d'en faire part à tous les évêques des

---

de Reims, et ne dura pas plus longtemps que lui. Le pape Vigile l'abolissait lorsque, dans sa lettre à Auxanius, successeur de Césaire, il soumettait à la juridiction de l'évêque d'Arles tout le royaume de Childebert, lequel comprenait la majeure partie des états de Clovis.

Gaules. « Il est juste, disait-il à l'évêque d'Arles, que lorsque des circonstances favorables se présentent pour l'Église vous vous en réjouissiez, vous qui êtes dans sa communion et qui avez tant à cœur ses intérêts..... C'est pourquoi nous nous empressons de vous apprendre ce succès. Bien souvent dans votre zèle, vous aviez déploré avec nous le malheur de ces hérétiques : quand un membre souffre, tout le corps ne doit-il pas souffrir ?.... » Le pape ajoutait ensuite qu'il avait envoyé en Orient auprès d'Anastase, Ennodius, évêque de Pavie, mais qu'il n'avait encore aucune nouvelle de cette ambassade. Urbain, défenseur de l'Église[1], qui portait avec ces lettres un mémoire relatant tout ce qui s'était passé au sujet de cette affaire, était chargé de donner de vive voix à l'évêque d'Arles de plus longs détails[2].

Césaire s'empressa de communiquer ces lettres aux autres évêques par ses clercs. Nous avons la réponse de saint Avit de Vienne, témoignant au pape sa joie et les vœux que tout l'épiscopat des Gaules formait pour la réussite complète de ces importantes négociations. La joie de Césaire fut grande aussi, et il écrivit au pape pour le remercier ; sa lettre n'est pas arrivée jusqu'à nous.

Mais le moment n'était pas encore venu de se réjouir, car le mouvement de réunion ne continua pas. Le schisme

---

(1) Les *défenseurs* de l'Église romaine étaient des clercs chargés de veiller à l'administration des biens de cette Église.

(2) LABBE, t. IV, col. 1474. La date de cette lettre n'est pas très sûre ; nous préférons l'an 516, puisque la réponse de S. Avit est de janvier 517 Cf. SIRMOND.

des grandes églises d'Orient, Constantinople, Alexandrie, Antioche, durait toujours, grâce à la mauvaise foi de l'empereur Anastase qui paraissait désireux d'y mettre fin, quand il avait besoin du Saint-Siège, et ne continuait pas moins à soulever mille obstacles contre la réunion. Les évêques des Gaules suivaient, anxieux, les négociations pleines d'habileté et de prudence, qu'Hormisdas avait entreprises avec ces malheureuses églises ; ils écrivirent au pape de se défier de la duplicité orientale et des promesses qu'elle ne manquerait pas de lui faire. Ce ne fut que l'an 518, à l'avènement de Justin, successeur d'Anastase, que la paix fut conclue avec Constantinople et, peu après, avec les autres églises séparées. Le peuple de Constantinople avait provoqué cette réunion et poussé à la paix son patriarche Jean ainsi que l'empereur.

Les Gaules tressaillirent de joie à cette nouvelle. Césaire aimait trop l'Église romaine pour ne point mêler sa voix à celle des autres évêques ; mais ses lettres au pape et au patriarche de Constantinople sont perdues. Il ne nous reste que la lettre de saint Avit au patriarche Jean, pour le féliciter de ses efforts et l'exhorter à demeurer toujours fidèle au Saint-Siège [1].

Hormisdas s'était plaint à l'évêque de Vienne que les évêques des pays Burgondes ne tenaient jamais de concile. Ces réunions furent impossibles, tant que vécut le roi Gondebaud ; mais après sa mort, saint Avit se hâta de communiquer ces plaintes à tous les évêques du royaume, et

---

(1) S. Avit. epist. VII.

les convoqua en même temps à un concile à Épaone. Ils s'y réunirent, en effet, le 6 septembre 517, au nombre de vingt-quatre. Plusieurs des canons qu'ils y proclamèrent sont renouvelés du Concile d'Agde et de celui d'Orléans. Quelques années après (523), saint Avit les convoquait à un nouveau concile, à l'occasion de la dédicace du fameux monastère d'Agaune. Césaire, sujet de Théodoric, ne parut ni à l'un ni à l'autre. Mais sans aucun doute, saint Avit lui fit part des décisions prises dans ces assemblées ; l'évêque de Vienne avait trop de vénération et d'estime pour l'évêque d'Arles, pour qu'il n'en fût pas ainsi. Nous avons de lui une lettre à Césaire, dans laquelle il lui recommande un évêque du nom de Maximien [1], qui entreprenait le voyage d'Arles pour trouver un médecin habile. Il était menacé de perdre la vue ; et « quoiqu'il n'en ait pas besoin pour contempler l'éternelle lumière, disait saint Avit, il cherche néanmoins un remède, dans la crainte de ne pouvoir plus remplir les devoirs de sa charge. » L'évêque de Vienne prie son frère d'Arles de recevoir cet ami avec sa charité accoutumée, de lui donner les soins que réclame son état et d'obtenir sa guérison par ses prières [2].

Cette lettre nous est une nouvelle preuve de la vénération dont on entourait de toutes parts le jeune évêque

---

[1] On ignore le siège de cet évêque. Ne serait-ce pas Maxime, évêque de Genève, qui vivait à cette époque et avec qui S. Avit dut avoir de grandes relations, puisque Sigismond, fils de Goudebaud, ramené à la foi catholique par l'évêque de Vienne, avait établi sa cour à Genève du vivant de son père ? C'est une simple conjecture à laquelle nous ne voulons pas donner plus de valeur qu'elle n'en mérite.

[2] S. Avit. epist. IX ; Patrologie (Migne), t. LIX, c. 229.

d'Arles. Ainsi les premiers prélats de son temps, ses aînés dans l'épiscopat, professaient pour lui la plus grande estime. Saint Avit avait été à la tête des évêques des Gaules pendant près d'un demi siècle ; les Burgondes lui durent en grande partie leur conversion et l'arianisme, sa défaite. Il avait protesté d'abord, sous saint Eon, contre ce qu'il appelait les empiétements de l'évêque d'Arles sur sa juridiction. Quand Césaire fut monté sur le siège d'Arles, l'évêque de Vienne ne fit plus de réclamations ; il garda le silence et continua de travailler avec ardeur au rétablissement de la foi et de la discipline, dans les conciles qu'il convoqua à la fin de ses jours. Saint Avit mourut vers l'an 524.

Césaire hérita de son influence et de sa haute situation dans l'Église des Gaules. Les tristes événements qui s'étaient succédé depuis sa consécration épiscopale, ne lui avaient presque pas laissé de répit, et, au milieu des guerres et des persécutions, son zèle n'avait pu déployer toute son activité. Nous allons le voir à l'œuvre maintenant, convoquant sans relâche des conciles disciplinaires et dogmatiques, dont les décisions seront reçues et auront force de loi dans l'Église universelle. Nous allons étudier ces années les plus importantes et les mieux remplies, sinon les plus glorieuses de son épiscopat ; elles nous donneront, mieux que tout le reste, la raison de la grande influence que Césaire exerça sur l'Église des Gaules.

CHAPITRE V

CONCILES.
DOCTRINE DE CÉSAIRE SUR LA GRACE.

524-535.

Grand nombre de conciles au VIe siècle. — Conciles d'Arles. — IVe Concile d'Arles. — Eucher et Césaire. — Mort de Théodoric. — Le pape Félix IV approuve les canons du Concile d'Arles. — Concile de Carpentras. — Les Semi-Pélagiens ; leurs commencements à Marseille. — Césaire accusé de semi-pélagianisme. — Son livre sur la *Grâce* et le *Libre arbitre*. — Réunion d'évêques à Valence ; Cyprien de Toulon prend la défense de son maître. — Le préfet Libère et son épouse Agrétia, guéris par Césaire. — IIe Concile d'Orange. — Césaire donne le dernier coup aux Semi-Pélagiens. — Il préside le Concile de Vaison. — Le Concile de Marseille et l'évêque Contuméliosus. — Zèle de Césaire.

Nous l'avons déjà remarqué : jamais la discipline de l'Église ne fut plus gravement compromise qu'au lendemain des invasions. « Dans ce déclin de la Gaule vers la barbarie, l'impatience et l'oubli de toute règle étaient la maladie du siècle ; et, pour tous les esprits, même les plus éclairés, la fantaisie individuelle ou l'inspiration du moment tendait à remplacer l'ordre et la loi. Les indigènes suivaient trop bien en cela l'exemple des conquérants germains, et la mollesse des uns concourait au même but que la brutalité des autres [1]. » De là des contraventions sans nombre, à la loi civile aussi bien qu'à la loi ecclésiastique : elles demandaient à être réprimées ; elles le furent dans les conciles.

C'est dans ce déréglement, dans cette violation continuelle de la loi, qu'il faut chercher la raison du grand nombre des conciles que l'Église des Gaules compte dans son histoire, pendant le VIe siècle. « *Lex justo non est posita,* » dit saint Paul. Dans les deux premiers siècles, on n'en trouve pas ou presque pas, parce que les fidèles n'en avaient pas besoin. Au IVe siècle, dans les Gaules seulement, il y eut onze conciles, douze dans le Ve, et quarante-neuf dans le VIe. Cette statistique suffirait déjà, mieux que beaucoup d'autres, à nous donner la note des mœurs à ces différentes époques.

Dès le Ve siècle, les évêques reconnaissaient que la nécessité était pressante ; le mal empirait tous les jours ; il fallait appliquer le remède. En 431, saint Hilaire, évêque d'Arles, faisait décréter dans le concile de Riez qu'on tiendrait, chaque année, deux synodes, à moins que les circonstances ne le permissent point. En 461, le pape saint Hilaire, écrivant à Léonce d'Arles, lui rappelait l'obligation de convoquer chaque année une réunion des évêques des Gaules [2]. Malgré la nécessité, malgré leur désir de déférer aux volontés du Saint-Siège, bien souvent les évêques ne purent observer ces sages prescriptions. Depuis le partage des Gaules en

---

[1] AUG. THIERRY, *Récits mérov.* t. II, p. 63.
[2] S. Hilar. epist. IX ad Leontium.

divers états, les évêques n'assistaient jamais à un concile tenu dans une ville d'une nation différente : c'était un sage ménagement dont ils usaient envers leurs souverains un peu trop défiants. Les divisions continuelles qui séparaient leurs divers maîtres, les guerres qui s'ensuivaient, les antipathies secrètes mais réelles que les rois Burgondes et Visigoths nourrissaient contre les évêques de leurs provinces, empêchaient même ceux-ci de se réunir. Mais dès qu'une occasion favorable se présentait ils ne manquaient point de tenir ces assemblées solennelles, où l'Église des Gaules puisa tant de force. Les unes réglementaient la situation extérieure de l'Église ou ses rapports avec la société civile ; les autres organisaient ou réformaient sa constitution intérieure, les mœurs de ses ministres, ou éclaircissaient quelque point obscur de la doctrine.

C'est ainsi que nous avons vu Césaire profiter des bonnes grâces passagères d'Alaric II pour assembler un concile à Agde, en 506. Il avait convoqué aussi les évêques du royaume d'Alaric à un autre concile à Toulouse, pour l'année suivante. On connaît les événements qui vinrent mettre obstacle à ce projet. Depuis cette époque jusqu'en 524, il n'est plus fait mention d'aucune convocation de ce genre dans les provinces soumises à la juridiction de Césaire [1] ; et il suffit de jeter un coup d'œil sur l'histoire

---

[1] L'affaire de l'évêque d'Aix, Basile, dont nous avons parlé, pourrait faire supposer, avec quelque raison, que Césaire, à ce moment, convoqua en effet un concile qui ne se serait point tenu, ou dont les actes ne seraient pas arrivés jusqu'à nous.

des années qui se sont écoulées, pour en comprendre le motif.

Pendant près de dix ans, la guerre n'avait pas cessé de ravager les provinces méridionales et la ville d'Arles, en particulier. Pourquoi Césaire n'en convoqua-t-il point dans le courant des dix années qui suivirent son retour de Rome, de 514 à 524 ? Théodoric était bien disposé en faveur des catholiques : ce qui le prouve, c'est son entente avec le pape Hormisdas dans les difficiles affaires que suscita à cette époque, le schisme d'Orient. Il était encore mieux disposé en faveur de l'évêque d'Arles, dont il avait reconnu la vertu et apprécié le mérite. Mais depuis que Théodoric s'était emparé, dans la Gaule, des pays situés entre la Méditerranée et la Durance jusqu'au Rhône, presque tous les suffragants du métropolitain d'Arles étaient sujets des Burgondes. Seules, les villes épiscopales de Marseille et de Toulon appartenaient à Théodoric ; il en était de même dans la seconde Narbonnaise où le roi des Ostrogoths ne possédait que les villes d'Aix, Riez, Fréjus et Antibes ; la province d'Embrun, à peu près tout entière, dépendait des Burgondes. Dans ces conditions, un concile était impossible, et il le serait tant que les évêques, qui devaient y assister, n'obéiraient pas au même maître que leur métropolitain.

Les choses changèrent vers l'an 523. Le roi des Burgondes, Sigismond, venait d'être vaincu par les fils de Clovis, qui s'emparèrent d'une partie de ses états. Théodoric profita de ces troubles pour prendre, de son côté, les Alpes-Maritimes, toute la seconde Narbonnaise et une partie de la Viennoise. Césaire avait donc sous la main tous ses suffragants et ceux des métropoles voisines ; il ne tarda pas à trouver une occasion favorable pour les réunir. Il venait d'achever en 524, une église qu'il avait élevée à Arles, en l'honneur de la sainte Vierge ; Césaire voulut profiter de la cérémonie de la dédicace, à laquelle il invita tous les évêques des états de Théodoric dans les Gaules, pour tenir un concile [1]. Ils se réunirent en effet à Arles, le 6 juin 524, la deuxième année du pontificat de Jean I.

Ce n'était pas la première fois que la vieille métropole voyait ces imposantes assemblées d'évêques. Dès l'an 314, l'empereur Constantin avait convoqué à Arles, sous la présidence de saint Marin, son évêque, un concile demeuré célèbre dans l'antiquité par la question qu'il eut à traiter, la condamnation des Donatistes, et par le nombre des évêques qui y assistèrent : on l'a porté jusqu'à 600, chiffre évidemment exagéré ; mais quoiqu'il ne reste que la signature de trente-trois évêques et de douze députés remplaçant les absents, leur nombre fut cependant bien plus considérable, à en juger par la manière de parler des anciens auteurs.

Il n'y a pas à rappeler le trop célèbre concile arien que Constance réunit à Arles, en 353, et auquel présida Saturnin, évêque d'Arles, ambitieux et remuant, qui était arien aussi fougueux sous un empereur arien, qu'il avait été d'abord catholique fervent sous un empereur catholique.

---

[1] Nous trouvons de nombreux exemples de conciles tenus à l'occasion de la dédicace d'une église.

Si ce concile est demeuré célèbre par la défection du légat de Libère, Vincent de Capoue, qui eut la faiblesse de céder aux menaces de l'empereur et de signer la condamnation du grand Athanase, il ne l'est pas moins par la noble et fière résistance d'un grand nombre d'évêques fidèles, dont l'attitude donna le signal aux persécutions qui allaient désoler l'Église des Gaules.

Le second concile qui se réunit à Arles fut probablement celui que Ravennius convoqua vers 451 [1], pour l'acceptation du décret dogmatique adressé à l'Église des Gaules par saint Léon. Quarante-quatre évêques y assistèrent, puisque quarante-quatre signèrent la belle lettre qu'ils écrivirent au pape. Ils se réunirent à Arles. Les auteurs de l'Histoire des Conciles donnent 56 canons disciplinaires qui furent certainement décrétés à Arles, dans ce concile de 451 et après la discussion de la lettre dogmatique, selon quelques auteurs ; d'autres pensent (avec plus de raison, croyons-nous), que ces canons avaient été rédigés dans quelque concile tenu à Arles sous saint Hilaire. Il nous paraît en effet difficile de croire que saint Hilaire n'ait assemblé aucun concile à Arles, lui qui tenait tant à la discipline et par conséquent aux conciles, qui fit décréter dans celui de Riez que, lorsque les temps le permettraient, on en tiendrait deux par an et qui en convoqua plusieurs

Vers 455, le même Ravennius convoquait de nouveau non-seulement les évêques de sa province, mais encore

---

[1] Incerto anno, dit le P. Sirmond. *Conc. Gallior*, t I. — Cf. Mgr HÉFÉLÉ, *Hist. des Conciles*, t. III, p. 179.

tous ceux qui étaient sortis de Lérins, pour juger un différend, élevé entre Théodore, évêque de Fréjus, et Fauste, abbé de Lérins. Ce concile s'était réuni dans l'église de la Major que Ravennius consacra à cette occasion. Il est appelé dans l'Histoire des Conciles le troisième d'Arles [1].

Enfin, vers 475, trente évêques se réunissaient de nouveau dans la ville d'Arles, sous la présidence de son évêque, Léonce, pour juger et condamner la doctrine du prêtre Lucide sur le prédestinatianisme [2].

Ainsi on a dit que le concile qui se réunissait en 524, pendant l'épiscopat de saint Césaire, était le quatrième d'Arles, et c'est avec ce numéro d'ordre qu'il est ordinairement désigné par les auteurs; mais en fait, il est le cinquième de ceux qui sont connus, non compris le concile arien.

Nous avons dit que ce concile fut convoqué à l'occasion de la dédicace d'une église consacrée à la sainte Vierge. On se demande quelle était cette église. Ce n'était pas celle de la Major, comme le dit Saxi; Ravennius l'avait consacrée en 452, comme on peut en juger par une ancienne inscription, trouvée sur la porte de cette église. D'autres supposent qu'elle a été détruite. Pour nous, nous n'hésitons pas à croire qu'il s'agit ici de l'église du monastère Saint-Jean. Il est dit, en effet, dans le court préambule qui précède les canons de ce concile, que les évêques se réunirent pour la dédicace de la basilique de *Sainte-Marie;* or c'est là le nom que l'on donne toujours à l'église du monas-

[1] Cf. Mgr HÉFÉLÉ, t. III, p. 183.
[2] Ex codice Lugdunensi. Cf. SIRMOND.

tère, soit dans la Vie de saint Césaire, soit dans la Règle qu'il a écrite. Si Césaire avait élevé une troisième église à la sainte Vierge, il nous semble qu'il aurait au moins ajouté quelque chose à son nom, pour la distinguer de la basilique Sainte-Marie-la-Major, et de la basilique Sainte-Marie du monastère. En second lieu, l'historien de Césaire parle de la construction,« d'une triple basilique qui n'en devait faire qu'une et dont il dédia à la sainte Vierge Marie la nef principale ; les deux autres nefs étaient dédiées l'une à saint Jean, l'autre à saint Martin ; dans le sol de cette basilique il disposa pour ses religieuses les tombes » dont nous avons déjà parlé. Il est ici question de l'église du monastère ; on n'en saurait douter. Mais, comme nous l'avons dit plus haut, d'après le contexte et la place que le biographe donne à ce fait dans son récit, cette église ne fut construite que plusieurs années après le monastère lui-même, c'est-à-dire un peu avant le IVe Concile d'Arles [1], et c'est à l'occasion de ce concile qu'on en fit la dédicace. On ne saurait objecter que l'église du monastère avait été consacrée le 26 août 542 ; car dans la Vie de saint Césaire et dans les autres documents originaux, il est question, à cette date, de la dédicace du monastère et non de la basilique Sainte-Marie.

Les pères du Concile rédigèrent quatre canons : 1° Nul ne pourra être ordonné diacre avant vingt-cinq ans, et prêtre ou évêque, avant trente ans. — 2° Aucun laïque ne sera promu à l'épiscopat, à la prêtrise ou au diaconat,

---

[1] Vita S. Caes. lib. I, n. 44.

s'il ne s'est pas écoulé au moins un an depuis sa conversion [1]. — 3° Les évêques se conformeront à ce décret sous peine d'être privés de la célébration des saints mystères pendant un an ; et ceux qui refuseraient de subir cette peine, seront soumis à l'excommunication. — 4° Il est défendu, sous la même peine, de recevoir les clercs vagabonds et d'ordonner les bigames, les pénitents et ceux qui ont épousé des veuves [2]. On a mis à la suite de ces canons ceux que Gratien a cités dans son Décret et qui ont été rédigés dans les différentes assemblées tenues en la même ville d'Arles ; mais ils n'ont aucun rapport avec les quatre canons que l'on vient de lire.

Les canons du IV° Concile d'Arles ne sont, à proprement parler, que d'anciennes ordonnances remises en vigueur. Quant à l'âge qu'un diacre ou un prêtre devait avoir atteint pour être ordonné, Césaire ne voulut pas imposer aux autres ce qu'il pratiquait lui-même : nous savons en effet, par son biographe, qu'il n'ordonnait jamais un diacre avant l'âge de trente ans. Pour le II° canon qui exige une épreuve d'un an de la part de ceux qui voulaient se consacrer à Dieu, il était observé de fait dans beaucoup d'églises ; mais on n'en trouvait auparavant le précepte nulle part. Saint Paul disait à Timothée : « N'imposez pas trop tôt

---

(1) La *conversio* signifie ordinairement l'entrée dans la vie monastique ; mais ce mot signifie surtout le vœu de renoncer au monde et de mener la vie cléricale ; il est donc synonyme de *Professio continentiæ*. Cf. Du Cange, *Glossar.* a. h.

(2) Cf Mansi, t. VIII, p. 632. — Sirmond. *conc. Gall.*, t. I, p. 604. — M⸱ Héfélé, t. III, p. 308.

les mains, de peur de vous charger des fautes d'autrui. »
Et l'on comprendra mieux encore la nécessité de ce retard
et de cette épreuve, si l'on pense au caractère et aux habitudes de ceux qui venaient se faire imposer les mains. Les
deux derniers canons s'adressent surtout aux évêques et
traitent des ordinations défectueuses. C'était là, en effet, un
abus général ; et comme Césaire savait que l'Église ne
pourrait point prospérer, si elle n'était d'abord protégée
par des ministres d'une vertu éprouvée, il dirigea tous ses
efforts sur ce point.

Treize évêques avaient assisté à ce concile présidé par
Césaire. Telle était la suscription de l'évêque d'Arles :
Césaire, évêque, au nom du Christ, j'ai relu et signé cette
définition de mes vénérables frères et la mienne. Suivent
les suscriptions des autres évêques. Le nom du siège n'est
indiqué pour aucun, mais on connaît la plupart d'entre eux.
Après Césaire, nous trouvons : Eucher d'Avignon, Florentius d'Orange, Julien de Carpentras, Philagrius de Cavaillon, un autre Florentius de Saint-Paul-trois-Châteaux
et Cyprien de Toulon ; Maxime d'Aix [1], Prétextat d'Apt,
Contuméliosus de Riez, Porcianus de Digne ; Montan et
Célestin, dont les sièges sont inconnus. On y lit aussi la
signature de quatre prêtres, députés par les évêques
absents : Léonce pour Constant de Gap, Emétérius pour
Gallican d'Embrun, Cataphronius pour Agrécius d'Antibes
et Désidérius pour Jean de Sisteron [2].

---

[1] On le prend quelquefois pour Maxime de Genève : c'est une erreur.

[2] Cet évêque Jean est nommé dans la Vie de S. Marius, abbé de Bodane. *Vita S. Marii*, BOLLAND, 27 janv.

L'évêque Eucher, auquel nous donnons pour siège Avignon, à la suite de Mabillon, de Mgr Héfélé et d'autres auteurs, a été le sujet de longues discussions parmi les savants. Il est fait mention d'un Eucher, évêque, dans la Vie de saint Césaire [1]. On y raconte que dans un voyage que Césaire et Eucher faisaient ensemble dans les Alpines, une pauvre femme, percluse de tous ses membres, vint à eux en se traînant sur le chemin. Ce que voyant, Césaire demanda à Eucher pourquoi cette femme était infirme. Celle-ci, interrogée, répondit que, depuis de longues années, elle était privée de l'usage de ses membres. Césaire dit alors à Eucher : « Descendez et faites sur elle le signe de la croix. » Celui-ci s'en excusa humblement ; Césaire insista ; à la fin, Eucher descendit et traça sur la paralytique le signe de la croix, en disant à Césaire : « J'ai fait ce que vous m'avez demandé. — Prenez-la par la main, lui dit l'évêque d'Arles, et relevez-la. — Je suis prêt à vous obéir en tout ce que vous commanderez à Eucher, mais ceci, je ne saurais le faire. » Et comme Césaire insistait encore et qu'Eucher s'en défendait jusqu'à répandre des larmes : « Vous étiez disposé à marcher dans les flammes par obéissance, dit Césaire, et voilà que vous reculez devant un acte de charité ? Allons ! donnez-lui la main au nom du Seigneur et relevez-la. » Eucher obéit et la pauvre infirme se leva guérie.

Quel est l'évêque du nom d'Eucher, dont saint Cyprien raconte ce trait, et qui assista au quatrième Concile d'Arles,

---

[1] Vita S. Caes., lib. I, n. 35.

ainsi qu'à tous les conciles que présida Césaire ? Il est évident, en effet, que c'est le même. La question nous paraît trop difficile, trop obscure, pour que nous essayions de la résoudre. Qu'il nous soit du moins permis d'exposer les opinions des auteurs et de présenter quelques observations sur un fait si discuté.

L'existence de deux Eucher sur le siège de Lyon paraît aujourd'hui certaine ; on admet aussi généralement que le second Eucher, qui occupa ce siège entre saint Viventiole et saint Loup, c'est-à-dire de l'an 524 à l'an 535, et fut par conséquent contemporain de Césaire, était provençal, et le même que Dieu appela miraculeusement sur le siège de Lyon, en le tirant de sa grotte située sur le bord de la Durance. Mais il ne paraît pas aussi certain que cet Eucher, évêque de Lyon, soit le même qui assista aux cinq conciles présidés par Césaire et fit ce voyage avec lui. Ceux qui l'affirment s'appuient sur le texte de la Vie de saint Césaire qui, dans l'édition de Surius et dans Barralis, porte ces mots : *Eucherius episcopus Lugdunensis*. Mais il est à remarquer que cette épithète ne se trouve dans aucune autre édition ; Surius a donc pu l'ajouter, et l'on sait que Barralis copie habituellement Surius. C'est ce que disent les auteurs assez nombreux qui le nient. N'est-il pas bien extraordinaire, en effet, sinon impossible, qu'un métropolitain d'une ville importante, éloignée d'Arles et ne dépendant pas du même souverain, ait pu assister à cinq conciles presque consécutifs, convoqués par l'évêque d'Arles en 524, 527, 529, 533 ? Ceux qui placent Eucher à Avignon s'appuient sur quelques anciens manuscrits qui nomment les sièges dont les évêques du IVᵉ Concile d'Arles étaient titulaires : Eucher y est appelé évêque d'Avignon.

Dans les conciles d'Orange et de Marseille, nous trouverons bientôt deux Eucher ; l'évêque de Lyon est peut-être l'un d'entre eux. Et encore n'y aurait-il pas là, au moins dans ces deux derniers conciles, une erreur de copiste, et au lieu d'*Eucherius,* ne faudrait-il pas lire *Eutherius ?* L'évêque du nom d'Euthérius qui siégeait alors à Antibes ne figure pas dans ces deux conciles d'Orange et de Marseille, alors que son prédécesseur, Agrécius, s'était fait représenter au Concile d'Arles et avait été suspendu pour n'être pas venu à celui de Carpentras. Nous avouons que nous sommes bien tenté de croire que l'un de ces deux *Eucherius* n'est autre que l'évêque d'Antibes, *Eutherius.*

Pendant cette année 524, il y eut trois conciles dans les états gouvernés par Théodoric : un à Arles, le 6 juin, et les deux autres en Espagne, à Lérida, le 8 août, et à Valence, le 3 novembre. On explique difficilement la coïncidence de trois conciles, sous un prince arien, au moment même où il commençait à persécuter les catholiques. En effet, l'élément barbare s'était réveillé chez ce roi dans toute sa fureur, à l'occasion de la protection marquée que l'empereur Justin venait d'accorder aux catholiques dans ses états et de la persécution qu'il fit souffrir aux hérétiques. Cassiodore, qui avait été pendant de longues années, le conseiller intime de Théodoric, se retira de la cour. Dès lors, privé de ce sage appui, le roi Goth oublia son passé et devint, dans ses derniers jours, un vulgaire persécuteur.

Il ne nous appartient pas de dire ici comment il envoya en Orient le pape Jean, avec la singulière mission d'obtenir de l'empereur Justin la protection des hérétiques, protection que le saint Pontife n'obtint point, parce qu'il ne prit pas la peine de la demander. Entré dans la voie de la cruauté, Théodoric ne devait plus en sortir. Le 23 août 524, quelques mois après le Concile d'Arles, il faisait mourir, dans des supplices atroces et sur des accusations imaginaires, l'illustre sénateur Boèce, « le dernier Romain que Cicéron et Caton eussent reconnu pour compatriote [1]. » Peu de temps après, le barbare souillait encore ses mains du sang de Symmaque, beau-père de Boèce, le prince du sénat autant par son âge que par son mérite. Le pape Jean était encore en Orient, lorsqu'il apprit la nouvelle des cruautés que ses amis avaient endurées : il entrevit le sort qui l'attendait. Théodoric, furieux qu'il n'eût pas obtenu ce que le pape lui avait dit formellement qu'il ne demanderait pas, le fit enfermer dans une prison, où le saint Pontife mourut de faim et de soif, le 27 mai 526. Son persécuteur le suivit de près dans la tombe. Trois mois plus tard, le mercredi 26 août, il dictait un décret permettant aux ariens d'envahir les églises catholiques, le dimanche suivant. Ce jour-là même il était frappé mortellement. L'historien Procope rapporte que ses officiers ayant servi sur sa table la tête d'un grand poisson, Théodoric crut reconnaître la tête fraîchement coupée de Symmaque qui se mordait la lèvre et le regardait d'un œil furieux.

[1] Gibbon.

Épouvanté, le roi fut saisi d'un frisson mortel et il expira quelques instants après[1]. Athalaric, son petit-fils, fut reconnu roi des Ostrogoths, en Italie et dans la Gaule méridionale, sous la tutelle de sa mère Amalasonthe.

Après la mort du pape Jean, Théodoric avait désigné pour lui succéder le diacre Félix, qui occupa le Saint-Siège pendant trois ans. Comme Félix était digne du souverain pontificat par ses talents et par ses vertus, le clergé, le sénat et le peuple de Rome l'avaient agréé, et il régna légitimement, malgré l'usurpation évidente du roi des Goths.

C'est à Félix IV que Césaire avait envoyé les canons du IV⁰ Concile d'Arles. Le pape lui répondit par une lettre datée du 3 février 528, dans laquelle, après avoir loué son zèle, il l'exhorte à l'observation des règlements faits contre les ordinations prématurées des laïques, et il confirme les prescriptions du Concile par l'autorité de saint Paul et la fâcheuse expérience qu'on avait tous les jours de l'abus contraire. « Il est des clercs, dites-vous, qui reprennent après l'ordination leur vie séculière, et vous avez statué que désormais aucune ordination ne pourra avoir lieu avant une épreuve d'un an. Le mal est difficile à guérir, mais il serait plus dangereux encore de le négliger. Les anciens usages qu'on invoque ne peuvent excuser personne. Saint Paul disait bien à Timothée : *N'imposez promptement les mains à personne, de peur de vous charger des fautes d'autrui.* Car qu'est-ce qu'un maître qui ignorerait les premiers éléments de la science qu'il en-

---

[1] Procope, l. I.

seigne ? Qu'est-ce qu'un pilote qui n'a point fait d'apprentissage parmi les matelots ? Quiconque n'a pas appris à obéir, ne sait pas commander.... Surtout lorsqu'il s'agit de la consécration d'un évêque, observez ce que prescrivent les saints canons et ne compromettez pas à la légère votre salut avec celui des autres [1]. »

Mais lorsqu'il reçut la lettre de Félix IV, Césaire avait réuni un nouveau concile, qui nous montre que si l'évêque d'Arles aimait à porter des lois, il n'était pas moins soucieux de les faire observer.

Le 6 novembre 527, les évêques, convoqués par Césaire, se réunirent à Carpentras. Ils ne dresssèrent qu'un canon, à l'occasion des plaintes portées contre les évêques qui s'attribuaient les biens des paroisses et leurs revenus. Quoique ces choses fussent déjà réglées par d'anciens canons, Césaire crut qu'il était utile de les rappeler. « Si l'église cathédrale, disent-ils, peut se suffire à elle-même, l'évêque ne prendra rien des donations faites aux paroisses, mais elles seront employées à l'entretien des clercs qui les desservent ou à la réparation de ces églises. Si l'église épiscopale n'a que de faibles revenus et que l'évêque soit obligé de faire de grandes dépenses, il ne laissera à ces paroisses que ce qui est nécessaire pour leur entretien et pour celui des clercs ; toutefois il ne pourra pas diminuer les revenus des clercs, ni le service divin, c'est-à-dire le nombre des clercs. »

[1] Epist. Felicis ad Caes. — SIRMUND., Conc. Gallia. t. III.

On décida enfin qu'on tiendrait un concile, l'année suivante, à Vaison, le 6 novembre. Ce Concile de Vaison, dont on a le procès-verbal et les canons, ne se tint que deux ans après, le 6 novembre 529. Mansi et quelques autres en ont conclu que le Concile de Carpentras eut lieu, non en 527, comme nous l'avons dit, mais en 528, puisque, d'après la décision des Pères, il dut précéder d'un an seulement celui de Vaison [1]. Mansi s'appuie encore sur l'ancien usage de ne jamais commencer un concile que le lundi ; or, le 6 novembre se trouvait être un lundi en 528 et non en 527. Mais cet usage n'existait pas à cette époque ; l'Église avait l'habitude de choisir pour l'ouverture des conciles tel ou tel quantième du mois, et non tel ou tel jour de la semaine. Si le Concile de Vaison, indiqué pour 528, ne s'est tenu qu'en 529, c'est par suite d'un empêchement qu'on ne pouvait prévoir un an à l'avance.

Le canon du Concile de Carpentras fut signé par seize évêques, en tête desquels nous lisons le nom de Césaire qui le présidait. Nous en trouvons huit de ceux qui avaient souscrit les canons du Concile d'Arles : Contuméliosus de Riez, Philagrius de Cavaillon, Eucher d'Avignon, Constance de Gap, Julien de Carpentras, Porcianus de Digne, Cyprien de Toulon, Gallican d'Embrun ; il y avait en outre : Alethius de Vaison, Prosper de Vence, Vindémialis d'Orange, Héraclius de Saint-Paul-trois-Châteaux ; Luper-

---

[1] Mansi, t. VIII, p. 608. — Mgr Heféle, t. III, p. 320.

cien, Uranius et Principius [1] dont nous ne connaissons pas les sièges.

Le Concile ne se contenta pas de dresser le canon dont nous avons parlé; il écrivit aussi une lettre à Agrécius d'Antibes qui ne s'était pas rendu au synode et n'y avait pas envoyé de député. Les évêques lui signifiaient, dans cette lettre, qu'on l'avait suspendu, pour un an, de la célébration des saints mystères, parce qu'il n'était pas venu au Concile et qu'il avait fait deux ordinations irrégulières, contrairement aux canons du IVe Concile d'Arles auquel il avait souscrit par un député. « Que dira la postérité, ajoutent-ils, si ceux qui font la loi sont les premiers à la violer? » Suit la signature de tous les évêques présents au synode, avec cette différence qu'ici ils prennent leur titre d'évêque, et en signant le procès-verbal du Concile, ils faisaient suivre leur nom du mot *peccator* [2].

Cette mesure, dont l'initiative appartenait à Césaire, aussi bien que la décision relative aux biens des églises, nous donne une idée de l'énergie avec laquelle l'évêque d'Arles savait réprimer les abus, quels qu'en fussent les auteurs, et de l'influence qu'il exerçait autour de lui, même parmi ses collègues de l'épiscopat. La discipline avait donc rencontré en lui un zélé et puissant défenseur. Mais s'il est aussi infatigable quand il s'agit de la discipline, s'il ne peut supporter d'en voir les règlements méconnus ou

_____

[1] Quelques-uns placent ce dernier à Carpentras; mais Julien qui avait assisté aux Conciles d'Epaone et d'Arles, se trouvait encore à celui-ci.

[2] Cf. MANSI, t. VIII, p. 708, et SIRMOND, t. III.

transgressés, que sera-ce lorsque la foi de ses peuples sera mise en péril et qu'il se trouvera en présence de l'hérésie ?

Le jour allait bientôt venir où Césaire devrait se montrer le champion de la foi, comme il s'était montré le défenseur des lois de l'Église. Depuis longtemps il était préparé à ce combat : ses études à Lérins et à Arles, ses lectures quotidiennes des saintes Écritures et de saint Augustin, lui avaient rendu la doctrine familière ; on pouvait l'attaquer, il était à même de la défendre et de vaincre ses adversaires.

Qui aurait cru que l'hérésie pût jamais s'introduire dans un pays comme la Gaule, qui avait subi pendant un siècle des révolutions et des désastres tels que ceux dont nous avons fait le tableau ? C'est néanmoins ce qui arriva. Malgré les malheurs dont ils furent les spectateurs et bien souvent les victimes, les évêques et les moines de la Gaule voulurent discuter les dogmes de l'Église, élucider les questions les plus difficiles ; ils n'arrivèrent qu'à les obscurcir davantage. Nous voulons parler du semi-pélagianisme.

Cette erreur, qui n'était qu'un palliatif du pélagianisme, naquit de la polémique qui eut lieu entre saint Augustin, d'une part, et Pélage, de l'autre (412-430). Pélage prétendait que la grâce n'est pas nécessaire à l'homme ; qu'il peut arriver à la justification par ses propres forces, parce qu'il n'y a pas eu de chûte, de péché originel qui ait affaibli le libre arbitre. Saint Augustin prouva, au contraire, que non seulement la grâce est absolument nécessaire pour la pratique du bien, parce que notre libre arbitre a souffert de la chûte originelle, mais encore que cette grâce est purement gratuite et qu'elle n'est amenée en nous par aucun mérite de notre part, à tel point que l'affaire de notre salut dépend surtout du bon plaisir de Dieu. Ses admirateurs poussèrent trop loin sa doctrine, et plusieurs allèrent jusqu'à dire que la prédestination ou la réprobation est tellement absolue, de la part de Dieu, qu'elle supprime totalement le libre arbitre en nous, et que la grâce toute seule, sans aucun effort, sans aucun acte de la part de l'homme, lui suffit pour son salut. C'étaient les prédestinatiens qui parlaient ainsi ; ils étaient arrivés à l'extrême opposé des pélagiens.

L'Église s'émut des erreurs de Pélage ; elle réunit, en différents pays, vingt-quatre conciles, dans les quelques années que dura la discussion, et elle arriva sans peine à dégager la doctrine des ténèbres dont on l'enveloppait. Par ses décrets, elle établit nettement avec saint Augustin, la transmission du péché originel, la distinction de la grâce sanctifiante et de la grâce actuelle, la nécessité de cette dernière grâce pour chacune de nos actions surnaturelles, et l'impossibilité de vivre sans péché. Mais elle laissa indécise, pour le moment, la nécessité d'une grâce prévenante, la gratuité de la grâce et celle de la prédestination : trois questions corrélatives, car s'il y a une grâce prévenante, il y a également une prédestination, et elle ne saurait être prévenante dans la rigueur du terme, sans être gratuite ; trois questions que saint Augustin avait soutenues avec la vigueur et la clarté de son grand génie.

Ses amis applaudirent d'abord à ses victoires sur les pélagiens ; puis voyant jusqu'où on avait poussé sa doctrine sur la prédestination, ils prétendirent qu'il faisait erreur, et en esprits modérés, ils voulurent garder un terme moyen et crurent nécessaire de laisser une part au libre arbitre dans notre salut. C'étaient les semi-pélagiens : ceux-ci nièrent les trois points sur lesquels l'Église ne s'était pas prononcée : la nécessité d'un grâce prévenante, en attribuant aux seules forces du libre arbitre le désir de la foi et le commencement du salut ; la gratuité de la grâce et de la prédestination, en prétendant qu'elles sont données en vue des mérites de l'homme. Ils soutenaient même que la persévérance finale et la prédestination à la gloire dépendent de nous, comme le commencement de la foi. Le point de départ de leur système est celui-ci : la volonté précède la grâce et fait par ses forces naturelles les premières démarches vers Dieu, parce que, disent-ils, le libre arbitre serait complètement détruit s'il avait besoin d'une grâce prévenante purement gratuite. Et alors ils en viennent à dire que les premières lueurs de la foi dans une âme, doivent être attribuées non pas à la grâce prévenante de Dieu, mais à l'effort naturel de la liberté humaine ; de même, la persévérance dans la foi et dans les bonnes œuvres vient de nous et non de la grâce. Ils accordent cependant que la grâce est nécessaire pour les bonnes œuvres et pour la foi parfaite, et cela à cause de la chûte d'Adam ; et encore, le consentement à cette grâce nécessaire vient de notre seule volonté, de même que la grâce elle-même est toujours précédée d'un mérite personnel.

Le semi-pélagianisme prit naissance dans les Gaules. Les amis qui, applaudissant d'abord saint Augustin, avaient fini par tomber dans cette erreur, étaient surtout des moines et des prêtres du clergé de Marseille, si bien que plus tard on appela souvent les semi-pélagiens du nom de *Marseillais*. Au plus fort de ces démêlés, Cassien publia les *Conférences spirituelles* pour ses religieux de Saint-Victor ; il y avait glissé, peut-être à son insu, les semences de cette doctrine. Les Conférences vinrent donner plus de force aux arguments des premiers champions de l'erreur, qui de Marseille se répandit en peu de temps dans les provinces du Midi, et infesta, en quelques années, la Gaule tout entière.

Saint Prosper d'Aquitaine et saint Hilaire [1] furent les premiers à donner l'éveil, et ils s'empressèrent de dénoncer à l'évêque d'Hippone les attaques dirigées par les prêtres de Marseille contre sa doctrine. Saint Augustin, quoique vieux et presque mourant, trouva encore assez de vigueur pour défendre ses écrits et assez de lumière pour exposer clairement la doctrine catholique. Il mourut, sur ces entrefaites (430), comme le soldat sur la brèche, non sans laisser à l'Église des armes puissantes contre ses ennemis. Prosper et Hilaire exposèrent au Saint-Siège l'état des choses, et, l'année suivante, le pape Célestin écrivit aux évêques des Gaules, en faveur du grand docteur ; il condamna expressément les erreurs de ses adversaires et établit nettement la vraie doctrine sur la nécessité de la grâce prévenante et sur sa gratuité. Mais cela ne suffit point pour éteindre le semi-pélagianisme. La sainteté et le renom de ceux qui en défendaient les principes, l'obscurité et la nou-

---

[1] Quelques-uns le confondent avec l'évêque d'Arles du même nom.

veauté des questions qu'ils traitaient, le manque de documents dans les écrits des anciens Pères et des auteurs qui n'avaient pas élucidé ces matières, la ruse des adeptes qui savaient, à l'occasion, dissimuler adroitement leurs erreurs sous l'apparence d'une orthodoxie parfaite ; tout contribua, pendant un siècle, à entretenir la vie du semi-pélagianisme. Rarement les décisions du siège apostolique vinrent interrompre sa marche. En 444, saint Léon le Grand affirma la vraie doctrine. Quelques années plus tard, vers l'an 470, Fauste, d'abord abbé de Lérins et ensuite évêque de Riez, donna un regain de faveur au semi-pélagianisme, dans lequel il était tombé, en attaquant les prédestinatiens. Mais en 493, le pape Gélase condamnait ses ouvrages sur la grâce dans un décret adressé aux évêques des Gaules, condamnation renouvelée en 520 par le pape Hormisdas. L'erreur était obligée de nouveau de se cacher, mais elle n'en continuait pas moins de faire des adeptes ; elle couvait, comme le feu sous la cendre, et n'attendait qu'une occasion favorable pour paraître au grand jour.

Les propositions du IIe Concile d'Orange vinrent enfin terminer ces longues discussions et étouffer une erreur qui menaçait toujours l'Église. Césaire eut la gloire de lui donner le coup mortel. Après lui, en effet, il n'en est plus même fait mention dans l'histoire.

L'amitié qu'il eut pour Fauste de Riez, l'a fait accuser quelquefois lui-même de semi-pélagianisme ; mais les raisons qu'on en donne sont de peu de valeur. « Entré à Lérins à l'âge de 18 ans, dit-on, à Lérins infesté de l'hérésie depuis de si longues années, à Lérins qu'il aima toujours comme on aime sa maison paternelle, Césaire ne pouvait que partager l'erreur qu'il y avait reçue dans des leçons quotidiennes. » Mais Lérins ne fut pas, comme on l'a prétendu, le nid de l'hérésie. Que, par suite des relations qui existaient entre Lérins et Saint-Victor de Marseille, ses moines l'aient défendue, que de savants évêques, sortis de ce monastère, comme Fauste de Riez, l'aient propagée, tout cela ne prouve pas que Lérins fût le repaire des semi-pélagiens. Fauste de Riez, dans son livre : *De gratia Dei et mentis humanæ libero arbitrio*, y est tombé complètement ; c'est vrai. Césaire qui avait connu Fauste, qui l'estimait sincèrement, comme un puissant défenseur de la foi dans la lutte contre les prédestinatiens, le cite quelquefois ; c'est vrai encore. Mais il ne le cite que dans des questions étrangères à la grâce.

Un savant sulpicien du siècle dernier, M. Leclerc, avait entrepris, pour réhabiliter la mémoire de Fauste, de démontrer, contre le cardinal Noris, que l'évêque de Riez fut irréprochable dans sa doctrine, et qu'on a dû interpoler ses œuvres pour y glisser quelques propositions semi-pélagiennes. Afin de mieux défendre Fauste, il attaqua l'évêque d'Arles. Lorsque l'article de *Saint Césaire* parut dans l'Histoire littéraire, M. Leclerc se récria. D'après lui, « l'éloge de l'évêque d'Arles, fait aux dépens de l'évêque de Riez, est trop pompeux et ne repose que sur des faits inexacts. Non-seulement Césaire n'a jamais écrit contre Fauste, mais il a suivi son maître pas à pas et souvent même il l'a copié. » Et l'admirateur de Fauste cite, comme exemple, l'explication du texte de l'Exode : « *J'endurcirai le cœur de Pharaon,* » dans laquelle l'évêque d'Arles et l'évêque de Riez se rencontrent d'une façon qui ne peut être fortuite [1].

Or il suffit de lire l'article de l'Histoire littéraire, pour voir qu'on n'y fait aucune allusion à Fauste et que tous les faits sont puisés aux sources les meilleures et les plus connues. M. Leclerc n'a pas remarqué, pour le passage qu'il apporte comme preuve de son opinion, que Fauste et Césaire ont puisé l'explication de ce texte dans Origène ; et ce qui prouve que l'évêque d'Arles a copié Origène et non pas Fauste, c'est que nous trouvons dans son homélie plusieurs points qui sont dans Origène et que ne cite pas l'évêque de Riez. Il est vrai que, par déférence pour son maître et son ami, Césaire, en réfutant les semi-pélagiens, n'a jamais prononcé le nom de Fauste ; mais, par là même qu'il a écrit contre cette erreur et que l'évêque de Riez est convaincu de semi-pélagianisme, on peut dire, sans s'éloigner de la vérité, que Césaire a écrit contre Fauste. Du reste, les canons du II⁰ Concile d'Orange, l'ouvrage sur *la Grâce et le Libre Arbitre*, et les sermons de Césaire nous sont une preuve plus que suffisante de l'orthodoxie parfaite de l'évêque d'Arles.

Il suffit de lire les chapitres VII, IX, X, XI, XIII, XVII, du premier livre de Fauste, et les chapitres III, IV, VIII, X du II⁰ livre, et de les comparer avec les canons III, IV, V et la profession de foi du II⁰ Concile d'Orange, pour voir que la doctrine de l'évêque d'Arles est tout-à-fait contraire

---

[1] Cf. L'*Histoire littéraire*, Append., p. 730 et suiv. ; le *Journal de Trévoux*, juillet 1736.

à celle de Fauste. Césaire ne le nomme pas dans ces canons, mais on voit qu'ils sont rédigés directement contre l'évêque de Riez.

Gennade dit dans son *Catalogue des écrivains ecclésiastiques* : « Césaire, évêque d'Arles, a laissé d'excellents traités dont la lecture agréable à tous, est particulièrement utile aux moines. Il a écrit aussi sur la grâce et le libre arbitre, et sa doctrine constamment appuyée sur la doctrine des Pères et les textes de l'écriture sainte, se résume à dire que de lui-même l'homme ne peut rien faire de bien s'il n'est prévenu de la grâce de Dieu [1]. » Il est question dans ces lignes d'un ouvrage que Césaire aurait composé en réponse à Fauste, et auquel il aurait donné le même titre que celui de l'évêque de Riez : *De gratia et libero arbitrio*. Il y réfutait directement le traité de Fauste et défendait la doctrine de saint Augustin [2]. Le pape Félix IV, d'après le cardinal Noris [3], aurait loué le livre de Césaire et cherché à le répandre. Cet ouvrage n'est pas arrivé jusqu'à nous. Plusieurs historiens, entre autres les auteurs de l'Histoire littéraire de la France, croient que cet opuscule était simplement la réunion des actes du II⁰ concile d'Orange ; ils s'appuient sur les paroles même de Gennade qui dit que « ce livre se composait de témoignages tirés de l'Écriture et fortifiés par l'autorité des Pères. » D'après eux, comme les canons du Concile d'Orange ne sont pas autre chose,

---

[1] Cap. 86.
[2] Cf. Mgr Héfélé, t. III, p 331.
[3] *Hist. Pelag*. lib. II. c. 22.

c'est à leur réunion que Gennade fait allusion dans son Catalogue. Mais il ne nous paraît guère vraisemblable qu'on parle ainsi des actes d'un concile, à la rédaction desquels Césaire n'avait pas travaillé tout seul, puisque, comme nous le verrons, les propositions principales avaient été rédigées par le pape Félix IV et envoyées de Rome à Césaire. D'ailleurs, l'auteur qui fait quelques additions au Catalogue de Gennade, assure que le pape Félix approuva l'écrit de Césaire. Or ce pape était mort avant de connaître les actes du Concile d'Orange ; Boniface était déjà pape, lorsque le messager de Césaire arriva à Rome, portant la relation du concile. Baronius doit faire allusion à cet ouvrage, quand il dit que « Césaire défendit saint Augustin contre Fauste de Riez. » Nous croyons que Césaire avait écrit ce livre à l'occasion des disputes qui s'élevèrent en Orient sur les livres de Fauste, entre les moines scythes et l'évêque d'Afrique, Possessor, qui était alors à Constantinople [1].

Ceux qui l'accusent de semi-pélagianisme n'ont pas, apparemment, parcouru un seul de ses sermons, dans lesquels la vraie doctrine de Césaire sur la grâce, la doctrine du Concile d'Orange, paraît en mille endroits. Rien ne ressemble moins à une phrase semi-pélagienne que ce passage du sermon XLII° : « Les nations avant d'avoir reçu le don de la grâce, sont dépourvues de foi, de charité et de bonnes œuvres. » Ce sermon tout entier est un admirable résumé de la doctrine catholique ; il se termine par ces mots, dirigés

---

[1] Longueval, t. III, p. 181.

avec intention contre les semi-pélagiens : « Rendons grâce à notre saint Rédempteur qui, *sans aucun mérite précédent de notre part,* nous a délivrés de la mort éternelle et nous a promis les récompenses futures, si, avec le secours de sa grâce, nous vivons saintement [1]. » De même, dans le beau sermon où Césaire compare Jésus-Christ à Elisée et le genre humain au lépreux Naaman, sa doctrine est encore d'une orthodoxie irréprochable. « Elisée ordonnait à Naaman, qui voulait être guéri de sa lèpre, de se plonger sept fois dans le Jourdain. Et Naaman de répondre : « Mais ne vaut-elle pas cent fois mieux l'eau des fleuves de mon pays ? » Il obéit cependant, et il fut guéri. Comme Naaman, continue Césaire, le genre humain présumait trop de son libre arbitre et de ses propres mérites. Mais nos mérites, sans la grâce du Christ, peuvent bien nous laisser la lèpre, ils ne peuvent nous rendre la santé. Si, à l'exemple de Naaman, le genre humain n'écoutait pas le conseil d'Elisée et ne recevait humblement, par la grâce du Christ, le don du baptême, il ne pourrait être guéri de la lèpre originelle et de la lèpre actuelle [2]. » Césaire termine la plupart de ses homélies par ces mots, sur l'intention desquels on ne saurait se méprendre : « Rendons grâces à Dieu qui a daigné nous faire part de si grandes largesses, sans qu'il fût prévenu par un seul mérite de notre part [3]. » Il n'y a qu'à jeter les yeux sur les sermons de l'évêque d'Arles, pour rencon-

---

[1] Opera S. Aug., t. V, Append., serm. XLII⁰ — (Edit. Migne).
[2] Opera S. Aug., t. V, Append., serm. XLIV.
[3] Ibidem, serm. XLV.

trer ces expressions qu'il répète sans cesse : « C'est par la grâce de Dieu et non par des mérites personnels que nous sommes devenus les temples de Dieu [1]. » Ailleurs, il définit ainsi la grâce : « C'était la figure de la grâce du Christ, qui s'appelle la grâce, parce que Dieu nous la donne gratuitement. — *Christi in hoc gratia figurabatur, quæ ideo gratia dicitur, quia gratis datur* [2]. » Ce n'est pas ainsi que parlaient les semi-pélagiens ; et l'on voit par ces courtes citations, que Césaire enseigne nettement la gratuité de la grâce et suppose toujours que le commencement comme la perfection de la foi viennent de la grâce et non du mérite personnel.

Mais en affirmant ainsi la doctrine de l'Église contre les semi-pélagiens, il n'avait garde de tomber dans l'erreur opposée, le prédestinatianisme. « C'est au ciel que nous sommes appelés, dit-il, l'enfer n'est pas pour nous, mais pour le démon [3]. » S'il laisse la part du libre arbitre dans l'œuvre de notre salut : « Le libre arbitre demeure [4], » dit-il ; et s'il revient souvent sur les efforts que doit faire notre volonté pour arriver au ciel, Césaire n'oublie pas la part de Dieu, et ces expressions : *Deo donante, auxiliante Deo, cum Dei adjutorio*, et d'autres semblables reviennent à chaque instant sur ses lèvres. Il se sentait, là, sur un terrain brûlant, et il ne craignait point ces répétitions qui nous

---

(1) Ibidem, serm. CCXXIX.
(2) Ibidem, serm. XLIV.
(3) Ibidem, serm. LXXVII.
(4) Ibidem, serm. LXVII.

paraissent fastidieuses, afin qu'on ne pût mettre en doute l'orthodoxie de sa foi.

L'évêque d'Arles avait plus d'un motif pour tenir à ce que la doctrine de ses sermons fût irréprochable. Ces sermons, en effet, n'étaient pas destinés seulement à être prêchés devant le peuple arlésien ; l'historien de sa Vie, après nous avoir raconté comment, lorsqu'il était empêché d'instruire lui-même les fidèles, il confiait aux prêtres et aux diacres le soin de lire ses homélies, ajoute que lorsqu'un prêtre ou un évêque lui demandait ses sermons, Césaire les donnait volontiers. Bien plus, il les offrait à ceux qui venaient le visiter, afin qu'ils les emportassent et qu'ils en fissent la matière de leurs instructions. Voilà comment ces homélies se répandirent peu à peu dans toute la Gaule, en Italie et même en Espagne. « Il porta ainsi partout la bonne odeur de Jésus-Christ, et toucha même les cœurs de ceux qui ne l'avaient ni vu ni entendu [1]. »

Sa doctrine se répandit aussi avec ses sermons et elle put être contrôlée par tous. Les semi-pélagiens s'en émurent, et, dans les Gaules surtout, où ils se trouvaient nombreux, ils attaquèrent l'enseignement de l'évêque d'Arles. Les partisans de Césaire le défendirent ; mais par suite de la fausse interprétation que la controverse finit par donner de ses homélies, d'injustes soupçons s'élevèrent de toutes parts « contre sa prédication, » dit son historien. Il fut décidé que tous les évêques des provinces situées au-delà de l'Isère, de la Lyonnaise et de la Viennoise, se réuniraient à Va-

---

[1] Vita S. Cæs., lib. I, n. 42, 46.

lence, et que l'évêque d'Arles y viendrait défendre sa doctrine contre ses adversaires. La réunion eut lieu en effet ; mais, retenu par un mal dont il souffrait souvent, Césaire n'y assista point et il envoya à sa place quelques évêques, des prêtres et des diacres. Cyprien, le célèbre évêque de Toulon, prit la parole au nom de son maître, et il prouva au synode, par des textes de la Bible et des saints Pères, qu'un homme, réduit à ses propres forces, sans la grâce prévenante, ne peut pas avancer dans les choses divines ; et c'est lorsqu'il est délivré et racheté par Jésus-Christ qu'il reprend sa véritable liberté. Après avoir cité un grand nombre de textes, Cyprien montra comment, par l'interprétation qu'en donne la tradition apostolique, ils viennent à l'appui de cette doctrine [1]. Le pape Boniface ayant eu connaissance de ce différend, condamna les adversaires de l'évêque d'Arles, et confirma, de son autorité apostolique, son enseignement. C'est là tout ce qui nous reste du Concile de Valence dont les actes sont perdus.

La plupart des auteurs, le cardinal Noris (*Hist. Pelag.*, II, 23), Pagi (*ad ann.* 529, 8), D. Ceillier (t. XI, p. 838), l'Histoire littéraire (t. III, p. 196), et beaucoup d'autres placent ce synode après celui d'Orange. Ils supposent que les décisions du Concile d'Orange ayant rencontré de l'opposition dans la Gaule, Césaire avait convoqué à Va-

---

[1] Plusieurs ont pensé que Césaire lui-même avait écrit un vrai traité sur ces questions et que Cyprien n'avait fait que le lire devant le concile. Ce n'est pas impossible ; mais son biographe, qui paraît être Cyprien lui-même, ne le dit pas.

lence un autre grand synode. Mais, outre que l'évêque d'Arles n'aurait pas convoqué un concile à Valence, ville qui n'était point de sa province, mais de celle de Vienne, la Vie de saint Césaire, seul document original qu'on puisse consulter sur cette assemblée, dit que les évêques se réunirent, *charitatis amore*, sans supposer une convocation de la part de Césaire; elle ne dit pas davantage que ce concile ait eu lieu après celui d'Orange. D'après elle, au contraire, les soupçons élevés sur la doctrine de l'évêque d'Arles prirent naissance, non à l'occasion de ce synode, mais à l'occasion de sa *prédication*, prédication qui était connue de tous, puisque, comme nous l'avons dit, il faisait copier ses sermons et les donnait à tous ses visiteurs. Comment supposer, d'ailleurs, que les évêques de la Gaule aient refusé d'admettre les décisions du Concile d'Orange, lorsqu'elles avaient presque été dictées par Rome et, immédiatement après, confirmées par le pape? Nous n'osons pas le croire. L'historien de saint Césaire dit bien, à la fin de son récit, que le pape Boniface confirma la doctrine de l'évêque d'Arles; mais puisque nous savons, d'une part, que Césaire expliqua et soutint de nouveau cette doctrine à Orange, d'autre part, que Boniface confirma les décisions de ce dernier synode, pourquoi son biographe, en parlant de l'approbation du pape Boniface, n'aurait-il pas eu en vue uniquement l'approbation du Concile d'Orange, qui seule nous est parvenue? Il faut, par conséquent, admettre que le synode de Valence a eu lieu avant celui d'Orange [1].

[1] Cf. Mgr Hefélé, t. III, p. 342.

Retenu par la maladie, Césaire n'avait donc pas assisté au Concile de Valence. Il trouva bientôt une occasion favorable pour exposer et défendre officiellement sa doctrine contre les semi-pélagiens.

Le patrice Libère, préfet du prétoire des Gaules, avait fait bâtir à Orange une église, en reconnaissance d'un double miracle obtenu par l'intercession de Césaire. Son biographe les raconte l'un et l'autre ; il ne sera peut-être pas hors de propos de les rapporter ici.

Un jour que Libère se trouvait dans les environs d'Arles, sur les bords de la Durance, il fut subitement attaqué par des Goths et blessé mortellement. Tandis que ses hommes poursuivaient les meurtriers, Libère, comprenant la gravité de son mal, voulut cependant tenter un suprême effort pour atteindre l'autre rive : il parcourut, en se soutenant à peine, l'espace de cinq cents pas environ ; mais, arrivé en face d'Ernaginum, aujourd'hui Saint-Gabriel, il tomba à bout de force et presque sans vie. Des habitants de ce bourg qui passaient par là s'empressèrent autour de lui. « Nous avons entendu nous-même, dit le biographe de saint Césaire, cet homme illustre nous raconter ces choses, en versant des larmes d'admiration et de reconnaissance sur la bonté de son sauveur. « Il me souvient, nous disait-il, que n'ayant plus qu'un souffle de vie, il me vint à la pensée de m'écrier à ceux qui m'entouraient : « Puisqu'il n'y a plus de remède pour moi, hâtez-vous du moins de prier Césaire de venir à mon secours. » Le messager de Libère trouva l'évêque dans le champ du monastère et il lui dit, tout haletant : « Maître, venez vite ; votre fils veut vous voir avant de mourir. » En peu d'instants nous arrivâmes à Ernaginum.

« Libère était couché, presque sans vie, ne reconnaissant aucun des siens, pas même sa femme et sa fille unique. En ce moment, comme il nous le raconta plus tard, il entendit une voix mystérieuse qui lui parlait : « Voici le saint qui arrive. » Aussitôt j'ouvris les yeux, nous disait-il, et je le vis auprès de moi ; je lui pris les mains et les pressai avec force sur mes lèvres. Puis, inspiré, je crois, par le ciel, je saisis son rochet et l'appliquai sur ma blessure. Un instant après, le sang qui n'avait cessé de couler jusqu'alors, s'arrêta, et non-seulement je sentis la vie revenir en moi, mais avec la vie toutes mes forces ; si bien que j'aurais pu retourner à Arles à cheval, si on m'eût laissé faire. » L'historien qui raconte tous les détails de ce miracle en avait été le témoin oculaire : « Nous étions présent, dit-il, et nous pouvons attester la vérité du fait [1]. »

L'épouse de Libère, Agrétia, se trouvait atteinte de la même maladie que cette femme de l'Évangile, guérie en touchant la robe du Sauveur. « Un jour que j'étais chez elle, dit l'un des biographes de Césaire, elle me pria avec beaucoup d'instance de lui procurer quelque linge dont le saint se servait. Je pouvais faire sans peine ce qu'Agrétia me demandait, car j'entrais librement dans l'appartement de Césaire ; mais je craignis de charger ma conscience en procurant par un vol ce dont elle attendait

---

[1] Vita S Cæs., lib. II, n. 9.

sa guérison [1]. Je fis part de mes scrupules au clerc qui avait soin des vêtements de l'évêque, et il me donna un petit linge que le saint portait sur sa poitrine. Le soir venu, selon notre habitude, nous lui retirâmes les linges qu'il avait sur lui et nous lui en appliquâmes de nouveaux qu'on venait de chauffer : « Ce ne sont pas ceux-là que je veux, nous dit-il ; » et à mesure qu'on lui en montrait d'autres, il les refusait en indiquant clairement celui qu'il désirait. C'était le linge que j'avais pris. Je fis signe à l'autre clerc que nous ne pouvions plus cacher notre vol. Je m'approchai alors et lui dis en tremblant : « Pardonnez-moi, père, c'est moi qui ai le linge que vous demandez : votre fille... » Il m'arrêta et m'attirant affectueusement vers lui, il me présenta un autre linge en disant : « Allez, portez-les tous les deux à la basilique de Saint-Étienne, placez-les sous l'autel et laissez-les toute la nuit. Demain matin vous en donnerez un à la personne qui vous l'a demandé, et vous me rapporterez l'autre. » Je fis exactement ce qu'il m'avait commandé ; il ne réclama jamais plus le linge, ni ne voulut savoir à qui je l'avais donné.

« Agrétia, impatiente de recevoir ce que je lui avais promis, courut à ma rencontre ; et après avoir couvert de baisers le linge du saint, elle le posa sur sa poitrine. Il lui sembla aussitôt qu'une eau fraîche circulait dans tous ses membres, et elle sentit en même temps dans tout son corps une légère douleur suivie d'un petit frisson.

---

[1] Vita S. Cæs., lib. II, n. 11.

Mais, par un effet de la miséricorde de Dieu, son infirmité disparut pour toujours [1]. »

Libère ne crut pas pouvoir mieux témoigner au ciel sa reconnaissance pour ce double bienfait, qu'en élevant une basilique, dans laquelle on chanterait, tous les jours, les louanges de Dieu. Lorsqu'elle fut achevée, il invita plusieurs évêques à sa consécration qui se fit, le 3 juillet de l'an 529 [2], la troisième année du pape Félix IV et d'Athalaric, roi d'Italie. Treize d'entre eux se rendirent, avec Césaire, à l'invitation du préfet des Gaules. Nous les connaissons déjà tous : Cyprien de Toulon, Julien de Carpentras, Constance de Gap, Eucher d'Avignon, Héraclius de Saint-Paul-trois-Châteaux, Philagrius de Cavaillon, Maxime d'Aix, Prétextat d'Apt, Aléthius de Vaison, Vindémialis d'Orange, Lupercien, Principius et un autre Eucher. Ce sont les mêmes qui avaient assisté au Concile de Carpentras.

Après la cérémonie de la consécration, les évêques s'occupèrent d'abord de régler quelques points de discipline, comme ils le disent dans la préface de leur procès-verbal ; ils conférèrent ensuite sur des questions de doctrine. Ils avaient remarqué qu'un grand nombre de fidèles et de prêtres n'avaient pas sur la grâce et le libre arbitre des sentiments conformes à la règle de la foi catholique. « C'est

---

[1] Vita S. Cæs., lib. II, n. 12.

[2] Nous ne nous arrêterons pas à l'erreur de Baronius et d'autres savants qui ont placé le II⁰ Concile d'Orange sous S. Léon le Grand. Les canons du Concile sont signés par S. Césaire et non par S. Hilaire ; les autres évêques qui ont signé avec lui sont aussi du VI⁰ siècle. Le préfet Libère, qui les signe avait été nommé à la préfecture des Gaules par Théodoric le Grand.

pourquoi, ajoutent-ils, de l'avis et par l'autorité du Siège apostolique, nous avons jugé à propos de rédiger et de souscrire de notre main quelques articles, *capitula,* que le Siège apostolique nous a transmis et qui ont été recueillis sur ces matières par les saints Pères, et tirés des saintes Écritures, pour convertir ceux qui sont dans l'erreur. Aussi ceux qui n'avaient pas jusqu'ici la vraie foi au sujet de la grâce et du libre arbitre, doivent, après la lecture de ces *capitula,* tourner leur cœur vers la foi catholique [1]. »

Nous voyons par là que Césaire avait fait connaître à Félix IV les intrigues des semi-pélagiens dans les Gaules, et lui avait même demandé des armes pour lutter contre cette erreur. C'est peut-être à l'occasion des murmures qui avaient provoqué le Concile de Valence que Césaire avait écrit à Félix IV. Dans sa réponse, le pape envoya toute une série d'articles, dont quelques-uns étaient extraits presque mot à mot des écrits de saint Augustin et de saint Prosper [2] ; mais dans sa préface, le synode les désigna comme ayant été émis par les anciens Pères, parce que saint Léon, le pape Gélase, Prosper d'Aquitaine et d'autres avaient formulé ces mêmes propositions de saint Augustin et quelquefois dans les mêmes termes [3].

---

(1) Mansi, t. VIII, p. 712.

(2) S. Prosper avait écrit un poëme contre les semi-pélagiens ; il est devenu célèbre par l'imitation que Louis Racine en a faite.

(3) Binius et d'autres savants, en particulier les bénédictins de S. Maur et Mgr Héfélé, ont cherché avec beaucoup de soin et découvert dans quel livre de S. Augustin ou de S. Prosper avaient été pris les *Capitula* du Concile d'Orange. Ils donnent, après chaque article, l'indication du livre dans lequel on peut en trouver le mot à mot ou au moins le sens.

Ces articles sont insérés dans le procès-verbal du concile. A cause de leur haute importance, on s'est souvent demandé si, tels que nous les avons, ils sont bien exactement ceux qui furent envoyés de Rome, et si le synode n'y ajouta ou n'y retrancha rien. Mais on ne peut faire que des conjectures sur ce point. Ce qui prouve que les Pères du Concile d'Orange, après mûre délibération, avaient au moins ajouté sinon retranché quelque chose à ces articles, c'est que Césaire s'empressa de les faire confirmer par le Siège apostolique immédiatement après le concile : ce qui eût été inutile s'il s'était contenté d'en faire la lecture dans l'assemblée des évêques. Ces articles sont au nombre de vingt-cinq, presque tous appuyés de quelque passage de l'Écriture ; mais quoiqu'ils soient conçus en forme de canons, ils ne finissent point par les anathèmes ordinaires, excepté le vingt-cinquième. Ils disent, en substance, que le péché d'Adam n'a pas nui seulement au corps, mais aussi à l'âme (ce qui était l'erreur de Pélage) ; qu'il n'a pas nui à lui seul, mais qu'il a passé à tout le genre humain ; que la grâce n'est pas donnée à la prière de l'homme, mais qu'elle fait qu'on la demande ; que la purification du péché et le commencement de la foi ne viennent pas de nous, mais de la grâce ; en somme, que, par les forces de la nature, nous ne pouvons rien faire ni penser qui ne tende au salut. Telle est en substance la doctrine des huit premiers canons. Les dix-sept autres ne sont pas tant des canons que des sentences tirées de saint Augustin et de saint Prosper, tendant à prouver la nécessité de la grâce prévenante ;

mais ils n'en font pas moins partie des actes du concile et ils attestent le zèle des évêques pour la saine doctrine.

Après avoir établi ces vingt-cinq articles, le concile conclut par une sorte de profession de foi sur la doctrine de la grâce, dans laquelle il établit les points suivants à l'encontre des semi-pélagiens :

« Nous devons donc enseigner et croire, suivant les passages de l'Écriture rapportés ci-dessus et les définitions des anciens Pères, que, par le péché du premier homme, le libre arbitre a été tellement affaibli, que personne dans la suite n'a pu aimer Dieu, comme il faut, croire en lui ou faire le bien pour lui, s'il n'a été prévenu par la grâce de la divine miséricorde. C'est pourquoi nous croyons qu'Abel le juste, Noé, Abraham, Isaac, Jacob et tous les autres anciens Pères n'ont pas eu par la nature, mais par la grâce de Dieu, cette foi que l'apôtre saint Paul relève en eux ; et après la venue de Notre-Seigneur, cette grâce, en ceux qui désirent le baptême, ne vient pas du libre arbitre, mais de la bonté et de la libéralité de Jésus-Christ. » C'est le contraire de ce que Fauste avait enseigné. Et de peur que l'hérésie prédestinatienne ne se prévalût, quoique sans raison, des articles arrêtés contre les semi-pélagiens, les Pères du concile ajoutèrent, pour frapper en même temps une erreur plus dangereuse : « Nous croyons aussi que tous les baptisés peuvent et doivent, par le secours et la coopération de Jésus-Christ, accomplir ce qui tend au salut de leur âme. Que quelques-uns soient prédestinés ou non par la puissance divine, non-seulement nous ne le croyons pas ; mais si quelqu'un le croit, nous lui disons anathème. Nous confessons aussi que dans toutes les bonnes œuvres, ce n'est pas nous qui commençons, de manière que nous soyons seulement aidés par la miséricorde de Dieu, après avoir commencé par nous-mêmes ; mais c'est Dieu qui, sans aucun bon mérite précédent de notre part, nous inspire la foi et son amour, afin que nous recherchions fidèlement le sacrement de baptême, et, qu'après le baptême, nous puissions avec son secours accomplir les choses qui lui sont agréables. D'où il est évident que nous devons croire que la foi du bon larron, appelé par le Sauveur à la patrie du paradis, et celle du centurion Corneille à qui l'ange du Seigneur fut envoyé, de même que celle de Zachée qui mérita de recevoir le Seigneur, ne venait pas de la nature, mais de la libéralité de Dieu [1]. »

Les évêques, non contents de souscrire cette définition de foi, la firent encore signer par huit laïques, qualifiés d'illustres, qui avaient assisté à la cérémonie de la consécration, parmi lesquels le patrice Libère. Leur but, comme ils le disent eux-mêmes, était que cette définition de foi servît aussi à désabuser ceux des laïques que les semi-pélagiens auraient pu infecter de leurs erreurs.

Les évêques étaient à peine séparés, que Césaire envoya à Rome le prêtre Arménius avec une lettre pour le pape, lui faisant connaître les actes du concile, et une autre pour

---

[1] Un théologien du dernier siècle trouva ces décrets si instructifs qu'il les publia en français avec des remarques : *Le Concile de la grâce, ou explication des canons du IIe Concile d'Orange, par André Dabillon.*

son ami Boniface, qui occupait à Rome une haute position ; il le priait d'obtenir du pape Félix une confirmation qui tenait fort à cœur à l'évêque d'Arles, car elle devait donner à ses décisions une autorité indiscutable, devant laquelle se soumettraient les évêques même qui n'avaient pas assisté au Concile d'Orange. Le pape Félix mourut sur ces entrefaites, et ce fut Boniface qui lui succéda. Devenu pape, Boniface II s'empressa de répondre au désir de son ami et lui écrivit une lettre datée du 25 janvier 530 [1]. Il disait à Césaire : « Le prêtre Arménius, notre fils, nous a remis les lettres que vous nous adressiez en souvenir de notre ancienne amitié, avant de connaître notre élévation au souverain pontificat. Vous nous demandiez de nous employer auprès du pape Félix, notre prédécesseur d'heureuse mémoire, pour en obtenir la confirmation de ce que vous avez défini pour la défense de la foi. Mais puisque la volonté de Dieu en a ainsi disposé et que c'est à nous de vous accorder ce que vous espériez obtenir d'un autre par notre intermédiaire, nous ne voulons pas différer de répondre à la demande que vous nous adressez par une si louable sollicitude... » Le pape se prononce ensuite, d'une manière très explicite, contre ce principe des semi-pélagiens que, sans la grâce prévenante et par leurs propres forces, certains hommes

---

[1] Cette date n'offre aucune difficulté pour ceux qui admettent que Félix IV est mort au mois de septembre 529, opinion aujourd'hui la plus probable. Mais elle devient impossible pour ceux qui ne font mourir Félix IV qu'en septembre 530 ; dans cette hypothèse, on croit que la lettre de Boniface II serait du 25 novembre ou décembre 530, au lieu d'être du 25 janvier de la même année. L'indication de date qu'elle contient permettrait cette variante. Telle est l'opinion des bénédictins de S. Maur. (Cf Mgr Héfélé, t. III., p. 341).

pouvaient arriver à la foi en Jésus-Christ. Et non-seulement il approuva la doctrine établie dans le Concile d'Orange, mais il produisit lui-même plusieurs textes nouveaux pour les confirmer avec plus d'autorité, « grandement étonné, dit-il, qu'il y eût encore des fidèles n'ayant pas une foi bien orthodoxe sur ces matières. » Boniface, à la fin de sa lettre, disait à Césaire : « Nous espérons de la divine miséricorde, qu'elle opèrera tellement, par la doctrine que vous venez d'établir et par votre ministère, dans le cœur de tous ceux que vous nous avez marqués être d'un sentiment opposé, qu'ils reconnaîtront à l'avenir que toute bonne volonté vient de Dieu et non d'eux-mêmes, suivant ces paroles du Sauveur : *Sans moi vous ne pouvez rien.* C'est pourquoi, recevant votre confession de foi avec l'affection que vous méritez, nous l'approuvons comme étant conforme aux règles catholiques des Pères [1]. »

L'approbation du Saint-Siège concilia tant d'autorité au II⁰ Concile d'Orange, que les décisions de quatorze évêques furent reçues de toute l'Église, et elles sont devenues des règles de foi contre lesquelles il n'a plus été permis de s'élever, sans se déclarer hérétique. « Ainsi se termina, ajoute le P. Sirmond, cette dispute si importante qui, durant plus de cent ans, avait échauffé, les uns contre les autres, des hommes très saints et très savants [2]. » On voit quelle part revient à l'évêque d'Arles dans ce triomphe de la vraie foi, et combien ses efforts constants aussi bien

---

[1] Mansi, t. VIII, p. 742 ; Sirmond, t. I, p. 605 ; Mgr Héfélé, t. III, p. 330.
[2] Sirmond, t. I, p. 607.

que son érudition profonde contribuèrent à le rendre plus prompt et plus complet. D'autres ont pu écrire de nombreux et beaux ouvrages contre les hérétiques et s'attirer la reconnaissance de l'Église : Césaire mérite, à leurs côtés, une place d'honneur, par la prudence, la fermeté, la science avec lesquelles il combattit les semi-pélagiens, et par la belle victoire qu'il remporta sur eux. Et ce n'est pas une louange exagérée que de l'appeler, avec le cardinal Noris et Tillemont, « le *Fulgence des Gaules,* » et, avec les auteurs de l'Histoire littéraire, « l'*Augustin de l'Église gallicane* [1]. »

Rentré à Arles après ces fameuses conférences d'Orange, Césaire n'y devait pas rester longtemps. Comme nous l'avons vu, les Pères du Concile de Carpentras avaient indiqué un synode, pour l'année suivante, à Vaison. Pour des raisons que l'histoire ne dit pas, ce concile ne put se réunir que deux ans après, le 6 novembre de cette année 529. Il s'y trouva onze évêques, sous la présidence de Césaire : Coutuméliosus de Riez, Constant de Gap, Cyprien de Toulon, Maxime d'Aix, Porcianus de Digne, Héraclius de Saint-Paul-trois-Châteaux, Eucher d'Avignon, Gallican d'Embrun, Prosper de Vence, Vindémialis d'Orange et Aquitanus qui devait être l'évêque de Vaison. C'était quatre mois après la célébration du synode d'Orange, ainsi qu'il est dit dans la préface du procès-verbal [2].

---

(1) En souvenir de sa victoire sur les semi-pélagiens, S. Césaire avait porté jusqu'à ces dernières années, dans l'église d'Arles, le titre de Docteur. Elle récitait, le jour de sa fête qui se célèbre le 27 août, l'office des Docteurs, et il partageait cet honneur avec deux autres grands évêques de l'Église des Gaules, S. Irénée de Lyon et S. Hilaire de Poitiers. (Propre d'Arles).

(2) Cf. MANSI, t. VIII, p. 725 ; SIRMOND, t. I, p. 225 ; Mgr HÉFÉLÉ, t. III, p. 344.

Le synode de Vaison n'avait pas d'autre but que de conserver l'amour et la concorde parmi les évêques, et de remettre en mémoire les règles ecclésiastiques. Après la lecture des anciens décrets, qui fut faite, selon l'usage, au commencement de la réunion, les évêques présents, ne les ayant pas violés, rendirent grâces à Dieu, et dressèrent cinq nouveaux canons qui ont trait à la discipline et à la liturgie. Les voici :

I. — Dans les paroisses, tous les prêtres doivent, ainsi que la salutaire coutume s'est déjà introduite dans toute l'Italie, prendre dans leur maison les jeunes lecteurs *qui ne sont pas mariés*, afin de les instruire dans le chant des psaumes, *psalmos parare*, dans la doctrine de l'Église et dans la loi de Dieu, pour se préparer par là de bons successeurs. Toutefois, si plus tard ces lecteurs veulent se marier, on ne devra pas leur en refuser la permission.

Comme on le voit, c'est un premier commencement de séminaire que les Pères de Vaison avaient en vue. Cette décision est remarquable à plus d'un titre, et elle devait produire dans l'Église des Gaules de magnifiques résultats. Elle a été rappelée par M. Guizot, qui la traduit de cette façon : « Ainsi que c'est la salutaire coutume dans toute l'Italie, que les prêtres reçoivent dans leurs maisons de jeunes lecteurs qu'ils instruiront et en qui ils se prépareront de dignes successeurs [1]. » Il est fâcheux que les mots soulignés aient été omis dans cette traduction ; ils ont cepen-

---

[1] *Histoire de la civilisation*, 4e tableau.

dant leur importance contre ceux qui, oubliant le IIIe canon du Concile d'Agde après beaucoup d'autres, prétendent que le mariage des prêtres était toléré à cette époque et que le célibat ecclésiastique fut une des hardies entreprises de Grégoire VII. Ce décret de Vaison fut confirmé, deux ans plus tard, par le Concile de Tolède, qui statua que les enfants, voués à la cléricature, seraient instruits près des évêchés jusqu'à l'âge de 18 ans, époque à laquelle ils pourraient se consacrer au célibat ou bien se marier.

II. — Les prêtres doivent prêcher, non-seulement dans les villes, mais encore dans toutes les paroisses de la campagne. S'ils en sont empêchés pour cause de maladie, un diacre doit, à leur place, lire une homélie d'un Père de l'Église ; car, si les diacres sont dignes de réciter ce que Jésus-Christ a dit dans le saint Évangile, pourquoi les jugerait-on indignes de lire publiquement les expositions que les Pères en ont faites.

Ce canon est dû, sans aucun doute, à l'initiative de Césaire ; nous voyons, en effet, dans sa Vie, qu'il avait établi cet usage dans son église d'Arles, et il s'appuyait sur la même raison : « S'ils peuvent lire dans l'église les saintes Écritures, c'est-à-dire la parole de Dieu lui-même, ils peuvent bien lire aussi les écrits d'Ambroise, d'Augustin et de ma petite personne [1]. »

III. — Ainsi que cela se pratique à Rome, en Orient et dans toute l'Italie, on récitera souvent dans nos églises

---

[1] Vita S. Cæs., lib. I, n 41.

le *Kyrie eleison,* afin d'exciter les fidèles à la contrition de leurs fautes ; on le chantera donc à Matines, à la Messe et aux Vêpres. On doit aussi, à toutes les messes, tant aux messes du matin qu'à celles du Carême et des morts, dire trois fois *Sanctus,* comme on le fait aux messes solennelles.

Ces mots, *Missa matutinalis,* doivent donc s'entendre ici dans le sens ordinaire du mot messe ; c'est pour la distinguer du service divin plus solennel, *Missa publica* [1].

IV. — Le nom du pape vivant doit être lu dans les diptyques ou bien dans les prières de la liturgie.

V. — En Orient, à Rome, en Afrique et en Italie, après le *Gloria Patri,* on ajoute ces mots : *Sicut erat in principio,* à cause des hérétiques qui nient l'éternité du Fils de Dieu ; on fera de même dans toutes nos églises.

Les Goths qui, en ce moment, étaient les maîtres de la ville et de la province d'Arles, étaient ariens ; et l'on conçoit que les évêques se soient préoccupés de prémunir leurs fidèles contre cette erreur, en les en éloignant par une protestation solennelle et continue. Mais les barbares, quoique infectés de l'hérésie, s'en occupaient assez peu.

Mgr Héfélé dit que Gratien, dans son Recueil, ajoute un autre canon aux cinq que nous venons de citer ; ce canon défend de percevoir une rémunération pour les sépultures. Mais il appartient à un autre synode.

Boniface II dut approuver les actes de ce nouveau concile : les liens d'amitié qui l'unissaient à l'évêque d'Arles,

---

[1] Cf. Du Cange, *Glossar.*, t. IV, p. 821.

l'empressement qu'il avait mis à satisfaire son désir au sujet du Concile d'Orange, tout faisait un devoir à Césaire de lui envoyer les actes du synode de Vaison. Mais rien n'est resté de cette correspondance. Boniface II mourut peu de temps après, au mois de décembre 531. Jean II lui succéda. C'est avec ce dernier que Césaire eut l'occasion de traiter une affaire difficile dont nous devons parler maintenant.

L'évêque de Riez, Contuméliosus, que nous avons vu assister à tous les conciles présidés par l'évêque d'Arles, oublia les règles qu'il avait souscrites, et manqua gravement aux devoirs les plus sacrés de son ordination. La nouvelle en arriva aux oreilles de Césaire qui, trouvant la chose trop importante pour être jugée par lui seul, s'empressa de convoquer une réunion des évêques de sa province, à Marseille, et y appela le coupable pour se défendre des accusations portées contre lui.

Cette affaire n'était connue, jusqu'à ces derniers temps, que par les lettres du pape Jean II et celles d'Agapet, dont nous aurons à parler plus loin. Mais, il y a quelques années, le docteur Knust a découvert dans un manuscrit de la bibliothèque de Darmstadt, le procès-verbal du concile tenu à Marseille, en 533, au sujet de Contuméliosus. Comme on ne trouve pas l'évêque de Marseille, parmi ceux qui ont signé les actes du synode, il ne serait pas impossible que Césaire les eût réunis dans cette ville pour l'ordination de son évêque, lequel serait, dans ce cas, le dernier de ceux qui ont signé, c'est-à-dire Auxanius.

Césaire venait souvent à Marseille ; son diocèse s'étendait jusqu'aux portes de cette ville et il devait même la dépasser pour visiter les paroisses qu'il possédait au-delà. Le biographe raconte un miracle fait, on ne sait dans lequel de ses voyages, mais qui trouve ici sa place.

Une noble et pieuse dame s'était si malheureusement foulé le pied, que, depuis longtemps, elle ne pouvait plus l'appuyer sur le sol ; elle venait à l'église, portée par ses serviteurs et au milieu des plus vives souffrances. Dieu permit, dans sa miséricorde, que Césaire passât par Marseille, sur ces entrefaites. A cette nouvelle, la pieuse dame se rendit auprès de lui, pour le saluer ; et, après lui avoir demandé le secours de ses prières avec une bénédiction toute spéciale, elle se retira, sans oser dire à l'évêque le but secret de sa visite. Mais en sortant, elle se fait porter près du cheval de Césaire, et, inspirée par sa foi, elle prend la couverture étendue sur la selle et en enveloppe le pied malade. La guérison fut instantanée et la pieuse dame retourna dans sa demeure, sans aucun aide, et comme si jamais elle n'avait eu de mal [1].

Césaire présida le Concile de Marseille ; d'après sa suscription, l'assemblée se tint le 25 mai 533 [2]. Quatorze évêques et un abbé qui représentait son évêque y assistèrent et en signèrent les actes. Parmi eux, nous connaissons déjà : Cyprien de Toulon, Prétextat d'Apt, Eucher d'Avignon, Maxime d'Aix, Porcianus de Digne, Prosper de

---

[1] Vita S. Cæs., lib. II, n. 20.
[2] Cf. Mgr Héfélé, t. III, p. 356.

Vence, Héraclius de Saint-Paul-trois-Châteaux, Aléthius de Vaison, Vindémialis d'Orange. Le synode porte encore les signatures d'un second Eucher, de Rusticus, de Pontadius, de Rodanius, d'Auxanius, dont on ne connaît pas les sièges, et celle de l'abbé Valentinus délégué, dit-il, par son évêque, Philagrius de Cavaillon.

Le procès-verbal du concile nous apprend que les mauvais bruits qui couraient au sujet de Contuméliosus avaient donné lieu à la réunion du synode. On reprochait à l'évêque de Riez d'avoir scandalisé son peuple par sa mauvaise conduite et d'avoir volé les biens de son église. Il est dit encore qu'au commencement du concile, l'évêque n'avait pas fait d'aveu; mais ensuite, convaincu par les dépositions des témoins, il déclara lui-même qu'il était un grand pécheur, toutefois, paraît-il, d'une manière assez vague. Le synode le condamna à faire pénitence dans un couvent, ce à quoi Contuméliosus se résigna de bon cœur, après avoir restitué, sur son bien propre, ce qu'il avait pris à l'église.

Tels sont, en substance, les actes du Concile de Marseille. Césaire s'empressa d'envoyer au pape, en son nom et en celui de ses collègues, la décision prise dans le synode contre Contuméliosus, et le détail de tout ce qui s'était fait. Le pape Jean II répondit à cette communication par trois courtes lettres adressées, l'une à Césaire, la seconde aux évêques des Gaules, et la troisième aux prêtres et aux diacres de l'Église de Riez. Les deux dernières de ces lettres sont datées du 7 avril 534; comme elles contiennent exactement, toutes trois, les mêmes choses, on pense que le pape aura fait connaître, le même jour, son jugement aux trois parties intéressées, au métropolitain, aux évêques de la province et au clergé de Riez. Elles ont donc été écrites après le synode de Marseille et sont la réponse aux décisions de cette assemblée.

Jean II disait à Césaire : « Rien ne nous afflige comme la chûte d'un évêque ; nous devons cependant observer les canons dans toute leur rigueur, et, en vertu de notre autorité, nous suspendons de l'épiscopat celui qui est si tristement tombé. Tant de crimes sont incompatibles avec le ministère sacré. Ordonnez-lui donc de se retirer dans un monastère pour y faire pénitence et pleurer ses péchés, afin qu'il puisse, un jour, trouver miséricorde aux yeux de Celui dont la miséricorde est infinie, et, à sa place, établissez un visiteur, en attendant que cette église puisse avoir un autre évêque.... » Jean II, à la suite de sa lettre à l'évêque d'Arles, avait réuni une série d'anciens canons, tendant à prouver qu'antérieurement on avait déjà prononcé la déposition contre des clercs indisciplinés.

Le pape écrivait au clergé de Riez : « Nous avons reçu des évêques des Gaules, nos frères, un mémoire où ils nous disent que Contuméliosus est convaincu de plusieurs crimes et qu'il en a fait lui-même l'aveu ; comme il est jugé indigne de l'épiscopat, nous vous donnons, à sa place, un visiteur..... Nous confions le soin de toute cette affaire à notre frère, Césaire, évêque d'Arles : il réglera tout selon qu'il le jugera utile. » La lettre aux évêques était à peu près la même.

Ainsi le pape allait plus loin que le concile. Celui-ci en effet n'avait porté qu'une ordonnance au sujet de la pénitence à subir dans un monastère ; le pape en portait trois : il voulait que Contuméliosus fût enfermé dans un monastère, qu'il fût déposé, et qu'un visiteur le remplaçât dans le diocèse de Riez pour ce qui concerne les saints mystères, sans qu'il pût faire les ordinations ni disposer des revenus de l'église.

Lorsque les lettres pontificales arrivèrent dans les Gaules, déjà Contuméliosus avait quitté son siège et commencé sa pénitence. Après qu'il eut passé quelques mois dans un monastère, plusieurs des évêques qui l'avaient condamné pensèrent qu'il ne devait pas être déposé pour toujours, mais que, la pénitence accomplie, il pouvait remonter sur son siège ; ils avaient donc proposé de le réintégrer dans ses fonctions. Césaire envoya alors à ces évêques la lettre du pape qu'il avait reçue dans l'intervalle, lettre qui prononçait la déposition et à laquelle il ajouta lui-même des canons, rendus soit dans le Concile de Nicée, soit dans d'autres conciles, au sujet de la déposition d'un évêque. Il fit précéder tous ces documents d'un discours à ses comprovinciaux, afin de convaincre ceux qui voulaient des ménagements pour Contuméliosus, et de les amener à prononcer la déposition contre le coupable, en leur montrant qu'il était impossible à celui qui avait été condamné à une pénitence d'être réintégré dans ses fonctions [1]. En effet, la déposition fut prononcée.

---

(1) Cette Exhortation se trouve dans la Collection des Conciles, à la suite de la lettre du pape Jean II. Césaire y cite S. Cyprien, S. Chrysostôme, Fauste (Lettre sur le célibat des clercs), et les canons de Nicée et des conciles d'Afrique et des Gaules. Son éloquence et la force de son raisonnement, dans ce discours, sont à la hauteur de son érudition.

Sur ces entrefaites, le pape Jean II mourut, le 26 avril 535. Contuméliosus, fatigué de sa pénitence et désireux de remonter sur son siège, profita de l'avénement du nouveau pape, pour faire appel du jugement porté contre lui par l'évêque d'Arles. Il écrivit à Rome et induisit Agapet en erreur, en racontant les faits d'une manière favorable pour lui, sans dire que la déposition avait été prononcée par le pape Jean II, et que, depuis deux ans déjà, il avait quitté son siège par suite de ce jugement. Ainsi trompé par l'évêque coupable, Agapet écrivit à l'évêque d'Arles pour suspendre l'effet de la première sentence, à cause de l'appel interjeté par l'accusé, et pour nommer un tribunal qui ferait sur cette affaire une nouvelle enquête. Toutefois, il veut qu'en attendant la sentence, Contuméliosus, revenu, paraît-il, à Riez, s'abstienne d'administrer les biens de son Église et de célébrer la messe (18 juillet 535).

On ignore comment se termina cette affaire et ce que devint Contuméliosus. Les documents que possède l'histoire ne nous disent rien autre. Mais, quoiqu'on ne puisse faire que des conjectures sur les derniers pourparlers qui eurent lieu entre le pape et l'évêque d'Arles, il semble évident que celui-ci, en recevant la lettre d'Agapet, s'empressa de faire connaître les faits au Saint-Siège et de les rétablir dans leur vérité. De son côté, Agapet, en apprenant que Césaire n'avait agi que d'après l'avis de Jean II, et avec toute la prudence requise dans ces circonstances, dut confirmer la sentence du Concile de Marseille, sans donner suite à son projet de faire de nouvelles procédures.

Le dévouement de l'évêque d'Arles au Siège apostolique, sa déférence pour les décisions qui en émanaient, son zèle dans la répression des abus et l'observation des règles disciplinaires, d'autre part, l'estime et le respect que tous les souverains Pontifes eurent pour lui [1], nous sont trop connus, pour que nous puissions conclure autrement cette affaire délicate et voir un blâme dans la lettre d'Agapet.

Le pape Vigile écrivait, quelques années plus tard, à Auxanius, successeur de Césaire : « Grâce à Dieu, les exemples ne vous manqueront pas pour vous porter à bien faire ; ceux de votre prédécesseur pourraient à eux seuls vous suffire. Il a toujours reçu avec respect les enseignements du Saint-Siège et y a conformé en tout sa conduite. » Que peut-on désirer de plus que ce témoignage, en faveur des sentiments de l'évêque d'Arles ?

Une fois encore, dans le cours de ces années si remplies, nous avons pu constater l'énergie infatigable de Césaire à faire observer les lois de l'Église et à lutter contre le relâchement général des mœurs. Aux époques malheureuses, aux siècles de décadence, Dieu proportionne toujours à l'impétuosité du torrent, la puissance des obstacles

---

(1) Pendant les 40 ans que dura son épiscopat, Césaire vit passer neuf papes sur le Saint-Siège. Il eut des relations avec tous et les lettres que sept d'entre eux lui écriviront ont été conservées. Symmaque (498-514) lui adressa trois lettres ; Hormisdas (514-523), deux ; on n'a rien de Jean I (523-526). Félix IV (526-529), Boniface II (529-531) confirmèrent, à sa demande, l'un, le Concile d'Arles, l'autre, celui d'Orange. Jean II (532-535) lui écrivit au sujet de Contuméliosus ; Agapet (535-536) lui adressa deux lettres ; nous n'avons rien de Silvère (536-537) ; Vigile (537-555) lui écrivit au sujet des mariages incestueux. Cf. LABBE et SIRMOND.

qui le doivent contenir. Si grands, si nombreux que fussent les dérèglements et les abus au VI⁰ siècle, ils trouvèrent quelque chose de plus grand encore, le courage et la vigilance des évêques que Dieu avait placés à la tête de son Église pour les combattre et pour les réprimer.

CHAPITRE VI

L'ÉCOLE D'ARLES. — LES SERMONS DE CÉSAIRE.

Décadence des lettres au VIe siècle. — Fin des écoles municipales. — Caractère de la littérature de cette époque. — Les écoles épiscopales; enseignement qu'on y donnait. — L'école d'Arles sous Césaire. — Son zèle pour l'instruction de ses clercs. — Disciples de Césaire: Cyprien, Firmin, Vivence, Étienne, Messien, Theudère, Florien. — Éloquence de Césaire, simple, familière. — Césaire et ses contemporains : Avit de Vienne, Sidoine Apollinaire, Ennodius. — Sermon de Césaire sur *la Charité*. — Amour de Césaire pour son peuple. — Homélie pour le jour de Pâques. — Son zèle pour la parole de Dieu ; il prêche tous les dimanches. — Ce qui nous reste de ses sermons. — Il explique l'Écriture; les deux écoles d'interprétation. — Césaire préfère les Pères grecs. — Il s'élève contre les superstitions païennes. — Sa vie est une prédication continuelle.

Parmi les œuvres de Césaire, plusieurs ont été perdues : on ne saurait trop le regretter. De toute sa correspondance, qui dut être considérable, si l'on en juge par les conciles qu'il convoqua, par les relations qu'il eut avec le Saint-Siège, avec les évêques et avec tous les grands hommes de son temps, il ne nous reste qu'une lettre à Symmaque, une autre à Rurice, évêque de Limoges, une à Oratorie et deux à Césarie, sa sœur. Nous avons parlé de ses deux Règles *aux Moines et aux Vierges*, des actes des conciles qu'il dut rédiger en grande partie. Nous parlerons plus loin de son testament. Il nous faut maintenant examiner ses sermons qui occupent, sans contredit, la première place parmi ses œuvres.

Mais avant d'entrer dans cette étude et de porter sur les sermons de l'évêque d'Arles un jugement quelconque, il est bon de jeter un coup-d'œil rapide sur l'état des lettres au commencement du VIe siècle. Il nous sera plus facile d'apprécier à leur juste valeur les homélies de Césaire, monument presque unique qui nous soit resté de la littérature de cette époque. Nous n'avons pas la prétention de dire sur ce sujet quelque chose de nouveau ; qu'il nous suffise de résumer les savants travaux des maîtres éminents qui ont parcouru avant nous ces âpres sentiers ; trop heureux serons-nous de les suivre et de profiter de leurs recherches [1].

Le IVe siècle avait été l'âge d'or de la littérature chrétienne. Il avait produit cette pléiade admirable de grands génies qui brillèrent d'un si bel éclat au sein de l'Église et dont les œuvres exciteront l'admiration de tous les siècles. La littérature païenne, quoique en pleine décadence, se soutenait encore, grâce à la position honorable que l'empire avait faite aux maîtres qui enseignaient dans ses écoles. Au Ve siècle, la décadence fait des progrès effrayants. Çà et là, on trouve encore quelques vestiges remarquables des deux littératures, mais elles n'élèvent plus

---

[1] Cf. AMPÈRE, *Histoire littéraire de la France*, t. II, ch. VIII et suiv.— GUIZOT, *Histoire de la Civilisation en France*, leç. XVIe. — OZANAM, *Études Germaniques*, t. II, ch. IX.

leur vol aussi haut ; et l'on pressent le jour bien proche, où elles disparaîtront dans l'abîme que creusent les invasions. Le contact des Barbares, qui remplirent ce siècle de leurs dévastations, ne pouvait produire d'autre résultat. La littérature profane surtout ne jette plus que quelques lueurs, et dès le commencement du VIe siècle, toute la culture païenne, pendant longtemps si florissante, a disparu ; son foyer s'est éteint. Les brillantes écoles municipales, répandues depuis de longues années sur tous les coins de l'empire et qui, dans la Gaule en particulier, étaient devenues pour la plupart très célèbres, sont fermées au VIe siècle. Elles avaient dû, en grande partie, leur prospérité aux larges subventions fournies par le gouvernement impérial, qui rétribuait généreusement les rhéteurs et leur donnait accès aux plus hautes charges. Les Barbares n'aimaient pas assez les lettres pour subvenir aux dépenses des établissements littéraires, et pour entourer du même respect les hommes qui leur consacraient leur talent et leur vie. Pouvait-on attendre autre chose de peuples grossiers qui, dépouillés de toute culture intellectuelle, n'avaient de goût que pour la guerre, la chasse et le brigandage ?

Une autre cause de la disparition des écoles païennes était la disparition des païens eux-mêmes. Le christianisme avait déteint considérablement sur les philosophes païens ; ceux-ci avaient subi peu à peu l'influence des idées chrétiennes, si bien que, au VIe siècle, l'assimilation était presque complète, et les esprits supérieurs des deux religions se rencontraient dans un même langage. Qu'on en juge par ces paroles d'un contemporain de saint Césaire.

Le philosophe païen Simplicius dit dans la prière qui termine son commentaire de l'Enchiridion d'Epictète : « O Seigneur, père, auteur et guide de notre raison, permets que nous n'oubliions jamais la dignité dont tu décoras notre nature! Fais que nous agissions comme des êtres libres ; que, purifiés de toute passion déréglée, nous sachions, si elles s'élèvent, les combattre et les gouverner ! Guidé par la lumière de la vérité, que notre jugement nous attache aux choses véritablement bonnes ! Je te supplie, ô mon Sauveur, de dissiper les ténèbres qui couvrent les yeux de nos âmes, afin que nous puissions, comme le dit Homère, distinguer et l'homme et Dieu [1]. » Le chrétien Boèce n'aurait pas parlé autrement.

Les écoles païennes de la Grèce survécurent à celles d'Italie et des Gaules. A Athènes elles furent fermées vers l'an 531, faute d'auditoire ; les païens les avaient occupées, sans interruption, depuis Julien l'Apostat.

Aux écoles municipales succédèrent les écoles ecclésiastiques, écoles cathédrales ou épiscopales, écoles monastiques, écoles de campagne, dont le Concile de Vaison s'était occupé (529) ; et à partir de la substitution des écoles chrétiennes aux écoles païennes, la littérature profane disparaît, la littérature sacrée reste seule. Les lettres ne conduisaient plus ni aux richesses, ni aux honneurs ; dès lors à quoi bon s'y livrer ? Aussi les laïques n'écrivent plus, et parmi les clercs, à peu près tous traitent des sujets religieux.

[1] Cité par Chateaubriand, *Études historiques*, p. 309.

On a dit, en parlant du VIe siècle, et c'est le jugement que portent presque tous les historiens, que ce fut un temps « d'apathie et de stérilité morale, un temps livré à la lutte désordonnée des forces matérielles, où l'intelligence était sans développement et sans pouvoir. » Ceux qui parlent ainsi ne connaissent pas le VIe siècle, ou, s'ils le connaissent, ils ne l'ont pas compris. L'époque, dont il s'agit, ne nous offre plus, il est vrai, cette littérature païenne, littérature spéculative qui poussait les esprits à l'étude, pour le plaisir et la gloire que l'étude procurait. Le but de la littérature, au VIe siècle, est pratique avant tout ; la science est un moyen d'action. Aussi, malgré la décadence profonde que nous constatons, l'activité littéraire est encore grande ; et, devant la fécondité de ce temps, nous cherchons en vain « l'apathie et la stérilité » dont on l'accuse. Car cette époque fut vraiment féconde ; elle produisit un monde d'écrits ; si l'on y trouve peu de livres destinés à l'avenir, c'est que les esprits étaient trop préoccupés du présent pour songer au lendemain. Mais, quoique un grand nombre de ces ouvrages ne soient pas arrivés jusqu'à nous, nous savons qu'ils ont existé ; c'étaient des sermons, des règlements, des lettres, des vies de saints composées pour la consolation et l'édification des contemporains. M. Guizot, dans la leçon XVIe de l'Histoire de la Civilisation en France, a caractérisé admirablement en quelques lignes la littérature de cette époque. « Dans les beaux temps de la Grèce et de Rome, dit-il, et dans les Gaules jusqu'à la chûte de l'empire romain, on étudiait et on écrivait pour le seul plaisir d'étudier, de savoir, pour se procurer à soi et aux autres des jouissances intellectuelles. Au VI° siècle, il en est tout autrement : on n'étudie plus pour savoir, on n'écrit plus pour écrire. Les écrits, les études prennent un caractère pratique ; quiconque s'y livre aspire à agir immédiatement sur les hommes, à régler leur action, à gouverner leur vie, à convertir ceux qui ne croient pas, à réformer ceux qui croient et ne pratiquent pas. »

Les écoles épiscopales étaient devenues le foyer unique de cette littérature. Elles se multipliaient de jour en jour. Chaque siège avait la sienne ; quelquefois même il y en avait plusieurs dans un diocèse. « Les écoles épiscopales qui se formaient autour et pour ainsi dire à l'ombre de chaque évêché, dit M. Ampère, paraissent avoir eu un but et un emploi très restreints : elles étaient destinées à fournir aux besoins de l'église et de l'évêque ; on s'attachait surtout à y former des lecteurs et des chanteurs pour l'office divin. Le mot école se prenait pour ce qui entourait l'évêque, pour ce groupe de jeunes clercs, de lecteurs, de chanteurs qu'on appelait indifféremment l'école ou la troupe de l'évêque. C'étaient plutôt des séminaires que des écoles proprement dites [1]. » Tel fut, en effet, le premier but que se proposèrent les évêques en s'entourant de jeunes clercs. Mais M. Ampère convient que, après les éléments de lecture, d'écriture et de chant qui répondaient à ce premier besoin de l'église, l'enseignement devenait plus complet et n'était autre que celui qu'on donnait dans les écoles monastiques dont le niveau intellectuel fut plus

---

[1] AMPÈRE. *Hist. littéraire de la France* t. II, ch. VI.

élevé. Cet enseignement comprenait la théologie, la philosophie, quelquefois un peu de lettres profanes [1], la rhétorique, la grammaire, la géométrie et l'astrologie, surtout dans leurs rapports avec la religion ; l'explication de l'Écriture sainte et la lecture des saints Pères y occupaient une grande place ; la poétique au contraire ne faisait presque plus partie du programme. Saint Avit cessait d'écrire en vers, parce qu'on ne le comprenait plus : *nec in eo immorari, quod paucis intelligentibus mensuram syllabarum servando canat.* Son ami Viventiole le lui reprochait. L'évêque de Vienne, dans un sermon prêché à Lyon, avait fait longue la pénultième de *politur*. Viventiole s'indigne contre lui ; il lui reproche d'oublier ses auteurs ; Virgile n'a-t-il pas fait cette syllabe brève ? Et saint Avit lui répond une lettre d'excuses ; il prétend toutefois que c'est par licence que Virgile l'a fait. Mais ces intéressantes discussions d'amis étaient rares.

D'ordinaire l'évêque lui-même donnait des leçons dans l'école, et il ne laissait ce soin aux clercs plus savants que lorsqu'il était empêché. C'est ce qui explique comment les écoles épiscopales eurent plus ou moins d'éclat, selon que les évêques, qui étaient à leur tête, avaient plus ou moins de mérite et de réputation.

---

[1] Nous ne pensons pas cependant que Césaire ait jamais enseigné les lettres profanes dans l'école d'Arles ; nous connaissons trop son antipathie contre elles. Et c'est, croyons-nous, un charmant contre-sens que fait M. Ampère, lorsqu'il traduit ces mots de la Règle de S. Césaire : *omnes litteras discant*, de cette façon : « qu'elles apprennent *toutes les lettres* ; » s'appuyant sur ce texte pour dire que l'évêque d'Arles avait voulu que ses religieuses s'adonnassent à l'étude des lettres profanes comme à celle des lettres sacrées.

Il n'y en eut pas de plus florissante, dans ce siècle, que l'école d'Arles. C'était une des plus anciennes dans la Gaule ; sa fondation remontait à saint Hilaire qui l'avait établie auprès de la basilique de Saint-Etienne et de la maison de l'évêque [1], Césaire, qui y donnait lui-même des leçons, l'éleva à son apogée. La douceur de son caractère, la simplicité de sa parole, en même temps que sa haute intelligence des choses qu'il expliquait, prêtaient à son discours une grâce qui charmait ses auditeurs et que ne peuvent dissimuler ses disciples. Quand il expliquait les saintes Écritures, l'évêque d'Arles aimait qu'on l'interrogeât dans les endroits plus difficiles, et il se plaignait souvent qu'on ne lui posât pas assez de questions. « C'était pour lui une très grande joie, disent ses biographes, lorsque quelqu'un le provoquait à expliquer quelque point obscur, et lui-même nous y excitait fréquemment : « Je sais que vous ne comprenez pas tout ce que nous disons ; pourquoi ne nous interrogez-vous pas, afin de pouvoir l'entendre? Les vaches ne courent pas toujours au-devant des veaux ; souvent aussi les veaux accourent aux vaches, pour apaiser leur faim aux mamelles de leur mère. Vous devez agir de même, afin qu'en nous interrogeant vous nous poussiez à chercher le moyen d'exprimer pour vous le miel spirituel [2]. » Les longues heures qu'il consacrait à l'étude lui avaient donné la plus grande facilité, et sa mémoire était assez exercée pour que les connaissances nouvelles ne nuisissent pas aux

---

[1] Vita S. Hilar., 13.
[2] Vita S. Caes., l. I, n. 40.

anciennes. Il lui suffisait, d'après son biographe, d'avoir lu quelque chose pour pouvoir le répéter à ses auditeurs, et quand on l'entendait, il paraissait plutôt lire dans un volume que tirer ses enseignements de sa mémoire, tant sa parole était pleine d'élégance, de clarté et de profondeur. Aussi la plus noble émulation régnait parmi les disciples qui faisaient tous leurs efforts pour être à la hauteur d'un tel maître.

La journée des clercs était bien remplie. La récitation des Heures, le chant de Tierce, Sexte et None, en prenaient une bonne part. Puis venaient les heures d'étude, qui se faisait en commun. Césaire voulait que tous les jours on lût pendant le repas, « afin, disait-il, que l'âme se nourrisse en même temps que le corps. » A la fin, il demandait à ses disciples de lui résumer la lecture, ce qu'il observait aussi pour ses sermons. « Beaucoup d'entre nous, avoue naïvement son biographe, après avoir écouté avec peine, nous ne savions que dire ; car la honte nous faisait tout oublier devant lui, et, malgré de pénibles efforts, bien peu arrivaient à lui donner ce court résumé [1]. » Et cependant ses disciples ne peuvent s'empêcher de rendre témoignage à sa douceur et à la légèreté des pénitences qu'il imposait aux coupables.

Ainsi lorsqu'il avait passé toute la journée soit à prêcher, soit à enseigner ses disciples, le soir venu, Césaire employait encore à leur instruction et à l'explication des saintes Écritures, ces moments qu'il aurait dû consacrer au repos :

---

(1) Vita S. Cæs., l. I, n. 46.

« Dites-moi, nous demandait-il, qu'avons-nous mangé aujourd'hui ? Quels mets nous a-t-on servis ? » Et nous, de soupirer bien fort et de garder le silence, car nous savions bien où il voulait en venir, et ce qu'il entendait par cette nourriture. « Je le sais, reprenait-il alors ; si je vous demandais ce que nous avons mangé ce soir et même ce matin, vous ne l'auriez pas oublié ; mais vous ne vous souvenez plus de ce que nous avons lu à table. Nous gardons le souvenir de ce qui nous a été agréable, et ce qui n'a apporté aucun plaisir au palais de notre âme, ce qui l'a peut-être dégoûté, nous l'oublions. O malheureux oubli du bien, s'écriait-il ! » Et il répétait ensuite tout ce qui avait été lu ou expliqué, en ajoutant : « Maintenant que vous le pouvez, recueillez, recueillez ce froment avec soin. Il viendra, bientôt peut-être, un temps où vous ne le pourrez plus ; et alors vous regretterez ces jours, mais en vain. »

Quelquefois l'heure du repas le surprenait dans ses leçons ; fatigué d'avoir parlé si longtemps, il était suffoqué et pouvait à peine respirer ; ses disciples le suppliaient alors de prendre un peu de repos. « Oui, disait-il, vous avez raison ; mais dans un moment. » Et ses serviteurs arrivaient : « Maître, que dites-vous ? Le repas est servi depuis longtemps ; vous avez travaillé tout le jour ; il serait temps de prendre quelque nourriture. » Et lui répondait toujours avec une douceur parfaite, et il finissait par céder aux instances du dévouement [1].

---

[1] Vita S. Caes., l, I, n. 54.

S'étonnera-t-on ensuite que Césaire ait formé d'illustres disciples ? Tous ne nous sont pas également connus ; mais l'histoire nous a transmis assez de noms pour que nous puissions juger, par eux, et du maître et de l'école.

Il faut placer au premier rang saint Cyprien, évêque de Toulon. Quelques-uns ont cru qu'il était né à Marseille et qu'il avait été élevé dans l'abbaye de Saint-Victor [1]. Il s'était attaché de bonne heure à Césaire. En 506, il n'était encore que diacre ; mais le maître avait une telle confiance dans le savoir du disciple, qu'il le conduisit au Concile d'Agde. On ne sait à quelle époque Cyprien fut nommé évêque de Toulon. Ce siège était vacant depuis de longues années, puisqu'on fixe la mort de Gratien, son prédécesseur immédiat, à l'an 472. Césaire dut profiter de la première occasion favorable pour donner un évêque à cette église dont il était le métropolitain ; mais ce ne fut pas avant son retour de Ravenne (514). Cyprien assista, comme évêque de Toulon, au IVe Concile d'Arles, en 524, et à tous les autres conciles présidés par Césaire. La part active qu'il prit dans la lutte soutenue par son maître contre le semi-pélagianisme, lui fit donner plus tard le titre de Docteur de la grâce. Il défendit aussi l'enseignement de l'évêque d'Arles devant les évêques réunis à Valence, et, par son éloquence autant que par sa modération, il amena l'assemblée à admettre la vraie doctrine de l'Église, à savoir que l'homme ne peut rien, dans la voie du salut, s'il n'est prévenu par la grâce [2]. Césaire le nomme dans son Testament, et lui

---

[1] Propres de Fréjus et de Marseille.
[2] Vita S. Cæs., l. I, n. 46.

laisse, comme témoignage de son affection, son manteau et sa meilleure ceinture : *Domino meo Cypriano mantum et cinctorium meliorem dari volo.* C'est Cyprien qui, répondant au pieux désir de Césarie la jeune, écrivit la vie de son illustre maître. Il prit encore part, en 541, au IVe Concile d'Orléans. Il est, sans contredit, le plus célèbre parmi les disciples de Césaire, et il ne faut voir qu'un excès d'humilité dans ces paroles qu'il laisse échapper au cours de son récit : « Malheureux Cyprien, pourquoi ai-je été si négligent à apprendre ? Pourquoi n'ai-je pas puisé à cette source féconde tout ce que mon indigence réclamait ? Je reconnais ma faute et m'en repens aujourd'hui [1]. »

Firmin, qui collabora avec Cyprien à la Vie de saint Césaire, était évêque d'Uzès ; il était d'une noble famille des Gaules, illustre par les hautes charges que ses aïeux avaient occupées. Firmin était né en 509, et il succéda, en 536, à son oncle Rurice, évêque d'Uzès, auprès duquel son goût pour la piété l'avait porté à se retirer. Son église, qui avait d'abord appartenu à la province de Narbonne, puis à celle de Bourges, fut donnée, de son temps, à la métropole d'Arles. Cette circonstance, en même temps que la proximité de ces deux villes, avait établi de grandes relations entre Firmin et l'évêque d'Arles. L'évêque d'Uzès n'assista à aucun des conciles de Césaire, et sa signature ne paraît que dans la Récapitulation de la Règle aux vierges [2].

---

[1] Ibidem, n. 40. — Cf. Bolland, 3 octobre ; *Hist. litt. de la France*, t. III.

[2] Nous avons suivi, sur S. Firmin, l'opinion des auteurs de l'Histoire littéraire (t. III, p. 197). Les Bollandistes (XI oct., col. 639), et les auteurs de la Gallia christ. (t. VI, p. 611), le font naître en 516 ; d'après eux, l'évêque

On ne sait rien de Vivence, sinon qu'il était évêque, et qu'il collabora avec Cyprien et Firmin à la rédaction du premier livre de la Vie de saint Césaire. Leur récit nous conduit jusque vers l'an 530. Ils le terminent par ces paroles : « Nous vous prions vous, Messien, prêtre, et vous, Etienne, diacre, qui, dès votre jeunesse, avez été auprès de Césaire, d'ajouter votre tribut à cet ouvrage [1]. »

Le diacre Etienne et Messien, secrétaire et porte-crosse de l'évêque d'Arles, élevé plus tard au sacerdoce, composèrent donc le second livre. Messien est le même que Césaire avait envoyé à Rome, avec l'abbé Gilles, pour porter au pape Symmaque un mémoire sur les privilèges de l'Église d'Arles. Nous avons parlé plus haut de la lettre qu'il écrivit à Vivence, au retour de son premier voyage.

Le second livre de la Vie de saint Césaire n'est guère que le récit de ses vertus et de ses miracles ; il nous donne, à la fin, les détails touchants de sa mort. Messien semble n'en avoir écrit que les quatre premiers chapitres ; les autres sont du diacre Etienne. « Ce livre, disent les auteurs de l'Histoire littéraire, contient beaucoup de prodiges, mais ils sont si bien circonstanciés et prouvés qu'on ne peut

---

d'Uzès ne serait pas le même que celui dont il est parlé dans la Vie de S. Césaire. Ce qui donne à leur sentiment quelque vraisemblance, c'est que le 1er livre de cette Vie, auquel aurait collaboré Firmin, ne nous conduit que vers 530, c'est-à-dire juste au moment où, d'après les auteurs de l'Histoire littéraire, il commençait à connaître Césaire, car ils le font venir à Uzès, vers 528.

(1) Vit. S. Cæs., l. 1, n. 48.

raisonnablement pas en douter [1]. » Nous n'avons pas hésité d'en rapporter un certain nombre dans cette étude, et c'est là que nous les avons puisés. Il nous a paru tout naturel d'enregistrer quelques-unes de ces pieuses traditions, sans prétendre assigner le degré de certitude qui leur appartient, mais sans méconnaître l'intervention surnaturelle de Dieu dans la vie des saints. Nous n'ignorons pas que la fable s'est quelquefois mêlée à la vérité pour l'altérer, et que l'erreur et le mensonge se sont glissés dans les nombreuses légendes qui charmèrent la foi et la piété de nos ancêtres. « Le miracle semblait aux Gallo-Francs, nos pères, une des conditions les plus ordinaires et les plus simples de l'action de Dieu sur le monde [2]. » Nous n'avons pas à faire la part de l'imagination dans ces miracles, ni à répondre de l'erreur ou de la supercherie qui ont pu les altérer. L'Église ne demande notre foi à aucun prodige, même aux mieux avérés, dont on trouve le récit dans les légendes ; mais avec elle, nous sommes heureux de reconnaître et de recommander à l'admiration de tous, les faits rapportés par des auteurs sérieux et surtout contemporains, nous souvenant volontiers de la parole du Maître : « *Celui qui croit en moi fera aussi des prodiges, et plus grands que les miens* [3]. »

La Vie de saint Césaire, écrite toute entière en style simple et qui ne manque pas d'élégance, est regardée

---

[1] *Hist. littéraire de la France*, t. III
[2] Dom Pitra. *Histoire de saint Leger*, p. XCII
[3] Joan., XIV, 12.

comme un des plus précieux monuments de la littérature du VIe siècle.

A côté de ces disciples, il faut placer encore Theudère, vulgairement appelé saint Cherf, qui, né d'une noble famille de Vienne, donna ses biens aux pauvres et résolut de se retirer à Lérins. Il vint à Arles pour voir Césaire qui le retint auprès de lui pendant plusieurs années et l'attacha à son église, en l'ordonnant diacre et puis, prêtre. Saint Theudère passa à Vienne les dernières années de sa vie [1].

Florien, né à Milan, vint à Arles, jeune encore, envoyé par Ennodius, évêque de Pavie, qui le recommanda aux bons soins de Césaire. Pendant tout le temps qu'il y demeura, Florien fut assidu aux leçons de l'évêque, pour lequel il professa toujours la plus grande vénération. Devenu, plus tard, abbé de Roman-Moutiers, il écrivait à Nicétius de Trèves : « Vous aurez encore au ciel, pour compagnon de votre gloire, mon maître Césaire, évêque d'Arles ; il fut doux au milieu des barbares, pacifique au sein des combats ; père des orphelins et nourricier des pauvres, il exposa et défendit admirablement la foi catholique dans ses paroles et dans ses écrits. C'est de lui que j'ai appris les éléments des lettres latines : aussi je me fais gloire de me dire son serviteur et son disciple [2]. » Ainsi, tandis que ses leçons de théologie et ses explications de l'Écriture ravissaient les moines, venus pour l'entendre, Césaire ne

---

[1] Vita Theuderii, ap. MABILLON, lib. IV. Il est honoré à Arles, le 17 février et à Vienne, le 29 octobre.

[2] DU CHESNE, Histor. Franc., t. I, p. 851. — Cf. Hist. littér., t. III.

dédaignait pas d'exercer aux premiers éléments des lettres d'autres disciples moins avancés.

Tels furent les plus illustres disciples de Césaire ; telle fut l'école d'Arles, devenue, au VIe siècle, un des principaux foyers de culture littéraire dans le Midi. Les écoles les plus célèbres du Nord, tant civiles qu'ecclésiastiques, avaient disparu, à Trèves, à Autun. Le Midi, moins bouleversé, avait gardé les siennes, et l'on sait qu'à côté d'Arles, mais au second rang, venaient les écoles de Vienne, de Lyon et de Clermont. C'est de là que sortirent les derniers représentants de la littérature chrétienne.

Cette littérature, comme nous l'avons dit, était en pleine décadence ; et il serait puéril de vouloir comparer les plus beaux monuments qui nous en restent avec les œuvres des grands docteurs du IVe et du Ve siècle, de mettre en parallèle un sermon de Césaire, « le plus illustre parmi les évêques de cette époque [1] », avec une homélie de saint Ambroise ou de saint Chrysostome. Il faut, avant tout, se souvenir de la faiblesse de l'éloquence et des lettres au VIe siècle, pour porter sur les œuvres de l'évêque d'Arles un jugement éclairé. Si les Pères du Concile de Rome, en 680, s'excusaient de ne pouvoir exceller dans l'éloquence profane, « menant une vie pleine de douleurs et de sollicitudes au milieu des barbares ; » à combien plus forte raison Césaire et ses contemporains pouvaient-ils formuler la même plainte !

Aussi qu'on ne s'attende point à trouver dans les écrits

---

[1] Guizot, *Hist. de la civilisation en France*, leçon XVIe.

de Césaire ce grand et beau style aux périodes harmonieuses, cette phrase cicéronienne pleine d'élégance et de majesté, ces figures de rhétorique, ces comparaisons élevées, familières aux docteurs du IVe siècle. On n'était plus au temps où la culture littéraire servait aux progrès du christianisme ; où les païens, habitués au beau langage de la Grèce et de Rome, ne pouvaient être convertis que par une parole pleine d'art ; où les évêques étaient tenus d'apprendre les règles de la rhétorique ; où un saint Grégoire de Nazianze disait naïvement aux rhéteurs et aux sophistes païens qui l'entouraient : « Je vous abandonne tout le reste, les richesses, la naissance, la gloire, l'autorité et tous les biens d'ici-bas, dont le charme s'évanouit comme un songe ; mais je mets la main sur l'éloquence, et je ne regrette pas les travaux, les voyages sur terre et sur mer que j'ai entrepris pour la conquérir [1]. »

Ce n'est pas cette parole qu'il fallait au peuple auquel Césaire devait s'adresser tous les jours ; bien rares étaient les esprits cultivés qui auraient pu s'élever à la hauteur d'un semblable langage ; et, en tout cas, ce n'est pas à eux seulement qu'il voulait et qu'il devait parler. Est-ce à dire qu'il n'y ait point d'éloquence possible en dehors de celle qui s'adresse aux esprits cultivés ? C'est ce qu'ont pensé les écrivains qui dédaignent les homélies de Césaire et n'y trouvent rien qui puisse figurer parmi des œuvres d'éloquence. L'abbé Guillon prétend qu'il n'y a pas un trait à citer, et déclare Césaire « nul pour l'éloquence [2]. » Les

---

[1] Greg. Naz. opera, t. I, p. 132.
[2] Bibliothèque choisie des Pères, t. XXXIII

auteurs de l'Histoire de l'Église gallicane sont du même avis : « Ses homélies, disent-ils, nous donnent une plus grande idée du zèle de Césaire que de son éloquence. Elles sont instructives, pleines de sentiments de piété, mais d'un style simple et populaire. On s'aperçoit que le prédicateur cherche plutôt la conversion de ses auditeurs que leurs applaudissements [1]. »

« Mais, dit à ce sujet Mgr Jager, quel est donc le but de l'orateur de la chaire ? Est-ce de convertir ou de se faire applaudir ? Le discours qui convertit n'est-il pas plus utile, plus efficace et par conséquent plus éloquent que celui qui n'attire à son auteur que de simples applaudissements ? Ces écrivains ont oublié qu'à côté de l'éloquence majestueuse qui se produit avec toutes les magnificences du style, flatte l'oreille et s'adresse aux gens instruits, il y a une éloquence simple, qui parle aux sens et qui, prenant ses images et ses comparaisons dans la nature et dans les choses usuelles de la vie, rend en quelque sorte les vérités palpables et les grave plus profondément dans la mémoire et dans le cœur. Ce genre d'éloquence n'exclut pas les sentiments élevés, ni les émotions vives et tendres. Saint Césaire nous en offre des modèles parfaits [2]. »

C'était bon aux païens de faire de la parole une œuvre d'art, de l'entourer de tous les charmes que peuvent lui donner l'éclat et les grâces de l'élocution, le choix de l'expression, tous les ornements raffinés des anciens rhéteurs ;

---

[1] Tome III, p. 295.
[2] *Histoire de l'Église catholique en France.* t. II, p. 299.

chez les chrétiens, la parole devint l'accomplissement d'un devoir, un ministère, un sacerdoce ; elle ne fut plus seulement au service de l'intelligence, mais du cœur. Le secret de l'éloquence chrétienne, d'après saint Augustin lui-même, c'est donc l'amour, l'amour des hommes qu'il faut instruire, et l'amour de la vérité qui n'est autre que Dieu même [1]. Et nous savons dans quelle mesure Césaire puisa à ces sources. La véritable éloquence sera toujours celle qui ébranle les hommes, qui, en éclairant les esprits, fait la conquête des cœurs. C'est bien le but que se proposèrent et que parvinrent à réaliser les évêques du VI° siècle et des siècles suivants ; dès lors, que leur style fût simple, tempéré ou sublime, on ne peut nier qu'ils atteignirent l'idéal de l'éloquence.

« Les temps que nous avons traversés, dit Ozanam à propos de l'époque qui nous occupe, ne nous rendraient pas les merveilles de l'éloquence classique ; nous ne retrouverions nulle part les tribunes d'Athènes et de Rome, ni même la parole dorée de saint Jean Chrysostome, ni les cris pathétiques de saint Augustin. Cependant saint Chrysostome et saint Augustin, avec toute la beauté de leur génie, ne réussirent qu'à consoler les derniers moments de leurs peuples d'Antioche et d'Hippone ; ils aidèrent la société ancienne à bien mourir, ils honorèrent ses funérailles. Les prédicateurs des temps barbares firent plus : ils créèrent des peuples nouveaux [2]. »

---

[1] *De catechizandis rudibus*, n. 2.
[2] *Études germaniques*. t. II, p. 653.

Césaire était avant tout simple, familier : tel est le caractère dominant de son éloquence. Son style est tempéré plutôt que sublime ; et le but qu'il poursuit principalement, c'est de se faire comprendre ; aussi reste-t-il toujours à la portée de ses auditeurs. Il faut lui en savoir gré, car la langue, livrée à tant d'idiomes, à tant de nouveaux venus, qui n'étaient rien moins que lettrés, tendait tous les jours à devenir plus obscure. Les esprits cultivés aidaient encore à ces circonstances par un penchant ridicule : « On a horreur d'être compris, dit M. Ampère. » Ce n'est pas à l'évêque d'Arles qu'on pourrait faire ce reproche : il sacrifie volontiers à la clarté les ornements accessoires du discours.

Saint Augustin est le maître et le modèle qu'il semble avoir suivi pas à pas. Césaire l'avait tellement étudié, qu'il était parvenu à imiter sa manière, son abandon familier, son style simple et quelquefois si vigoureux. L'évêque d'Arles n'a pas toute l'élévation de pensée, ni l'énergie de langage du grand évêque d'Hippone, mais à part cette différence, la ressemblance entre ces deux esprits est frappante ; si bien que pendant longtemps on a confondu les discours de saint Césaire avec ceux de saint Augustin, et c'est dans l'Appendice des OEuvres de celui-ci, qu'il faut encore les chercher aujourd'hui. Leur auditoire était bien à peu près le même ; si à Hippone, l'évêque avait autour de sa chaire un peuple composé de pêcheurs et de paysans, à Arles, c'était la même chose ; et l'on a peine à reconnaître, au milieu de cette multitude, quelques débris plus distingués de la société ancienne.

Par contre, Césaire n'a aucun point de ressemblance avec ses contemporains, Sidoine Apollinaire, Avit de Vienne, Ennodius de Pavie, qui appartiennent cependant à la même société, au même temps de décadence littéraire. Ceux-ci portent, plus ou moins, dans leurs écrits des traces de la culture classique des anciens ; on comprend qu'ils avaient été rhéteurs avant d'être évêques, et l'étude des lettres profanes se fait profondément sentir dans leurs discours, où l'on retrouve, à côté des fragments sacrés, des restes non équivoques de littérature païenne. Ils ont un langage imagé, des réminiscences de Virgile et cette élégance de style que le goût du temps a dépravé. On sent que leur parole est travaillée, quelquefois un peu vaine ; et leurs écrits sont remplis de ces habitudes d'une rhétorique alors en pleine décadence. Sidoine Apollinaire ayant été obligé de dicter en six heures un discours qu'il devait prononcer devant le peuple et le clergé de Bourges, s'excuse « si l'on n'y trouve pas la partition oratoire, les autorités historiques, les images poétiques, les figures de grammaire, les éclairs que les rhéteurs faisaient jaillir de leurs controverses [1]. »

Césaire ne cherche pas à être habile dans l'art de bien dire ; il ne veut pas plaire par l'imagination ; il semble même se défendre le pathétique, et son style recherche plus la précision et la clarté que le nombre et l'éclat. Il n'y apporte aucune vanité oratoire. Aussi a-t-il survécu à la plupart de ses contemporains, et, tandis que la décadence, le mauvais

---

(1 Sid. Apoll. epist. l. VII

goût se font sentir dans leurs écrits, les siens n'en gardent aucune trace. « Saint Césaire était tout l'opposé d'un rhéteur ; c'était un homme d'action et de prédication, un homme qui parlait non pour parler, pour arranger des phrases, pour faire du style, mais pour enseigner, pour toucher, pour éclairer ses frères ; en un mot, Césaire est le véritable évêque, le véritable pasteur, le véritable orateur chrétien. Ennodius, qui eût été incapable de l'imiter, l'a très bien caractérisé : « En toi, dit-il, l'éclat de l'action accompagne l'éclat du discours [1]. » En un mot, sa parole est, avant tout, évangélique. Il parle comme les apôtres ; comme saint Paul, il fait peu de cas des sublimités du langage et il foule aux pieds les misérables ressources de la parole humaine. Aussi bien, ne travaillait-il pas, comme eux, à une création nouvelle du christianisme dans le monde, et la parole apostolique, qui avait réussi une première fois, ne devait-elle pas atteindre encore le même but ?

On ne peut pas dire, sans doute, que les sermons de Césaire aient fait école ; il appartenait plutôt lui-même à l'école de saint Augustin, son modèle. Mais il n'en est pas moins vrai que le recueil des homélies de l'évêque d'Arles devint « le manuel de tous ceux qui étaient incapables de prêcher par eux mêmes. On en a formé des *homéliaires* ou livre d'homélies, manuels des innombrables missionnaires envoyés à toutes les extrémités du monde pour convertir les barbares à la foi. » Tous les évêques du VIIe siècle puisèrent dans ce fonds commun et en firent usage. D'après

---

[1] AMPÈRE, *Hist. litt. de la France*, t. II, p. 218.

le témoignage de dom Ceillier, d'Ozanam et d'autres écrivains remarquables, les sermons et les homélies de saint Eloi et de Raban-Maur, ne sont guère qu'une compilation des écrits de Césaire ; et l'abrégé de la doctrine de saint Eloi, que son historien nous a laissée sous ce titre : *De rectitudine catholicæ conversationis,* est tiré en grande partie des sermons de l'évêque d'Arles.

Nous ne pouvons faire une analyse complète et détaillée des sermons de Césaire ; nous en citerons néanmoins quelques fragments, et ces extraits, pris çà et là, confirmeront ce que nous avons dit de son éloquence et en donneront une plus juste idée.

La charité était l'un de ses sujets favoris. « Ce n'est pas sans raison, dit-il [1], que je vous entretiens si souvent de la vraie et parfaite charité ; vous le comprenez bien. Je le fais parce que je ne connais aucun remède si salutaire ni si efficace pour les blessures des pécheurs. Ajoutons que, quelque puissant que soit ce remède, il n'y a personne qui, avec l'aide de Dieu, ne puisse se le procurer. Pour les autres bonnes œuvres, on peut trouver quelque excuse ; il n'y en a point pour le devoir de la charité. Quelqu'un peut me dire : « Je ne puis pas jeûner ; » qui peut me dire : « Je ne puis pas aimer ? » On peut dire : « A cause de la faiblesse de mon corps, je ne puis pas m'abstenir de viandes et de vins. » Qui peut me dire : « Je ne puis pas aimer mes ennemis, ni pardonner à ceux qui m'ont offensé ? » Que personne ne se fasse illlusion, mes très chers

---

[1] Nous empruntons à M. Guizot la traduction de ce fragment. Leçon XVI.

frères, car personne ne trompe Dieu.... Il y a beaucoup de choses que nous ne pouvons tirer de notre grenier ou de notre cellier ; mais il serait honteux de dire qu'il y a quelque chose que nous ne pouvons tirer du trésor de notre cœur ; car ici nos pieds ne se lassent point à courir, nos yeux à regarder, nos oreilles à entendre, nos mains à travailler ; nous ne pouvons alléguer aucune fatigue pour excuse ; on ne nous dit point : allez à l'Orient pour y chercher la charité, naviguez vers l'Occident et rapportez-en l'affection. C'est dans nous-mêmes et dans nos cœurs qu'on nous ordonne de rentrer ; c'est là que nous trouverons tout....

« Mais, dit quelqu'un, je ne puis, en aucune façon, aimer mes ennemis. Dieu te dit dans les Écritures que tu le peux ; toi, tu réponds que tu ne le peux pas ; regarde maintenant, qui faut-il croire de Dieu ou de toi?.... Quoi donc, tant d'hommes, tant de femmes, tant d'enfants, tant et de si délicates jeunes filles ont supporté, d'un cœur ferme, pour l'amour de Jésus-Christ, les flammes, le glaive, les bêtes féroces ; et nous ne pouvons supporter les outrages de quelques insensés ! Et, pour quelques petits maux que nous a faits la méchanceté de quelques hommes, nous poursuivons contre eux, jusqu'à leur mort, la vengeance de nos injures !... En vérité, je ne sais de quel front et avec quelle conscience, nous osons prétendre à partager avec les saints la béatitude éternelle, nous qui ne savons pas suivre leur exemple, même dans les moindres choses [1]. »

1) Opera S. Aug., t. V, App. Serm. CCLXXIII, col. 2256-7 Edit. Mignoj.

On le voit, rien de plus simple, de plus familier ; et cependant Césaire présente les choses à l'esprit d'une manière saisissante, qui frappe l'imagination et qui ne peut manquer d'intéresser.

Pour mieux se mettre à la portée de ses auditeurs, il emprunte toujours ses comparaisons à leur vie ordinaire. Ainsi veut-il recommander aux fidèles de venir exactement à l'église et d'y prier avec ferveur, il leur dit : « Quoique en beaucoup de sujets, mes très chers frères, nous ayons souvent à nous réjouir de vos progrès dans la voie du salut, il y a cependant certaines choses dont nous devons vous avertir, et je vous prie d'accueillir volontiers, selon votre usage, nos observations. Je me réjouis et je rends grâces à Dieu de ce que je vous vois accourir fidèlement à l'église pour entendre les lectures divines ; mais si vous voulez compléter votre succès et notre joie, venez-y de meilleure heure. Vous le voyez ; les tailleurs, les orfèvres, les forgerons se lèvent de bonne heure, afin de pourvoir aux besoins du corps ; et nous, nous ne pourrions pas aller avant le jour à l'église pour y solliciter le pardon de nos péchés ?.... Venez donc de bonne heure, je vous en prie ; et, une fois arrivés, tâchons, avec l'aide de Dieu, qu'aucune pensée étrangère ne se glisse au milieu de nos prières, de peur que nous n'ayons autre chose sur les lèvres, autre chose dans le cœur, et que, pendant que notre langue s'adresse à Dieu, notre esprit n'aille s'égarer sur toutes sortes de sujets.... Si tu voulais soutenir auprès de quelque homme puissant une affaire importante pour toi, et que tout-à-coup, te détournant de lui et interrompant la conversation, tu t'occupasses de je ne sais quelles puérilités, quelle injure ne lui ferais-tu pas ! Quelle ne serait pas contre toi sa colère ! Si donc, lorsque nous nous entretenons avec un homme, nous mettons tous nos soins à ne pas penser à autre chose, de peur de l'offenser, n'avons-nous pas honte, lorsque nous nous entretenons avec Dieu par la prière, lorsque nous avons à défendre devant sa majesté sainte les misères de nos péchés, n'avons-nous pas honte de laisser notre esprit errer çà et là et se détourner de sa face divine ?.... Tout homme, mes frères, prend pour son Dieu ce qui absorbe sa pensée au moment de la prière, et semble l'adorer comme son Seigneur.... Celui-ci, tout en priant, pense à la place publique, c'est la place publique qu'il adore ; celui-là a devant les yeux la maison qu'il construit ou répare ; il adore ce qu'il a devant les yeux ; un autre pense à sa vigne, un autre à son jardin.... Que sera-ce si la pensée qui nous occupe est une mauvaise pensée, si, au milieu de la prière, nous laissons notre esprit se porter sur la cupidité, la colère, la haine, la luxure, l'adultère ?.... Je vous en conjure donc, mes frères, si vous ne pouvez éviter complètement ces distractions de l'âme, travaillons de notre mieux, et avec l'aide de Dieu, pour n'y succomber que le plus tard qu'il se pourra [1]. »

Quoiqu'il ne craigne pas de faire à son peuple les observations et les reproches mérités, Césaire ne veut pas cependant y mettre la moindre amertume. C'est un père qui aime ses enfants, qui veut s'en faire aimer, et qui leur

---

1) S. Aug. opera. t. V. App., serm. CCLXXXIII, col. 2281 (Edit. Migne).

parle toujours avec son cœur. Il leur disait parfois, après s'être élevé avec vigueur contre les abus et la corruption des enfants de Dieu : « Quand je fais ces réflexions, je crains qu'il ne s'en trouve qui ne s'irritent plutôt contre nous que contre eux-mêmes. Notre discours est offert à votre charité comme un miroir ; et ainsi qu'une matrone, lorsqu'elle regarde son miroir, corrige sur sa personne ce qu'elle y voit de défectueux et ne brise pas le miroir ; de même lorsque quelqu'un de nous aura découvert sa difformité dans un discours, il est juste qu'il se corrige, plutôt que de s'irriter contre le prédicateur, comme contre un miroir. Ceux qui reçoivent quelque blessure, sont plus disposés à la soigner qu'à s'irriter contre les remèdes ; que personne donc ne s'irrite contre les remèdes spirituels ; que chacun reçoive non-seulement avec patience, mais encore de bon cœur, ce qui lui est dit de bon cœur. Il est bien sûr que celui-là s'éloigne déjà du mal, qui reçoit de bon cœur une correction salutaire ; celui à qui ses défauts déplaisent, commence à prendre goût à ce qui est bon, et autant il s'éloigne des vices, autant il s'approche des vertus [1]. »

Ainsi, avant tout, Césaire aime son peuple, il veut le convertir, le sauver quand même. Aussi, quand il parle, ce qui le préoccupe, ce n'est pas tant l'éloquence et l'éclat du discours, que le bien qu'il pourra faire en annonçant à son auditoire les vérités dont il a besoin. « Plusieurs, disait-il, redoutent les fautes contre le beau

---

[1] S. Aug. opera, t V, App., serm. CCLXXXVIII, col 2291 edit. Migne

langage, qui ne pensent pas à éviter les fautes contre Dieu [1]. »

Même quand il traite des sujets plus élevés, quand il aborde quelque point aride des Écritures, Césaire demeure simple, familier, à la portée de tous, et il parvient à faire passer dans son discours les plus hautes considérations. Il parle de la nécessité des bonnes œuvres pour le salut : « Beaucoup de gens, mes très chers frères, pensent qu'il leur suffit pour la vie éternelle de n'avoir point fait de mal. S'il s'en trouve par hasard qui s'abusent par cette fausse tranquillité, qu'ils sachent positivement qu'il ne suffit à aucun chrétien d'avoir seulement évité le mal, s'il n'a pas accompli, autant qu'il était en son pouvoir, les choses qui sont bonnes ; car celui qui nous dit : Eloigne-toi du mal, nous dit aussi : Fais le bien.

« Celui qui croit qu'il lui suffit de n'avoir point fait de mal, sans avoir fait de bien, peut me dire s'il voudrait de son serviteur ce qu'il fait pour son Seigneur. Y a-t-il quelqu'un qui veuille que son serviteur ne fasse ni bien ni mal ? Nous exigeons tous que nos serviteurs non-seulement ne fassent pas le mal que nous leur interdisons, mais encore qu'ils s'acquittent des travaux que nous leur imposons. Ton serviteur serait plus gravement coupable s'il te dérobait ton bétail ; cependant il n'est pas exempt de faute s'il ne le garde qu'avec négligence. Il n'est pas juste que nous soyons envers Dieu comme nous ne voulons pas que nos serviteurs soient envers nous......

[1] Vita S. Cæs. lib. I, n. 2.

« Ceux qui croient qu'il leur suffit de n'avoir point fait de mal, ont coutume de dire : « Plût à Dieu que je méritasse d'être trouvé à l'heure de la mort, tel que je suis sorti du sacrement de Baptême ! » Sans doute, il est bon à chacun d'être trouvé exempt de fautes, au jour du jugement, mais c'est une grave erreur de n'avoir point avancé dans le bien. Il suffit d'être tel qu'il est sorti du sacrement de Baptême à celui-là seul qui est sorti de ce monde aussitôt après avoir reçu le Baptême ; il n'a pas eu le temps de s'exercer aux bonnes œuvres. Mais celui qui a eu le temps de vivre, et est devenu d'âge à faire le bien, il ne lui suffira point d'être exempt de fautes, s'il a voulu aussi être exempt de bonnes œuvres. Je voudrais que celui qui désire être trouvé tel à la mort qu'il était lorsqu'il a reçu le sacrement de Baptême, me dit si, lorsqu'il a planté une nouvelle vigne, il voudrait qu'au bout de dix ans, elle fût telle qu'au jour où il l'a plantée. S'il a greffé un plant d'oliviers, lui conviendrait-il qu'il fût, au bout de plusieurs années, tel que le jour où il l'a greffé ? S'il lui est né un fils, qu'il regarde s'il voulait qu'après cinq ans, il fût du même âge et de la même taille qu'au jour de sa naissance. Puis donc qu'il n'y a personne à qui cela convînt pour les choses qui sont à lui, de même qu'il se plaindrait si sa vigne, son plant d'olivier, et son fils ne faisaient aucun progrès ; qu'il se plaigne lui-même, s'il voit qu'il n'a fait aucun progrès depuis le moment où il est né dans le Christ [1]. »

---

[1] S. Aug. Opera, t. V, Append., serm. CCLXIII. col. 2231.

Du reste, la simplicité, l'abandon familier, que nous remarquons dans les homélies de l'évêque d'Arles et qui font de son discours un entretien plein d'intimité avec son peuple, sont plutôt un résultat de l'étude et d'une intention spéciale, que d'une tendance d'esprit. On voit qu'il s'applique à rendre ses leçons accessibles aux plus humbles de ses fidèles. Un jour, s'adressant à la partie la plus lettrée de l'auditoire, Césaire s'excusait ainsi de la simplicité de ses paroles : « Si je voulais vous faire entendre l'exposition de l'Écriture dans l'ordre et le langage employé par les Pères, l'aliment de la doctrine ne pourrait parvenir qu'à quelques savants, et le peuple, la multitude, resterait affamée. C'est pourquoi je demande humblement que les oreilles des savants consentent à tolérer des paroles rustiques, afin que tout le troupeau du Seigneur puisse recevoir la nourriture céleste dans un langage simple et uni ; et puisque les ignorants ne peuvent s'élever à la hauteur des savants, que les savants daignent descendre à l'ignorance de leurs frères ; car les savants peuvent comprendre ce qui a été dit pour les simples, et les simples ne peuvent comprendre ce qui a été dit pour les savants [1]. »

Cependant Césaire savait s'élever, parfois, à ce dernier degré de l'éloquence que saint Augustin appelle le sublime ; et alors, en demeurant à la portée de tous, sa parole ne manquait pas de grandeur, et il communiquait à son auditoire l'émotion qui le dominait. Nous n'en citerons que deux exemples. C'est d'abord l'exorde d'une homélie

[1] S. Aug. Opera, t. V ; Append. serm. X, col. 1758.

prêchée le jour de Pâques, dans laquelle il célèbre la descente de Jésus-Christ aux enfers et sa résurrection. « Voilà, vous avez entendu ce qu'a fait de son plein gré notre défenseur, le Seigneur des vengeances. Lorsque, pareil à un conquérant, il atteignit, brillant et terrible les contrées du royaume des ténèbres, à sa vue, les légions impies de l'enfer, effrayées et tremblantes, commencèrent à s'interroger en disant : « Quel est ce terrible qui est resplendissant d'une blancheur de neige ? Jamais notre Tartare n'a reçu son pareil ; jamais le monde n'a vomi dans notre caverne quelqu'un de semblable à lui ; c'est un envahisseur, non un débiteur ; il exige et ne demande pas ; nous voyons un juge, non un suppliant ; il vient pour commander, non pour obéir, pour ravir non pour demeurer. Nos gardiens dormaient-ils lorsque ce triomphateur a attaqué nos portes ? S'il était pécheur, il ne serait pas si puissant ; si quelque faute le souillait, il n'illuminerait pas d'un tel éclat notre enfer. S'il est Dieu, pourquoi est-il venu ? S'il est homme, comment l'a-t-il osé ? S'il est Dieu, que fait-il dans le sépulcre ? S'il est homme, pourquoi délivre-t-il les pécheurs ?..... D'où vient-il, si brillant, si fort, si éclatant, si terrible ?.... Qui est-il, qu'il franchisse avec tant d'intrépidité nos frontières, et que non-seulement il ne craigne pas nos supplices, mais qu'il délivre les autres de nos chaînes ? Ne serait-ce pas par hasard celui dont notre prince disait dernièrement que, par sa mort, nous recevrions l'empire sur tout l'univers ? Mais si c'est lui, l'espoir de notre prince l'a abusé ; lorsqu'il croyait vaincre, il a été vaincu et renversé. O notre prince ! qu'as-tu fait, qu'as-tu voulu faire ? Voilà que celui-ci, par son éclat, a dissipé tes ténèbres ; il a brisé tes cachots, rompu tes chaînes, délivré tes captifs et changé leur deuil en joie. Voilà que ceux qui étaient habitués à gémir sous nos tourments, nous insultent à cause du salut qu'ils ont reçu ; et non-seulement ils ne nous craignent plus, mais encore ils nous menacent. Avait-on vu, jusqu'à présent, les morts s'enorgueillir, les captifs se réjouir ? Pourquoi as-tu voulu amener ici celui dont la venue appelle à la joie ceux qui, naguère, étaient désespérés ? On n'entend plus aucun de leurs cris accoutumés ; aucun de leurs gémissemts ne retentit [1] !.... »

« Voilà de la vraie éloquence, dit M. Guizot qui cite quelques fragments de cette homélie. Quand vous trouveriez dans le *Paradis perdu* un tel passage, vous n'en seriez pas étonné, et ce discours n'est pas indigne de l'*Enfer* de Milton [2]. »

Le texte de saint Mathieu : *Arcta et angusta via est, quœ ducit ad vitam...* (c. VII, 13), amène Césaire à faire un parallèle saisissant entre les deux cités du monde et du ciel. Il ne s'élève pas si haut que dans le sermon précédent, mais là, comme dans plusieurs autres homélies qu'on pourrait citer, il montre qu'il savait trouver la fibre qui fait vibrer les cœurs. Césaire s'excuse d'abord de ne venir qu'une fois l'an, visiter ses auditeurs, — ce qui nous prouve qu'il n'a pas prêché ce sermon à Arles ; — s'il n'écoutait que

---

[1] Ex Biblioth. maxima Patrum, hom. I ; col. 1642. (Edit. Migne).
[2] *Histoire de la civilisation en France*, leçon XVI.

son cœur, il viendrait bien plus souvent, afin de se rassasier d'une si chère présence. Mais ici-bas le temps ne nous permet pas toujours d'arriver à la réalisation de nos désirs : « Notre cœur n'aura une entière satisfaction que lorsque nous serons réunis pour jamais dans une autre cité.

« Car, frères bien-aimés, il y a deux cités : la cité de la terre et la cité du ciel. Le vrai chrétien n'est que pèlerin dans la cité du monde ; il est citoyen dans la cité du ciel. Dans celle-là il travaille, dans celle-ci il se repose ; dans l'une il souffre, dans l'autre il est heureux..... Nous devons nous regarder comme des voyageurs ici-bas pour mériter de devenir des citoyens au ciel ; car celui qui aime ce monde, qui veut être citoyen de ce monde, ne trouvera point de place là-haut. N'avons-nous pas au fond de nos cœurs des aspirations invincibles vers la patrie céleste ? La patrie du chrétien n'est point ici ; le bonheur, il ne le trouvera pas ici. Notre patrie, c'est le ciel ; notre cité, c'est la Jérusalem céleste ; nos concitoyens, ce sont les anges, notre famille, les patriarches, les prophètes, les apôtres et les martyrs ; notre roi, c'est le Christ !....

« Voilà donc que le Christ nous attend dans le ciel : c'est là que nous irons, lorsque nous aurons combattu contre l'enfer et contre ses anges. Ne craignons rien, mes frères, car le Christ fait plus que nous attendre : il nous tend une main secourable. Courage donc, ô mon frère, il t'attend, il te soutient pendant que tu combats ; il te console quand tu souffres ; il te couronnera quand tu auras vaincu. Courage, ne succombe point. Avec un tel appui, que pourrais-tu craindre ?.... Vois les promesses de Satan, vois celles du Christ ; Satan te promet une joie mensongère, le Christ, une vraie félicité ; Satan te donne une part aux faux plaisirs du monde, le Christ, au bonheur éternel du paradis ; Satan t'offre une volupté d'un moment pour donner la mort à ton âme immortelle ; le Christ te demande la chasteté pendant ton court pèlerinage sur la terre, pour te donner dans le ciel la vie divine, la splendeur et la gloire des anges ; le démon te mène à l'enfer par la voie large de l'impureté et du vice ; le Christ te conduit au ciel par le chemin étroit de la chasteté et de la vertu…. Voilà donc, ô homme, tu as devant toi la vie et la mort, le bien et le mal, le ciel et l'enfer…. Choisis…. Mais ne regarde point aux fleurs du chemin, regarde au bonheur que désire ton âme…. [1]. »

Mais s'il fut un prédicateur éloquent, Césaire fut aussi et surtout un prédicateur infatigable. On l'entendit, un soir, dire pendant son sommeil : « De deux choses l'une, ou l'on monte au ciel, ou l'on tombe en enfer…. » En s'éveillant, il convint qu'il venait de prêcher dans un rêve. La prédication, était, d'après lui, le premier et le plus important devoir d'un évêque ; on peut en juger par plusieurs passages de ses homélies, dans lesquels l'évêque d'Arles parle de ce ministère. Il y insiste davantage dans le sermon qui a pour sujet : la faim et la soif que nous devons avoir de la parole de Dieu. « Ceux qui savent combien lourd est le fardeau que les prêtres ont à porter, comprennent que, malgré nos continuelles prédications, nous ne prêcherons jamais autant

---

[1] S. Aug., opera, t. V, appendix, serm. LXIX, col. 1877.

que nous y serions obligés. L'Esprit-Saint nous dit en effet par la bouche du prophète : Criez, ne cessez pas. Il ne dit pas : Criez de temps en temps ; mais : ne cessez pas de crier, de dévoiler à mon peuple tous ses crimes. Et l'Apôtre : Souvenez-vous de moi, parce que pendant trois ans, je n'ai pas cessé, jour et nuit, d'avertir chacun de vous. Or si un apôtre, pour trouver miséricorde devant Dieu, annonçait sa parole jour et nuit ; qu'arrivera-t-il de nous qui ne distribuons qu'à plusieurs jours d'intervalle sa nourriture au troupeau qui nous est confié ?... Nous donnons, deux fois par jour, des aliments à notre corps ; pourquoi donc nous trouveriez-vous importuns de donner à notre âme son pain, tous les huit jours ?.... [1] » Ses biographes nous disent qu'il prêchait tous les dimanches et jours de fêtes ; et souvent, aux jours plus solennels, outre l'homélie qu'il prononçait pendant la messe, Césaire en faisait lire encore quelqu'une aux vêpres et parfois même le matin aux Laudes [2]. Il n'hésitait pas à prendre la parole, pour la moindre raison, même plusieurs jours de suite. « En montant sur le siège d'Arles, il se livra sans repos à la prédication : *Totum se inquietis prædicationibus mancipavit.* » Et son biographe ajoute plus loin : « C'est lui qui institua et introduisit dans l'Église d'Arles des prédications pathétiques, en rapport avec le temps et les fêtes de l'année : *Prædicationes quoque compunctissimas, tempori vel festivitatibus congruentes, instituit pariter et invexit* [3]. »

---

[1] Opera S. Aug., t. V, Append., serm. CCXCIX, col 2317.
[2] Vita S. Cæs. l. I, n. 45.
[3] Vita S. Cæs. l. I, n. 13, 15

Quand il ne pouvait pas prêcher, à cause de ses infirmités, Césaire faisait lire par des prêtres ou par des diacres, ses homélies ou bien quelque sermon de saint Ambroise et de saint Augustin. « Si les prêtres et les diacres peuvent lire les paroles de Notre-Seigneur, des prophètes et des apôtres, disait-il, pourquoi ne pourraient-ils pas lire celles d'Ambroise, d'Augustin, les miennes ou celles de tout autre évêque ? Le serviteur est-il plus grand que le maître ? Par là, je décharge ma conscience ; quant à ceux qui négligent ce devoir, ils en rendront compte au jugement de Dieu. Lorsque le Seigneur nous dit avec tant d'instance : Criez, ne cessez pas ; je ne comprends pas que quelqu'un soit assez endurci pour se taire ou pour ne pas permettre aux autres de parler [1]. »

Il aimait à rappeler ce devoir non-seulement aux prêtres qui avaient la charge des âmes, mais encore aux évêques : « Si vous occupez le premier rang dans la hiérarchie sainte, mon frère, souvenez-vous qu'il vous faudra rendre au double les talents qui vous sont confiés. Écoutez le prophète : « Malheur à moi qui me suis tu ! » Écoutez l'apôtre : « Malheur à moi si je n'évangélise pas !... » Et prenez garde qu'on ne dise de vous : ils ont enlevé les clefs de la science ; ils n'entrent pas eux-mêmes, et ils ne permettent pas aux autres d'entrer. » Et ses paroles avaient d'autant plus d'influence sur les évêques, ajoute son biographe, qu'il prêchait lui-même d'exemple [2]. Ainsi malgré l'administration

---

[1] Vita S. Caes. l. 1, n. 41.
[2] Ibidem, l. 1, n. 44.

d'une grande Église, malgré la sollicitude active de toutes les autres, malgré une correspondance considérable pour les affaires religieuses, autant que pour les affaires politiques, jamais l'évêque d'Arles ne négligea ce devoir, et le culte qu'il professait pour la parole de Dieu resta toujours le même au fond de son cœur.

Mais s'il avait tant de zèle pour ce ministère, s'il n'hésitait pas à lui consacrer tous ses labeurs, se soumettant presque toujours à apprendre ses sermons et à les prêcher de mémoire, Césaire voulait que les fidèles répondissent à ces soins et entourassent, eux aussi, la parole de Dieu du plus profond respect. Plusieurs de ses homélies traitent uniquement de la manière dont les fidèles devaient l'écouter. Dans la XCV^e, entre autres, il reproche aux femmes d'avoir, pendant le sermon, une tenue nonchalante et d'être plutôt couchées qu'assises. Il les supplie de se montrer à l'avenir plus respectueuses : « Une mère qui parerait elle-même sa jeune fille, dit-il, n'aurait-elle pas raison de la réprimander et même de la châtier, si l'enfant, trop peu soucieuse de sa toilette, ne faisait que se baisser, se lever, se tourner dans une agitation continuelle, au point que sa mère ne pourrait l'ajuster selon ses désirs? Et ne suis-je pas cette mère, moi qui veux parer vos âmes et les rendre si belles que le souverain juge ne trouve en elles aucun défaut? Les parures dont j'orné vos âmes, je vous les donne, sans regret pour ma peine ; pourquoi les recevriez-vous avec dédain?... » Et, comme il a remarqué beaucoup d'absences à cet office, — qui devait être l'office de la nuit ou du matin, — il recommande à ses auditeurs de faire part de ses avis aux autres fidèles, afin que tous se corrigent [1].

Césaire ne se contentait pas de parler à voix haute et bien distincte pour être compris de tous ; comme il voulait que ses leçons restassent bien gravées dans la mémoire, il avait l'habitude de faire, à la fin du sermon, un court résumé de tout ce qu'il avait dit. C'est avec ce respect, ce zèle incomparable que Césaire traitait le grand ministère de la parole divine.

Il nous reste environ 150 sermons de l'évêque d'Arles. Quand on sait avec quelle profusion il distribua la parole de Dieu à son peuple et avec quel soin il composait ses homélies, on ne peut douter qu'un grand nombre n'aient été perdues ou ne soient attribuées à d'autres auteurs. Celles que nous avons n'ont jamais été réunies ; elles sont disséminées dans divers ouvrages [2]. La plupart se trouvent dans l'Appendice des Œuvres de saint Augustin (tome V), où elles sont mêlées aux sermons douteux de ce Père et de plusieurs autres. Parmi celles qui sont attribuées à saint Césaire, cent-deux paraissent authentiques et vingt-deux sont douteuses. La *Bibliothèque des Pères* de Margarin de la Bigne (1569) en donne quarante-six ; Barralis (1613) en a publié dix-huit dans sa *Chronologie de Lérins* ; enfin Baluze (1669) a fait imprimer séparément 14 homélies qu'il avait trouvées, dit-il, avec le nom de saint Césaire,

---

[1] Opera S. Aug., t. V, App. col. 2320 (édit. Migne).

[2] L'abbé Dujal de Villeneuve en a traduit un grand nombre en français. (Paris, 1760, 2 vol., in-12). Fessler indique un plan des œuvres de saint Césaire (Institutiones patrol., t. II, p. 889). Espérons qu'il sera un jour exécuté.

dans un manuscrit de la bibliothèque du roi. Mais il ne faudrait pas croire que ce soit là autant de sermons différents ; plusieurs sont répétés dans tous ces recueils. Ainsi les 14 homélies de Baluze se trouvent dans l'Appendice des Œuvres de saint Augustin ; celles de Barralis sont tirées de Margarin de la Bigne ; et parmi les quarante-six de ce dernier recueil, vingt-trois sont dans l'Appendice des Œuvres de saint Augustin ; quinze seulement des vingt-trois autres sont authentiques.

Comme nous l'avons déjà dit, plusieurs des sermons de Césaire avaient été attribués à saint Augustin [1]. Les auteurs de la nouvelle édition des Œuvres de ce Père ont élagué les sermons douteux ; et c'est au cours de ces recherches qu'ils sont parvenus à reconnaître les vrais sermons de l'évêque d'Arles. Ils ont été guidés dans ce travail par les règles de la plus saine critique, s'appuyant tantôt sur l'autorité des manuscrits, tantôt sur la conformité du style, de la méthode, sur l'usage familier de certains termes, sur les circonstances de temps et de lieux.

Les homélies, ayant pour objet l'explication de la sainte Écriture, occupent la première place, tant par leur nombre que par leur mérite. On n'a pas oublié qu'elle fut toujours l'objet préféré des études de Césaire et le sujet favori des instructions qu'il adressait à son peuple.

Les docteurs se partagent en deux écoles distinctes dans

---

[1] On rencontre dans le bréviaire romain, quelques homélies de saint Césaire portant le nom de saint Augustin. Citons entre autres le sermon du IIe nocturne de la fête de la Dédicace, et l'homélie du IVe dim. après la Pentecôte.

l'interprétation de nos saints livres : les uns s'attachent surtout à commenter le texte dans le sens littéral, les autres préfèrent le sens allégorique. Cette dernière méthode avait été en grande faveur auprès des Pères du IV° et du V° siècle ; plusieurs même en avaient abusé. L'Église ne prétend pas condamner le sens symbolique dans les faits scripturaires, mais elle ne veut pas, non plus, qu'on torture la simplicité du texte pour lui donner un sens qu'il n'eut jamais. Césaire, lui aussi, s'attache de préférence au sens allégorique, et, comme saint Ambroise, saint Augustin et presque tous les Pères grecs, il cherche, dans les récits de l'Ancien Testament, la figure du Nouveau. Il nous expose lui-même sa méthode dans son premier sermon, sur ces paroles de la Genèse : *Egredere de terra tua...* « Tout ce qui est écrit dans l'Ancien Testament, dit-il, est l'image et la figure du Nouveau. Si donc, comme le dit saint Paul, tout a été écrit pour nous, nous voyons s'accomplir en nous spirituellement ce qui s'est accompli d'une manière sensible en Abraham et dans tous nos pères [1]. »

D'après cette méthode, Césaire commence toujours par chercher le sens allégorique des faits qu'il veut exposer à ses fidèles. Mais au lieu que même les plus grands docteurs, Origène, Ambroise, avaient abusé de cette méthode d'interprétation, en pressurant le texte sacré, l'évêque d'Arles reste toujours dans de justes limites, et il est rare que ses interprétations soient forcées. M. Ampère [2] lui en reproche

---

[1] Op. S. Aug., t. V. Append., col. 1141.
[2] *Hist. litt. de la France*, t. II, p. 208.

une, que nous trouvons, en effet, bien exagérée, mais qu'il attribue faussement à Césaire. Dans cette homélie, Gédéon est regardé comme l'image du Christ, parce que le nombre des hommes qu'il prit pour combattre les ennemis, 300, est écrit, en grec, par un caractère qui a la forme d'une croix. Cette homélie est de saint Ambroise et non de l'évêque d'Arles [1].

Ce qui domine encore l'interprétation allégorique dans les discours de Césaire, c'est ce que nous appellerons l'interprétation morale. Il ne se contente pas d'expliquer la sainte Écriture et de montrer dans l'Ancien Testament la figure du nouveau, Césaire tire de tous ces faits des inductions familières qu'il applique à la vie chrétienne; si bien que toutes ses explications de la Bible deviennent de vrais sermons de morale où ressort admirablement le talent d'observation qu'il avait reçu de Dieu. C'est là ce qui caractérise ses homélies, ce qui les fait reconnaître parmi beaucoup d'autres; et ces détails pratiques, toujours dits avec un piquant intérêt, nous révèlent la finesse de son esprit en même temps que sa nature positive qui aime à descendre des hauteurs de la science pour s'occuper de la vie quotidienne de son peuple.

Celles de ses homélies qui ont pour sujet les fêtes de l'Église et le panégyrique des saints, sont relativement peu nombreuses. M. Guizot lui fait un mérite d'avoir prêché plus souvent pour corriger les mœurs et rendre plus pure et plus sainte la vie de ses fidèles. Les bonnes œuvres,

---

[1] Op. S. Aug., t. V, Append., serm. XXXVI, col. 1816.

l'aumône, la pénitence, la charité envers le prochain, la manière de chanter, de prier, d'assister aux offices, le respect dans le lieu saint, la confession, les fins dernières, sont le sujet ordinaire de sa prédication. Le premier, Césaire a exposé, avec autant de clarté que d'exactitude, la vraie doctrine sur le purgatoire, sur la nature de ses peines, sur leur durée, sur les moyens de l'éviter et de délivrer les âmes qui y souffrent [1]. Il revient aussi, volontiers, sur les défauts communs de son temps, sur l'ivresse, l'impureté [2].

Quelques-uns de ses sermons traitent des augures et des superstitions païennes qui étaient encore en vigueur autour de lui [3]. Au VIe siècle, pas plus qu'au Ve, le paganisme n'avait disparu complètement de la société. Presque toute l'Armorique était encore païenne [4], et, dans le reste de la Gaule, l'invasion, ce semble, avait donné un regain de faveur au paganisme. En 554, une lettre de Childebert, adressée au clergé et au peuple, ordonne la destruction des idoles érigées sur les domaines des particuliers et l'abolition des coutumes païennes [5]. Car si la vieille religion conservait, surtout dans le peuple, des adeptes nombreux, les païens convertis, eux-mêmes, gardaient dans leur vie chrétienne des habitudes superstitieuses. Les uns, au milieu de

---

[1] Opera S. Aug., t. V; App., serm. CIV, CCLII, col. 1946, 2210.

[2] Dans le sermon CCLXXX (col. 2275), il s'élève avec force contre la prétention des grands qui voulaient obliger le prêtre à abréger la messe et à ne chanter que ce qui leur plaisait.

[3] Opera S. Aug., t. V; App. col. 2269, 2272.

[4] « Erant pene omnes gentiles... » BOLLAND, Vita S. Melan, 6 juin.

[5] GREG. TUR., Hist. franc., lib. VIII.

leurs jeûnes et de leurs prières, allaient consulter les augures, interrogeaient le chant des oiseaux, faisaient le signe de la croix en mangeant des viandes offertes aux idoles ; les autres portaient en secret des amulettes, sacrifiaient au bord des fontaines ; et si la lune s'éclipsait, la foule assemblée sur les places poussait des cris terribles pour délivrer l'astre des deux loups dont on le croyait poursuivi [1]. Césaire s'élève avec vigueur contre ces rites et ces symboles sacriléges, et il cherche à en détourner son peuple par ses menaces et ses supplications.

C'est ainsi qu'il travaillait, sans relâche, à la formation et à l'accroissement de la société chrétienne, et qu'il dépensait à cette tâche difficile tout ce que le ciel lui avait donné d'intelligence et de cœur. Sa vie tout entière était une prédication continuelle, et rien ne saurait mieux nous montrer le caractère éminemment évangélique de sa parole que ce passage de sa Vie : « Quand des évêques, des prêtres, des ministres divins de tout ordre, des habitants de la ville ou des étrangers venaient le visiter, après les avoir salués et brièvement interrogés sur la santé et sur les dispositions de leurs concitoyens et sur les leurs, bientôt, saisissant les saintes armes de la prédication, il dissertait sur la vanité des choses présentes, il parlait de la félicité éternelle ; il invitait les uns par des allocutions pleines de douceur, il effrayait les autres par des exhortations sévères, corrigeait ceux-ci par des menaces, redressait ceux-là par des caresses, avertissant quelques-uns d'une manière géné-

---

[1] Opera S. Aug., t. V, App., serm. CCLXV, CXXIX, CXXX. col. 2237, 2001 2002

rale par des proverbes, interpellant les autres avec force au nom de Dieu, pour qu'ils eussent à suivre ses avis ; il les menaçait en pleurant des supplices éternels [1]..... » Césaire est là tout entier, avec son âme débordant d'un saint zèle, avec cette préoccupation incessante de porter les autres au bien, et ces paroles, à elles seules, suffisent pour le peindre et pour caractériser le but qui dominait sa vie.

Césaire applique, quelque part, à la prédication ce qu'on lit, dans la sainte Écriture, des anges qui montaient et descendaient la mystérieuse échelle de Jacob : « Lorsque les prédicateurs, dit-il, s'élevant à l'interprétation des mystères, à l'explication des textes difficiles de l'Écriture, s'adressent aux esprits cultivés, ils ressemblent aux anges qui montent vers le ciel ; mais lorsque, traitant des sujets plus simples, travaillant à corriger les mœurs, ils parlent un langage compris de tous, ils sont pareils aux anges qui descendent la céleste échelle [2]. » Césaire fut un de ces anges qui descendent du ciel, pour répandre sur les hommes, avec les flots de la parole divine, tous les bienfaits d'en haut.

---

[1] Vita S. Cæs., l. I, n. 14.
[2] Opera S. Aug., t. V, Append., serm. XI, col 1760.

CHAPITRE VII

DERNIÈRES ANNÉES DE CÉSAIRE. — SA MORT.
SON TESTAMENT.

535-542.

Le pape Agapet écrit à Césaire. — Bélisaire en Italie. — Agapet, envoyé à Constantinople par Théodat; sa fermeté héroïque devant Justinien; sa mort. — Vitigès proclamé roi par les Goths; il fait assassiner Théodat. — Les Francs en Provence. — Childebert préside les jeux du cirque à Arles. — Murmures et calomnies des ariens contre Césaire. — Césaire et Childebert. — Le pape Silvère, déposé; il meurt de faim dans l'exil. — Vigile, pape légitime. — Il écrit à Césaire sur les mariages incestueux. — S. Aubin d'Angers et S. Lubin de Chartres viennent consulter Césaire. — Guerres entre les rois francs. — Un roi et deux reines dans le cloître. — Les infirmités de Césaire s'aggravent. — Il a le pressentiment de sa mort. — Sa dernière visite, ses adieux à ses filles. — Il meurt dans les bras de ses disciples. — Ses obsèques; désolation de son peuple. — Son testament; il est authentique. — Culte et tombeau de saint Césaire. — Adieu de ses disciples.

Nous entrons dans les dernières années de la vie de Césaire. On n'y retrouvera pas l'activité dévorante des premières années, ni les persécutions qu'il a endurées, ni les graves affaires auxquelles la Providence l'a mêlé jusqu'à ce jour. Le calme semble se faire autour de lui. Retenu par ses infirmités, il ne paraît plus dans les grandes réunions d'évêques : il cesse d'être acteur dans les événements considérables qui surviennent, pour n'en être plus que le spectateur attristé ou joyeux. Du moins, l'histoire est presque muette sur ses dernières années. Ce silence, cette tranquillité à la fin d'une vie dont les commencements ont été si agités, c'est le prélude, et comme l'annonce du silence de l'éternité à laquelle Césaire se prépare.

L'évêque d'Arles venait de régler avec le pape Agapet l'affaire de Contuméliosus : c'est là que nous l'avons laissé, un moment, pour étudier ses œuvres et écouter sa parole. Il avait reçu, à la même date, (18 juillet 535), d'autres lettres pontificales au sujet de l'aliénation des biens de l'Église. Césaire demandait au Saint-Siège s'il était permis d'aliéner les biens de l'Église pour le soulagement des pauvres. Agapet lui répondit par une lettre pleine de bienveillance : « Nous avons tant d'envie, lui dit-il, de soulager les pauvres et de vous faire plaisir, que nous vous accorderions volontiers ce que vous nous demandez ; mais nous en sommes empêché par les canons des Pères, qui défendent, sous quelque titre que ce soit, d'aliéner les terres de l'Église [1]....... » Et, pour bien lui montrer qu'il n'y avait dans son refus aucune mauvaise volonté, le pape ajoutait à sa lettre les canons qui défendaient cette aliénation. C'est une des dernières lettres de ce saint pontife, qui ne fit que passer sur le Siège apostolique ; il entrait, quelques mois après, dans la voie des persécutions qui devaient le conduire à la gloire.

1) Epist. Agap. ad Caesarium. LABBE, t. IV, col. 1798.

Athalaric était mort de débauche, le 2 octobre 534, à l'âge de seize ans, après avoir essayé de poignarder sa mère Amalasonthe. Celle-ci, qui gouvernait les Goths depuis la mort de Théodoric, lui avait donné pour successeur son neveu Théodat. Le nouveau roi, peu reconnaissant, la jeta dans une prison et fit étrangler cette femme dont il redoutait les sourdes machinations. En apprenant ce meurtre, Justinien résolut de le venger ; il déclara la guerre aux Goths et envoya une armée sous les ordres de Bélisaire, qui s'empara aussitôt de la Sicile. Théodat n'était pas de taille à lutter contre l'empereur d'Orient. Pour se débarrasser de lui, il fit des bassesses. Après avoir proposé à Justinien de lui céder l'Italie, moyennant un revenu annuel, il écrivit au pape Agapet une lettre d'injures et de menaces, en le forçant à se charger de cette négociation difficile. Agapet ne pensa pas même à résister aux ordres du barbare ; malgré la difficulté du voyage, il partit, obligé, pour avoir quelque argent, d'engager les vases sacrés de l'église de Saint-Pierre. Arrivé à Constantinople, vers le commencement de février 536, le pape ne put rien pour les affaires politiques de l'Italie, arrangées d'avance entre Théodat et Justinien, mais il travailla avec le plus grand succès aux affaires de l'Église. Ce ne fut pas sans peine.

Le siège de Constantinople était occupé par un intrus, le patriarche Anthime, partisan reconnu de l'hérésie d'Eutychès et favori de l'empereur, et surtout de l'impératrice Théodora. Ceux-ci firent tout pour obtenir d'Agapet qu'il le reconnût ; mais rien ne put fléchir le pontife romain, ni les menaces, ni les promesses. Justinien, fatigué de ses refus, résolut d'en finir. « Faites ce que je vous demande, lui dit-il, ou bien je vous ferai déporter en exil. » Et le pape lui répondit avec une dignité tout apostolique : « Je suis venu vers Justinien, comme vers un très chrétien empereur, et voilà que je trouve un Dioclétien ! Mais je n'en crains pas plus vos menaces. » L'empereur admira cet héroïque langage et il céda devant les justes résistances du pontife. La paix fut rendue à l'Église de Constantinople avec son légitime pasteur et tout l'Orient rentra dans l'ordre.

Agapet ne devait point retourner en Italie. Il mourut après avoir assuré la paix et l'union dans les églises séparées. Sa mort fut un triomphe pour lui, mais un deuil pour l'Église, et ce deuil ne fut que le commencement des troubles qui allaient désoler le Saint-Siège et le livrer à la merci des deux puissances qui se disputaient l'Italie. A la nouvelle de sa mort, Théodat fit élire, de sa propre autorité, le sous-diacre Silvère qu'il croyait être plus favorable aux Goths qu'à Bélisaire. Celui-ci venait de ravager Naples et menaçait toute l'Italie du même sort. Le clergé de Rome ratifia l'élection violente de Silvère, pour ne pas donner lieu à des divisions funestes dans le sein de l'Église ; mais nous verrons qu'elle coûta cher au favori du roi des Goths.

Théodat, se sentant incapable de résister à Bélisaire, demanda le secours des rois francs, et il leur promit, en retour, la cession de la Provence, qu'ils menaçaient, d'ailleurs, depuis la conquête de la Bourgogne. Mais en apprenant le sac de Naples et les victoires des Grecs, les sujets de Théodat se tournent contre lui ; ils l'accusent d'être la cause de la guerre et proclament roi, le général Vitigès, qui se hâte de le faire assassiner (536). Celui-ci comprit que, malgré son habileté, il lui serait impossible de faire la guerre de deux côtés à la fois, contre Bélisaire et contre les Francs. Il jugea plus sûr de renoncer à ses possessions dans les Gaules, sauf à les revendiquer par les armes, quand il serait débarrassé des Grecs ; et, après avoir obtenu le consentement des siens, il céda la Provence aux rois francs et fit alliance avec eux.

Ceux-ci s'étaient montrés aussi barbares que les Goths. Leurs mains étaient encore souillées de sang, au moment où ils durent se partager la Provence. A la mort de Clodomir, Childebert et Clotaire n'avaient pas craint d'assassiner ses enfants, avec cette cruauté que l'histoire ne pourra jamais trop flétrir (530). Thierry était mort ensuite (534), laissant son fils Théodebert à la tête de ses états. C'est donc à Childebert, Clotaire et Théodebert, qu'échurent les possessions des Ostrogoths dans les Gaules. Les fils de Clovis se partagèrent en effet la Provence, et, quoique ce partage soit assez peu connu, il paraîtrait cependant qu'ils eurent, chacun, sept villes importantes. A Childebert échurent : Arles, Marseille, Fréjus, Toulon, Antibes, Vence et Nice ; à Clotaire : Saint-Paul-trois-Châteaux, Orange, Carpentras, Vaison, Sisteron, Gap et Embrun ; et à Théodebert : Avignon, Cavaillon, Apt, Aix, Riez, Digne et Glandèves [1]. Cette division territoriale paraît assez bizarre ; elle l'est en effet, et l'on s'explique difficilement les enclaves auxquelles elle donnait lieu. Mais au VIe siècle, on n'était pas aussi

---

[1] LONGNON, *Géographie de la Gaule au VIe siècle.*

difficile et aussi précis que de nos jours pour les limites des états ; dans les partages, on comptait les villes, une à une, et leur nombre seul servait de base pour la fixation des lots. C'est la même remarque qu'il faut faire plus tard, en 561, lorsque les quatre fils de Clotaire divisent entre eux l'héritage paternel.

Ce partage eut lieu vers l'an 536 ou 537. Justinien s'empressa de confirmer aux princes francs la cession de la Provence ; et, dès l'année suivante, Childebert, selon l'usage des empereurs romains, venait présider les jeux équestres du cirque d'Arles, et il frappait des monnaies sur lesquelles son effigie remplace la tête de l'empereur [1].

Ainsi, pour la cinquième fois, Césaire changeait de maître : Alaric II, Théodoric, Athalaric et Amalasonthe, Théodat, Vitigès, Childebert, avaient tour à tour commandé dans Arles, pendant son épiscopat. « La Provence, dit un historien, a hébergé tous les peuples. Dès la plus haute antiquité, les Phéniciens, les Carthaginois et les Grecs fondèrent des établissements sur ses côtes, et se mêlèrent à ses habitants. Les Romains vinrent ensuite, et après avoir fait la conquête de tout le pays, ils le gouvernèrent jusqu'à la fin du V° siècle. Ce fut alors le tour des Goths, puis des Francs [2]. »

C'était là un événement considérable, et qui devait avoir dans l'avenir les plus heureuses conséquences. Les ariens et leurs amis accusèrent l'évêque d'avoir livré la ville à

---

[1] Procope, *De bell Goth.*, III, 39.

[2] Michelet, *Hist. de France*, t. II, p 60.

Childebert. Son biographe prend soin de dire que « c'était une calomnie, et que l'homme de Dieu pria toujours également pour tous. » Césaire avait l'âme trop grande, il avait passé trop souvent par la rude épreuve de la calomnie, pour se plaindre ou même se défendre. Il méprisa les mensonges et les menaces des hérétiques : *despexit ariomanitidas minas et crebras accusationes* [1]. D'ailleurs, on comprend ces récriminations de leur part : ils commandaient dans Arles depuis un demi-siècle ; l'arrivée d'un prince catholique mettait fin pour toujours à leur domination, et rendait aux catholiques opprimés une considération et une influence depuis longtemps perdues : on devait s'attendre à leurs murmures. Césaire ne dissimula pas la joie qu'il éprouvait de l'arrivée des Francs à Arles. Il avait obéi jusqu'à ce jour à des princes ariens ; malgré leurs qualités et l'estime que quelques-uns lui témoignèrent, il pouvait toujours craindre de leur part, sinon les persécutions ouvertes des premières années, du moins les rancunes et les tracasseries mesquines, toujours prêtes à éclater dans un pouvoir hérétique. L'Église n'avait rien à gagner à la domination arienne des Goths, et le peuple surtout consentait difficilement à professer une religion à laquelle les maîtres du jour étaient défavorables. Césaire vit dans cet événement la ruine de l'arianisme et une ère de prospérité qui s'ouvrait pour l'Église. Il s'en réjouit et remercia la Providence d'avoir réservé à ses vieux jours cette suprême consolation.

[1] Vita S. Cæs., lib. II, n. 32.

Du reste, malgré ses défauts, Childebert était bon ; il cherchait à faire oublier par sa piété et par ses largesses aux églises et aux monastères, les meurtres dont il s'était souillé : l'Église d'Arles, elle-même, devait éprouver, plus tard, l'effet de sa munificence. Fortunat en fait le plus grand éloge ; il l'appelle, à cause de sa piété, « *rex atque sacerdos* [1]. » Tout cela ne pouvait qu'augmenter la joie de Césaire, et quoique l'histoire ne nous dise rien des rapports qu'il eut avec le fils de Clovis, nous devons supposer qu'ils furent pleins de bienveillance, et que Césaire ne le laissa point partir d'Arles, sans avoir obtenu de nombreuses faveurs pour son église. L'éloge pompeux que nous a laissé du roi franc le biographe de saint Césaire, suffirait à donner à cette supposition, la plus parfaite vraisemblance. « C'est un prince très catholique, dit-il, à la fois vaillant et doux, bon et sévère, illustre et sans orgueil, plein de respect pour les évêques ; il traita la ville d'Arles avec bonté et respecta les privilèges dont elle jouissait, en reconnaissant le haut rang qu'elle occupe parmi les Églises des Gaules [2].

Vers le même temps, Césaire dut s'occuper avec le Saint-Siège d'une grave affaire, suscitée par le roi Théodebert. Le petit-fils de Clovis menait, depuis le commencement de son règne, une vie scandaleuse. Il avait épousé Visigarde, fille de Vacon, roi des Lombards. Mais peu de temps après, au cours de ses guerres, s'étant pris d'une malheureuse passion pour Deuthérie, sa prisonnière, il en fit son épouse. Ses

---

[1] Fortunat, l. II, c. 11.
[2] Vita S. Cæs., lib. II, n. 32.

sujets murmurèrent ; Nicetius, évêque de Trêves, protesta hautement contre cet attentat, et contre le mauvais exemple, d'autant plus funeste, qu'il venait de plus haut. Tout fut inutile. Théodebert vécut plusieurs années dans ces liens coupables. A la fin cependant, la Providence l'en délivra. Deuthérie, voyant d'un œil jaloux les assiduités du roi franc auprès de sa fille, la fit précipiter dans une rivière, et Théodebert, qui ne pouvait plus aimer une parricide, la chassa et reprit son épouse légitime.

Il voulut même réparer sa mauvaise conduite, en s'élevant contre les mariages incestueux, qui étaient la plaie de l'époque. Les évêques, les conciles avaient beau protester contre ces abus, réprouvés par les lois ecclésiastiques ; malgré leurs protestations et leurs menaces, il était difficile aux barbares de se faire à la pureté des mœurs chrétiennes. Théodebert écrivit au pape, au sujet de ces mariages, pour lui demander quelle pénitence méritait celui qui avait épousé la femme de son frère ; et il confia sa lettre à Modéric, son ambassadeur.

Le Siège apostolique se trouvait, en ce moment, dans une situation des plus malheureuses. Silvère n'avait pas tardé à expier ses coupables complaisances pour le roi des Ostrogoths : il avait été déposé et exilé à Patare, en Lycie, par Bélisaire, qui fit élire à sa place le diacre Vigile, créature de l'impératrice Théodora. Silvère, un moment rappelé par l'ordre de Justinien, fut livré de nouveau à Vigile, son ambitieux rival, et conduit dans l'île de Palmaria où il mourut, le 20 juillet 538, par la faim ou par le glaive.

Sur ces entrefaites Vigile reçut la lettre de Théodebert ;

il s'empressa de répondre au roi franc, et écrivit, le 6 mars 538, à Césaire sur le même sujet. Vigile ne devint pape légitime, et n'est reconnu comme tel, qu'à la mort de Silvère, lors de l'assentissement du clergé romain. Il était donc intrus lorsqu'il écrivit cette lettre. Toutefois il répara bientôt son ambition et les coupables moyens par lesquels il était arrivé à la dignité suprême. Devenu pape légitime, Vigile fut le défenseur intrépide de la foi et de la justice, et lorsque Théodora le somma d'accomplir ses promesses et de rétablir l'évêque Anthime, déposé par Agapet : « Dieu m'en préserve, répondit-il ; quand je vous le promettais, je vous parlais en insensé. » Cette rétractation et sa conduite admirable pendant tout le temps que dura son pontificat, l'ont réhabilité aux yeux de l'histoire; si bien qu'on ne fait presque pas de différence entre les actes, du reste assez nombreux, émanés de lui avant sa légitime ordination et ceux qui la suivirent.

Dans sa lettre à Césaire, Vigile l'informe de la demande du roi franc. « Notre glorieux fils, le roi Théodebert, dit-il, nous a fait demander quelle pénitence il faut infliger à celui qui contracte une union incestueuse... » Il répond que c'est aux évêques des lieux à régler la pénitence et le temps qu'elle devait durer, afin qu'ils pussent aussi accorder l'indulgence selon la qualité du fait et les dispositions du pénitent. Vigile recommande surtout à l'évêque d'Arles de prendre des mesures pour empêcher les coupables de retomber ; et pour cela, il veut qu'on sépare ceux qui ont contracté ces unions. Enfin le pape charge Césaire de s'employer auprès de Théodebert pour qu'il prévienne les abus de ce genre qui pourraient se produire encore à l'avenir [1].

Le IIIᵉ Concile d'Orléans (3 mai 538) s'occupe encore des mariages incestueux. Un grand nombre d'évêques, sujets de Théodebert et de Childebert, y assistèrent; Césaire, retenu à Arles par ses infirmités, ne s'y rendit pas. Saint Aubin, évêque d'Angers, prit une grande part dans la délibération du concile, touchant ces unions coupables; il voulait qu'on en purgeât l'Église des Gaules, et c'est lui qui, après avoir appelé l'attention des Pères sur cet abus, fit décider qu'on ne les tolèrerait plus et qu'à l'avenir ces unions seraient regardées comme nulles. Son zèle valut même à saint Aubin de pénibles contradictions. Fortunat, qui a écrit sa vie [2], raconte que des évêques, lâchement complaisants envers un seigneur qui avait contracté mariage avec une de ses parentes et était ainsi tombé sous l'anathème, voulait forcer saint Aubin à l'absoudre et à bénir les eulogies qu'ils lui destinaient. L'évêque d'Angers ne put se débarrasser de leurs instances qu'en cédant à leur désir : « Vous voulez me forcer à souscrire cette absolution, leur dit-il ; mais Dieu est assez puissant pour soutenir sa cause, que vous refusez de défendre. » Il donna la bénédiction qu'on voulait lui ravir et la personne excommuniée mourut avant d'avoir reçu les eulogies.

---

[1] Fleury semble croire que Vigile écrivit à Césaire, parce qu'il était sujet de Théodebert. Il n'en est rien : outre que Césaire était sujet de Childebert, nous croyons que le pape lui écrivit comme au représentant du Saint-Siège dans les Gaules.

[2] BOLLAND, 1 Mart., Vita S. Albini.

Saint Aubin craignit cependant d'avoir mal agi dans cette circonstance, et il entreprit le voyage d'Arles pour consulter Césaire et lui demander les moyens d'expier sa coupable faiblesse. Il ne vint pas seul à Arles. Il avait pour compagnon de voyage l'abbé Lubin, placé à la tête du monastère de Brou par Ethérius, évêque de Chartres, qui l'envoya auprès de Césaire pour s'instruire plus parfaitement dans la vie monastique [1]. Césaire leur ayant demandé le motif qui leur avait fait entreprendre un si long voyage, Aubin répondit qu'il avait été attiré à Arles par le désir de le voir, et en même temps pour prendre son avis sur quelques points de discipline. Lubin lui fit connaître sa résolution de quitter le monastère dont il était abbé, pour aller à Lérins passer le reste de sa vie dans l'humilité et la pénitence. Césaire exerça envers eux tous les devoirs de la plus aimable hospitalité, et il parvint à dissuader Lubin de son projet. Celui-ci ne voulut point désobéir à un homme aussi recommandable ; il retourna vers ses moines, et, quelques années après, en 544, la Providence l'appela à succéder à Ethérius, sur le siège de Chartres [2].

On remarque qu'il n'y avait au IIIe Concile d'Orléans aucun évêque du royaume de Clotaire, mais seulement des sujets de Childebert et de son neveu Théodebert. La mésintelligence commençait à diviser les enfants de Clovis ; elle allait éclater, en 540, par une déclaration de guerre, entre

---

[1] BOLLAND., XIV mart., *Vita S. Leobini.*
[2] Voir à la fin du volume la note 12.

Childebert et Théodebert d'un côté, et Clotaire de l'autre. Le crime ne saurait être le nœud d'une alliance solide et durable. Ainsi les meurtriers eux-mêmes étaient sur le point d'expier, dans ces premières discordes, le sang de leurs neveux et les larmes de leur mère. Ce n'était encore que le prélude des guerres sanglantes que leurs fils et leurs petits-fils ne devaient point tarder de se livrer entre eux, guerres qui allaient remplir la seconde moitié du VI° siècle, et arracher ces plaintes à leur historien, fatigué d'un si triste spectacle : « Je suis las de raconter toutes les vicissitudes de ces guerres civiles qui dévastent la nation et le royaume de France.... Que faites-vous donc, ô rois ? Que voulez-vous ? Que cherchez-vous ? Que vous manque-t-il ? Vous habitez des maisons de délices, vos celliers regorgent de vin, de blé, d'huile, et vos coffres, d'or et d'argent.... [1] » Ces rois expiaient dans leur sang, dans celui de leurs peuples et dans toutes les calamités que la guerre entraîne à sa suite, les crimes de leurs pères.

Mais si le bruit de ces premières discordes arrivait jusqu'à Césaire pour troubler le calme de ses derniers jours, il lui arrivait aussi de bonnes nouvelles, qui remplissaient son âme de joie et la reposaient de ses tristesses. Radegonde quittait la cour de Clotaire, son époux, et se retirait à Poitiers, pour passer sa vie derrière les murs d'un cloître, dans le recueillement et les saintes austérités de la vie monastique. Clotilde, l'infortunée veuve de Clovis, se sanctifiait auprès du tombeau de saint Martin et priait

---

[1] GREG. TURON., *Hist. Franc.*, lib. V.

pour les enfants ingrats qui désolaient ses dernières années. Clodoald, l'enfant échappé miraculeusement au glaive des rois, ses oncles, et caché par quelques serviteurs fidèles, avait renoncé aux grandeurs de ce monde et s'était consacré à Dieu. Si la tradition dit vrai, il serait venu à Arles même où il aurait passé plusieurs années dans l'intimité de Césaire, apprenant à ses leçons la vanité des biens de la terre et les secrets de la science qui fait les saints [1].

Ainsi trois rejetons de la famille royale se sanctifiaient en ce moment dans le cloître, et semblaient vouloir contrebalancer, par la sainteté et les austérités de leur vie, les crimes et les excès de toutes sortes des rois francs. Les âmes chrétiennes reposaient volontiers leurs regards sur ces nobles victimes qui s'immolaient généreusement et sans regret pour les princes, couverts de sang, dans les mains desquels Dieu avait placé les destinées de la Gaule. Aussi bien voyaient-elles dans ce spectacle, si nouveau pour la société dépravée du VIe siècle, un gage infaillible de résurrection et de vie ; et elles bénissaient Dieu des consolations et des espérances qu'il faisait naître au milieu des angoisses et des malheurs de l'heure présente.

Malgré leurs discordes et leurs guerres, les princes francs ne cessaient pas de protéger la religion. Ils permirent, en 544, la réunion d'un IVe Concile à Orléans, à

---

(1) Les actes de S. Cloud ne datent que du IXe siècle. Malgré les études et les recherches qu'on a faites, on n'a pu arriver à aucune certitude sur la date de sa naissance et les principaux faits de sa vie. Son séjour en Provence n'est pas mieux prouvé que le reste. Nous pensons néanmoins qu'il faut s'en tenir aux traditions, jusqu'à preuve du contraire. (BOLLAND. 7 juin ; MABILLON, t. I, p. 234.)

l'occasion des disputes qui s'élevèrent sur le jour où l'on devait célébrer la Pâque. Il y fut décidé que tous les évêques, d'accord avec le Saint-Siège, la célèbreraient le même jour : chaque année, ils devaient annoncer cette fête aux fidèles, le jour de l'Épiphanie.

Nous trouvons, parmi les nombreux évêques qui assistèrent à ce concile, tous les amis de Césaire, Cyprien de Toulon, Firmin d'Uzès, et les représentants de toutes les provinces des Gaules. Césaire ne put pas s'y rendre : ses infirmités devenaient, de jour en jour, plus graves, et elles avaient fini par le retenir ordinairement dans sa chambre. Ses disciples voyaient les forces de leur père diminuer insensiblement, et souvent il lui arrivait de rester sans vie entre leurs bras. Au mois d'août 542, le mal se déclara plus violent. Il venait d'entrer dans sa 73ᵉ année, et depuis longtemps il traînait avec peine un corps déjà ruiné par le mal dont nous avons déjà fait mention. Césaire pressentant lui-même l'approche de la mort, en parlait volontiers avec ses disciples ; il s'y préparait de longue date ; après avoir choisi le lieu de son dernier repos, il venait souvent, auprès des restes de sa sœur, retremper son âme dans les espérances du ciel. Ses disciples redoublaient de soins et de prières pour conserver encore une vie aussi chère, mais cette vie leur échappait, et l'heure que Césaire appelait par tant de vœux n'était pas éloignée.

Comme un grand nombre de saints, il avait reçu du ciel plusieurs avertissements. Deux ans auparavant, le Sauveur lui était apparu, au milieu de ses apôtres, et lui avait montré, avec un divin sourire, la couronne qu'avaient méritée ses travaux [1]. « Un jour, disent ses disciples, il nous demanda si la fête de saint Augustin était encore éloignée. — Père, lui répondîmes-nous, nous y touchons. — Dieu soit loué, dit-il, car ma mort, je l'espère, arrivera avec cette fête. » Il ajouta ensuite : « Vous savez combien je fus toujours attaché à la doctrine si catholique de ce grand évêque ; quoique je sois bien loin d'avoir ses mérites, j'espère que Dieu me rappellera à lui le jour de sa fête ! » Et, en effet, son âme semblait avoir hâte de quitter le corps usé qui la retenait encore.

Césaire, comprenant que sa fin approchait, voulut revoir, une fois encore avant de mourir, son monastère de Saint-Jean. On lui avait dit que, depuis qu'elles avaient appris l'imminence du danger, ses filles désolées passaient dans l'angoisse les jours et les nuits, oubliant de prendre la nourriture et le repos. Les sanglots étouffaient leur voix pendant les saints offices et interrompaient, à chaque instant, la psalmodie sacrée : les gémissements et les cris d'une douleur qui ne pouvait se contenir, se mêlaient à l'*Alleluia*. Il se fit porter au milieu d'elles pour les consoler de sa mort prochaine. Mais sa vue, au lieu de les rassurer, ne fit qu'augmenter leur douleur, en confirmant leurs craintes, et elles comprirent bien à la pâleur de son visage amaigri qu'elles voyaient leur père bien-aimé pour la dernière fois.

Il s'entretint longtemps avec Césarie, l'abbesse vénérée et chérie des deux cents vierges que sa douceur et ses

---

[1] Vita S. Cæs., lib. II, n. 28.

vertus avaient attirées ; il la consola, l'exhorta à ne point perdre de vue la palme que le Christ, son époux, lui avait préparée. Puis Césaire voulut parler à ses filles ; il leur recommanda expressément d'observer toujours la Règle qu'elles avaient reçue de lui ; comme elles ne pouvaient retenir leurs larmes ni cacher leur désespoir, pour les rassurer sur leur avenir, il leur dit que, par son testament, il les mettait sous la protection des évêques, ses successeurs, et de tout son clergé, et les recommandait d'une manière spéciale aux magistrats et aux habitants de la ville d'Arles. Enfin, après avoir prié pour elles, le père bénit ses filles, leur dit un dernier adieu, et, au milieu de leurs sanglots, revint à la basilique, porté par ses serviteurs [1].

A partir de ce moment, les prêtres et les diacres de son Église ne le quittèrent plus. Auprès du lit étaient aussi des évêques, ses anciens disciples : Cyprien de Toulon, Firmin d'Uzès, Vivence et d'autres, qui, avertis de l'imminence de sa mort, étaient accourus pour contempler encore une fois les traits augustes du grand pontife et recevoir ses derniers adieux. Tranquille et joyeux, il rendit son âme à Jésus-Christ entre leurs bras, le lendemain, à la première heure, au moment où on allait chanter Prime dans la basilique de Saint-Étienne. C'était le 27 août 542 [2], veille de la fête de saint Augustin, le lendemain du 30° anniversaire de la dédicace du monastère de

---

(1) « Vale ultimum dicens, illis rugientibus, ad ecclesiam revertitur. » Vita S. Cæs., lib. II, n. 34.

(2) Voir à la fin du volume la note 13.

Saint-Jean, la cinquième année du pontificat d'Agapet. Césaire était dans la 73ᵉ année de son âge et la 40ᵉ de son épiscopat.

À cette nouvelle, la consternation fut grande dans la ville : cette mort fut un deuil pour tous ; « si le grand évêque portait la joie au ciel, il laissait la terre plongée dans la plus inconsolable tristesse. » Les prêtres et les autres ministres sacrés avaient peine à contenir la foule qui venait contempler une dernière fois les traits du pontife et déchirait les vêtements qui recouvraient ses restes. Toute la ville prit part à ses obsèques : les bons et les méchants, les fidèles et les hérétiques, les juifs eux-mêmes, tous étaient là, abîmés dans une même douleur, pleurant et sanglotant : « Malheur, malheur, disaient-ils, le monde n'était plus digne de posséder un tel saint [1] ! » La désolation fut si grande, qu'on ne pût chanter les psaumes des funérailles. Son corps fut porté dans la basilique de Sainte-Marie et déposé dans le tombeau qu'il s'était préparé, à côté de celui où, depuis longtemps, dormait sa sœur Césarie, à l'endroit où ses filles, après avoir prié pendant leur vie, viendraient, elles aussi, dormir leur dernier sommeil.

Nul ne fut inconsolable comme ces vierges qui lui devaient tout, comme ces disciples qui ne le quittèrent jamais. Ils l'aimaient de l'amour le plus tendre ; sur le point de terminer leur récit, dans lequel nous n'avons cessé de puiser comme à la meilleure source, leur plume laisse échapper

[1] Vita S. Caes., lib. II, n. 35.

quelques accents de leur amour filial pour Césaire et de leur inconsolable affliction : « Qui pourrait peindre un tel visage, un tel regard ? O bienheureux père, que de regrets vous laissez dans notre âme ! Nous regrettons tout en vous, votre science, votre sainteté, les grâces de votre visage, la beauté et la majesté de votre aspect, et cette douceur que Dieu vous avait donnée plus grande qu'à tous les hommes. Combien sainte fut votre vie, combien tendre et douce pour nous fut votre affection !... Que de choses nos cœurs auraient encore à dire, mais qu'il nous faut taire pour ne point trop prolonger ce récit ; ceux qui les connaissent, les regretteront sans doute ; qu'ils nous pardonnent en pensant qu'il n'est pas convenable de choquer plus longtemps, par un langage à moitié barbare, des oreilles délicates..... Mais que Dieu nous retire de ce monde, si nous oublions jamais l'amour, les paroles, les exemples, les leçons, la pieuse mémoire de notre saint et vénéré père et seigneur, Césaire [1] ! »

Si ses disciples l'aimaient comme un père, lui, les aimait comme ses enfants : pour s'attirer ainsi les cœurs, il faut d'abord avoir donné tout le sien. Les marques de l'affection et de la sollicitude, dont Césaire les entourait, sont innombrables. Il nous en reste un dernier gage authentique dans son testament, rédigé à la veille du jour où, plein d'années et de travaux, il allait paraître devant Dieu.

Le testament de saint Césaire est un monument trop remarquable du VI⁰ siècle, pour que nous le passions sous

---

[1] Vita S. Caes., lib. II, n 27, 28.

silence. Il est fait en forme de lettre, et adressé à l'Église d'Arles, à l'abbesse Césarie et à toute sa communauté. Quoique Césaire y dise, en propres termes, qu'il a écrit la date et la signature de sa main, on n'en trouve point de trace dans aucun des nombreux exemplaires qui existent. Les copistes auront sans doute négligé ces détails, dont ils ne comprenaient pas l'importance. Nous le reproduisons ici en entier :

PAX ECCLESIÆ ARELATENSI ! *Paix à l'Église d'Arles !*

Césaire, évêque, aux prêtres et aux diacres, à la sainte et vénérable Césarie, abbesse, que Dieu, par mon humble personne, a préposée au gouvernement de notre monastère, à toute la communauté qu'il y a réunie par sa grâce, salut dans le Seigneur.

L'Église regarde comme une louable coutume de distribuer ses biens aux pauvres et aux étrangers ; mais combien plus volontiers élargira-t-elle les entrailles de sa miséricorde, lorsqu'elle aura l'occasion de subvenir aux besoins des saints et des serviteurs de Dieu ! C'est pourquoi, dans cette lettre, signée et datée de ma main, j'ai fait, avec l'aide de Dieu, mon testament, que j'ai écrit moi-même, et auquel je donne toute la valeur que peut lui donner tant le droit prétorien ou civil que le droit de codicille [1].

Moi, Césaire, pécheur, je veux et ordonne que, lorsque j'aurai payé le tribut de toute créature humaine, le monastère de Saint-Jean, que j'ai fondé à Arles pour être, selon les canons, soumis à l'autorité de l'évêque d'Arles, soit mon héritier, à l'exclusion de

---

[1] C'était une formule par laquelle on déclarait un testament inattaquable, quelque vice de forme qu'on y pût rencontrer.

tout autre. J'établis l'évêque d'Arles mon co-héritier avec le monastère. Je veux qu'on acquitte ponctuellement les dons et legs que je fais ou ordonne de faire dans ce testament, et que ceux ou celles à qui j'ai donné la liberté demeurent libres.

Comme je n'ai rien reçu des biens de ma famille, j'ai hésité d'abord de faire ce testament. Je m'y suis décidé toutefois en me souvenant que plusieurs fidèles charitables ont donné leurs biens à mon église et afin de ne pas entendre la terrible sentence du Sauveur aux méchants : *Allez au feu éternel.* C'est aussi dans la crainte que quelqu'un des miens ne vienne, après ma mort, inquiéter l'Église dont je suis évêque, excepté pour les dons que je leur ferai par mes dernières volontés. Ainsi, j'ai donné suite à mon projet, afin qu'aucun de mes parents ne vienne réclamer, auprès du dit monastère ou de l'évêque d'Arles, autre chose que ce que je leur donnerai.

Le saint et digne évêque qui me succèdera à moi indigne, pourra disposer de tout; mais s'il le trouve convenable, qu'il garde pour son usage les ornements de Pâques qui m'ont été donnés, ainsi que ma chasuble de velours *(casula villosa),* ma tunique *(tunica)* et la meilleure robe de chambre *(galnape)* que je laisserai. Il voudra bien distribuer à mes serviteurs, soit clercs, soit laïques, ou bien leur ordonner de se partager mes autres vêtements, à l'exception de mon petit manteau *(birreto auriculari)* [1]. Je confirme en ce moment toutes les donations que j'ai faites antérieurement à mon monastère; de même qu'on ne réclamera rien de ce que j'ai pu donner à qui que ce soit, par lettre, par simple billet ou de vive voix.

Je désire aussi vivement que le seigneur évêque daigne donner

---

[1] Ces mots de la basse latinité, employés du temps de S. Césaire pour désigner certains vêtements communs aux prêtres et aux évêques, sont assez obscurs. On ne s'accorde pas sur leur vraie signification, pas plus que sur la forme du vêtement qu'ils désignent : aussi nous ne garantissons pas l'exactitude de notre traduction.

à perpétuité aux pourvoyeurs du monastère, à cause de leurs dévoués services, la petite maison du sous-diacre Auguste, d'heureuse mémoire, située à droite de l'atrium de Saint-Etienne ; de sorte qu'ils puissent se la transmettre l'un à l'autre. Je vous supplie, seigneur évêque, de ne désigner comme pourvoyeur du monastère ou comme aumônier de la basilique Sainte-Marie, que celui qui aura été choisi ou demandé par cette sainte communauté. Et quoique je ne me défie nullement de votre piété, ô saint évêque, je vous conjure, au nom du Père, du Fils et du Saint-Esprit, et par le jour redoutable du jugement, de ne point prêter l'oreille aux suggestions importunes qu'on pourrait vous faire contre notre monastère : que les conseils de l'antique ennemi ne prévalent point auprès de vous ; ne consentez jamais à contrister nos servantes et ne permettez pas que rien de ce que nous leur avons donné leur soit enlevé. Grâces à Dieu, c'est avec discrétion et justice, et selon toutes les règles du droit, que j'ai vendu les biens de l'église à quelques laïques, et encore n'ai-je vendu que ce qui était moins utile ou improductif. De même, ce que j'ai donné à ces saintes âmes, consacrées à Dieu, je l'ai donné avec le consentement et la signature de mes vénérés frères : aussi je veux qu'elles en gardent toujours la possession.

Et vous, mes chères filles, par la sainte et indivisible Trinité, par l'avènement de Notre-Seigneur Jésus-Christ, je vous conjure d'entourer de tout votre amour et d'un saint respect le digne Pontife que Dieu me donnera pour successeur, à moi indigne ; ne le contristez jamais par votre indocilité. Nous espérons de la miséricorde de Dieu que les prêtres auxquels vous serez confiées, vous donneront leurs soins avec un entier dévouement, et qu'ils ne permettront pas que vous manquiez d'aucun secours matériel. Je vous en supplie de nouveau, vénéré Pontife, au nom du ciel, ayez la plus grande sollicitude pour tout, mais spécialement pour le monastère de ces pieuses vierges, prenez soin de cette famille, et si quelqu'un osait vous donner à leur sujet quelque fâcheux conseil, répondez qu'on ne doit pas, qu'on ne peut pas défaire ce qu'a fait un évêque. Tout a été confirmé par l'autorité du saint Pontife de Rome lui-même ; je puis donc avoir confiance en vous, mon vénéré seigneur et maître. Les mauvais conseils ne sauraient jamais prévaloir auprès de vous, contre la juste volonté d'un évêque, quel qu'il soit. Selon mes désirs, tous ces biens ont augmenté beaucoup et sont presque doublés. Ajoutez à cela que Dieu, plein de miséricorde, s'est servi de mon humble personne pour obtenir l'immunité d'une grande partie des impôts, pour les propriétés que l'église possède aux environs de la ville, dans les faubourgs et dans la campagne.

Je laisse à votre sainte église, pour l'entretien de ces vierges, la terre d'Aucharie, dont j'ai gardé la plus grande partie, après en avoir donné une parcelle au monastère : je lui ai réservé environ cent arpents de vigne et trois cents muids de terre labourable, ainsi que quarante muids de la terre que j'ai plantée, et trente arpents de la vigne ancienne. Je laisse encore à cette église les terres de Gallicie, de Merclan et des Jumeaux, leurs étangs et marais, avec tous leurs droits et contenances, les pâturages de la Crau et autres, la terre du Trébon qui se trouve auprès de la voie romaine ; les terres d'Ornide, de Silva, de Missinien, avec toutes leurs dépendances, marais, droits et contenances.

Je vous en conjure donc, ô saint Pontife, si Dieu permettait que l'un de ses serviteurs voulût doter l'église mère et le monastère de ces vierges, ne séparez point l'un de l'autre. Et si (ce qu'à Dieu ne plaise !) cette communauté cessait d'habiter cette ville, ou bien si, par la suite des temps, elle n'existait plus, que ses biens reviennent à l'église mère. C'est pour rassurer ma conscience que j'ai écrit mes dernières volontés ; car, très saint Pontife, bien loin de moi la pensée de vous accuser d'incapacité, quoique j'aie dit plus haut que la bonté de Dieu a bien voulu se servir de mon humble personne, pour obtenir à son Église de nombreux privilèges. Je confirme encore présentement ce que j'ai donné au monastère, du vivant de nos frères.

Je lègue à la servante de Dieu, l'abbesse Césarie, le grand manteau de chanvre qu'elle-même a confectionné; au prêtre Léon, mon manuterge; à mon seigneur Cyprien, évêque, un manteau et ma meilleure ceinture. Je confirme par ce testament, tout ce que j'ai donné à mon serviteur Bracien; je veux qu'Agrétia, ma servante, serve librement le monastère et l'abbesse Césarie, et je confirme les présents que j'ai faits tant à elle qu'à ses parents. A vous, seigneur évêque, je vous recommande devant Dieu et devant ses anges tous mes serviteurs.

Tel est le fameux testament de saint Césaire dans lequel le grand évêque voulut donner aux siens un dernier gage d'affection, et assurer pour l'avenir, autant qu'il dépendait de lui, la prospérité du monastère qui fut toujours l'objet de sa plus vive sollicitude.

Nous ne croyons pas qu'on ait jamais élevé des doutes sur l'authenticité de ce document précieux, et nous ne voyons pas quelle objection sérieuse on pourrait lui opposer. Le Testament de saint Césaire n'est pas un monument isolé, dont il ne soit fait mention dans aucun document contemporain. D'abord, les auteurs de sa vie en parlent expressément : « Le saint évêque, pour rassurer ses filles, leur dit que, dans son testament, il les recommande d'une manière spéciale à ses successeurs et à tout le clergé [1]. » Mais un témoignage encore plus précieux est la lettre importante du pape Hormisdas à Césaire [2], dans laquelle le souverain Pontife accorde à son monastère l'exemption complète de l'évêque qui n'aura sur lui que le droit de visite. Césaire porte si

---

[1] Vita S. Cæs., lib. II, n. 34.
[2] Labbe, t. IV, col. 1474.

loin cette exemption que, dans son testament, il prie en grâce son successeur de laisser la communauté se choisir le pourvoyeur et l'aumônier. Hormisdas lui dit dans la même lettre : « Vous nous avez demandé de confirmer les ventes et donations, faites en faveur de ce monastère de vierges, dans l'espoir que, grâce à notre défense, l'aliénation de ces biens n'en deviendrait que plus difficile. Nous approuvons votre demande, et, par le présent décret, nous confirmons ces ventes et donations, et nous défendons expressément l'aliénation de tous ces biens. » Et en effet c'est là ce que Césaire dit à son successeur dans son testament : « Tout a été confirmé par l'autorité du saint Pontife de Rome. »

Quoique l'authenticité de cette pièce soit évidente et reconnue de tous [1], il faut convenir qu'on n'a pas trouvé jusqu'à ce jour de copie satisfaisante, au point de vue de la correction et de l'exactitude. Dans tous les exemplaires qui existent, et Dieu sait s'ils sont nombreux, on trouve des fautes, des suppressions, des changements de mots, des incorrections de style, quelquefois même des non sens, qui ne sont pas évidemment de Césaire. Mais ces fautes de détails, provenant de l'infidélité volontaire ou involontaire des copistes, n'attaquent point le fond du document lui-même et ne sauraient rien prouver contre son authenticité.

---

[1] Nous nous trompons. Launoy le regarde comme apocryphe ; il n'en donne qu'une raison : c'est que ce testament porte la date de 502, époque, dit-il, où Césaire n'était pas évêque et n'avait pas fondé son monastère. Malheureusement Launoy a lu le testament de S. Césaire dans le P. Guesnay où cette date se trouve par suite d'une faute évidente d'impression.

Parmi les variantes, signalées dans ces copies, il en est une d'une certaine importance, que nous tenons à mentionner ici. Dans plusieurs exemplaires, Césaire donne à son successeur le titre d'*archevêque*; dans d'autres celui d'*évêque*. Tout le monde convient que c'est la première fois qu'on rencontrerait dans l'histoire cette dénomination d'*archevêque*. Lecointe qui n'avait entre les mains qu'un exemplaire portant ce titre, et qui ne se doutait pas qu'il existât d'autres exemplaires, d'une autorité aussi grande, ne l'ayant point, prouve que ce mot a été ajouté dans la suite et qu'il n'est pas de Césaire; il le croit ainsi, parce qu'on ne le trouve nulle part ailleurs, à cette époque, et parce que Césaire, dans cette même copie, donne quelquefois à son successeur le simple titre d'*évêque;* ce qu'il n'aurait pas fait, dit Lecointe, si le titre d'*archevêque* lui eût appartenu. L'exemplaire que nous avons sous les yeux, et qui a toutes nos préférences, — nous dirons plus tard pour quels motifs[1], — ne porte pas cette dénomination d'*archevêque*. Et nous croyons, en effet, avec Lecointe, qu'il a été ajouté, dans la suite, au texte de saint Césaire. On ne le trouve que là : tout le monde doit en convenir. Or, si Césaire pendant sa vie avait porté ce titre, après l'avoir reçu officiellement du Saint-Siège, ou bien seulement de ses contemporains, est-il vraisemblable que ses disciples, qui nous ont montré dans le récit de sa vie s'ils étaient jaloux de la gloire de leur maître, ne le lui eussent pas donné une seule fois? Est-il vraisemblable que Césaire, dont l'humilité nous est connue,

---

[1] Voir à la fin du volume la note 14.

ait voulu prendre, pour lui et pour ses successeurs, un titre que personne n'avait pensé à lui donner ?

Mais la gloire de Césaire n'a rien à perdre en perdant ce titre, et la postérité le dédommage amplement par ses nombreux et éloquents témoignages : cette histoire n'en est que la froide et pâle compilation. Nous avons entendu autour de lui les souverains Pontifes, Symmaque, Hormisdas, Félix IV, Boniface II, Jean II, Agapet, Vigile ; ses disciples Cyprien, Firmin, Florien ; ses amis, Rurice, Avit, Ennodius ; quelques années après sa mort, Gennade, Fortunat, Grégoire de Tours ; aux âges suivants et dans les temps plus voisins de nous, tous les auteurs des grandes Annales, les Bollandistes, Lecointe, Mabillon, Baronius, Barralis, Holstenius, D. Ceillier, le cardinal Noris, Tillemont, les auteurs de l'Histoire littéraire, les auteurs des Conciles, le P. Sirmond, le P. Labbe, Mansi ; et, de nos jours, Mgr Héfélé et toutes les plumes éloquentes de notre siècle qui ont tenu à consacrer quelques belles pages à la mémoire de Césaire, Guizot, Ampère, Montalembert, Ozanam : combien d'autres encore que nous pourrions citer comme autant de témoins des hommages dont la tradition chrétienne a entouré, dans tous les siècles, l'illustre évêque d'Arles !

Pendant sa vie, Césaire avait répandu les bienfaits et les prodiges autour de lui. Dieu permit qu'après sa mort, des miracles sans nombre s'opérassent autour de ses reliques précieuses. Ils ne firent qu'accroître la vénération et la piété, dont on entoura son tombeau, et le peuple ne cessa pas de vénérer les restes de son illustre évêque, et de rendre à sa mémoire et à celle de Césarie, désormais inséparables dans la dévotion des fidèles, le culte d'amour et d'honneur qui a traversé les siècles pour arriver jusqu'à nous. Un jour vint cependant où l'amour de son peuple ne suffit pas à protéger ce glorieux sépulcre : c'était le jour où de nouveaux barbares couvrirent de ruines tout le midi de la France (738). Le monastère de saint Césaire, situé hors des murs, fut détruit par les Sarrazins, et le tombeau du grand Pontife n'échappa point à leur fureur. Mais les filles de saint Césaire avaient prévu l'orage : après avoir enlevé les ossements vénérés de leur père, elles les avaient déposés en sûreté avec tous les souvenirs qu'elles possédaient de lui. Quand la tourmente eût passé, elles rebâtirent leur monastère dans l'intérieur de la ville, pour n'être plus exposées à de semblables ravages. C'était sous l'épiscopat de Rostang Ier, en 883. La nouvelle église fut dédiée, comme l'ancienne, à saint Jean l'évangéliste, et les ossements de saint Césaire y furent placés dans un tombeau de marbre qui servait d'autel. On y lisait cette épitaphe, si maltraitée par Saxi et par tant d'autres, et que Mabillon [1] a donnée, telle que nous la trouvons dans un manuscrit de Montmajour [2] :

>   CERNITUR HIC VARIO DECORATUM MARMORE TECTUM
>   PATRI CÆSARIO, PONTIFICIQUE SACRO,
>   QUOD SCELERATA COHORS RABIE DESTRUXIT ACERBA ;
>   HANC VIRTUTE DEI SORBUIT UNDA MARIS.

[1] *Annal.*, t. 1, p. 99.
[2] Ce manuscrit a pour titre : *Des Couvents d'Arles.* (Bibliothèque Méjanes. Recueil 775). Il semble dater de la fin du XVIIe siècle ou du commencement du XVIIIe.

Præsule Rostagno ac Arelati sede locato
Cernuus id Paulus strenue compsit opus.
Cui Christus tribuat cælestis præmia vitæ,
Cætibus angelicis consocietur ovans.
Et nobis, venerande Pater, miseresce precando,
Diluat ut noster crimina cuncta Deus.

Anno Domini DCCCLXXXIII, Indictione XV,
Remigando magistro. (1)

Ce monument, servant d'autel et construit, d'après cette inscription, en 883, par l'archevêque Rostang, resta dans le même endroit pendant de longs siècles. Nous ne savons ni à quelle époque, ni pour quels motifs, il disparut. Le procès-verbal d'une visite faite le 21 septembre 1627 par Gaspard du Laurens, archevêque d'Arles, à l'abbaye de saint Césaire, nous apprend que les ossements du saint reposaient, alors, dans une châsse de bois contre le pilier, à gauche du maître-autel ; à côté de cette châsse se trouvait une grande armoire fermée avec de nombreux verroux et serrures, où étaient renfermés « un petit reliquaire d'argent, représentant saint Césaire, évêque, rempli d'ossements dudit saint, et une fiole de verre contenant de l'huile *avec lequel* saint Césaire guérissait les malades. » L'archevêque du Laurens, en suite de cette

---

(1) Ce tombeau de marbre a été élevé à la mémoire de notre père et saint pontife Césaire ; des bandes impies l'avaient brisé dans leur rage insensée ; par un juste châtiment de Dieu, la mer les engloutit. L'illustre Paulus éleva ce tombeau pendant que Rostang était évêque et gouvernait l'Église d'Arles. Que le Christ lui donne, en récompense, la vie éternelle, et qu'il le fasse entrer triomphant dans l'assemblée des anges. Et vous, père saint, ayez pitié de nous, et par vos prières obtenez de Dieu le pardon de tous nos péchés.

visite, ordonne qu'il sera fait une châsse de bois peint pour remplacer l'autre qui est pourrie, et « sera ladite châsse remise en un autre lieu plus décent, tel que par nous sera ordonné. »

Cette restauration se fit quelques années après, dans de plus grandes proportions qu'on n'avait d'abord voulu. Les ossements de saint Césaire furent placés dans un sépulcre de marbre blanc, enchâssé dans la muraille, derrière le maître-autel [1]. Le tombeau de l'illustre évêque d'Arles, ainsi restauré, a existé jusqu'à la fin du siècle dernier, dans la royale abbaye de saint Césaire, comme il est consigné dans les notes et les manuscrits du temps [2].

A la veille de la Révolution, les filles de saint Césaire firent porter dans l'église de la Major toutes les reliques qu'elles possédaient. Elles y furent retrouvées intactes après la tourmente révolutionnaire, et une première vérification en fut faite, en 1804, par ordonnance de Mgr de Cicé, une seconde sous Mgr Bernet, en 1839. Lors de cette dernière vérification, les églises paroissiales d'Arles reçurent, chacune, une portion des ossements de saint Césaire ; l'église de la Major eut cependant la part la plus considérable des reliques du grand évêque : des ossements en poudre et quelques fragments, son pallium, sa ceinture en cuir avec boucle en

---

(1) Cette restauration était achevée en 1641. Un manuscrit, portant cette date (Biblioth. Méj , Recueil 775), et qui fait le relevé de toutes les reliques dont l'Église d'Arles était alors en possession, dit que l'abbaye de S. Césaire « conserve le corps de ce grand saint dont les ossements sont, en partie dans une figure d'argent dudit saint, en partie au trésor dudit monastère, et la plus grande partie dans un sépulcre de marbre enchâssé dans la muraille, derrière le maître-autel, fermé avec des agrafes de fer.... »

(2) BONNEMANT, archives, 1772.

ivoire, ses sandales, et la tunique ou chasuble sous laquelle il est mort, d'après la vieille inscription qu'elle porte : *in isto transiit sanctus Cæsarius* [1].

C'est là que nous les avons vues, là que nous avons voulu les vénérer, avant de mettre la dernière main à ces pages. Il nous a été particulièrement doux de poser nos lèvres sur les restes précieux de l'illustre évêque d'Arles, après avoir passé tant d'heures à contempler sa figure sereine, à écouter son éloquente voix, à nous entretenir avec lui, à chercher aussi de toutes parts quelques-unes de ses traces. Ces recherches, si arides qu'elles fussent quelquefois, n'étaient point sans douceur et sans charmes, et, au moment de quitter cette étude, nous ne pouvons nous défendre d'un serrement de cœur. Aussi les regrets qu'exprimaient ses disciples en achevant d'écrire sa vie, viennent naturellement sous notre plume : « Père bien-aimé, votre souvenir s'effacera-t-il de notre mémoire ou de nos cœurs ? Non, jamais, tant que nous vivrons, nous ne pourrons oublier votre charité, votre tendre affection et la douceur de vos paroles !.... Et nous qui avons vécu près de lui, qui avons joui de l'intimité de ses discours et de ses vertus, il ne nous reste plus qu'à être fidèles, sur la terre, à ses exemples et à ses leçons, et à nous réjouir de la gloire dont il est couronné au ciel ! [2] »

[1] Voir à la fin du volume la note 15.
[2] Vita S. Cæs., lib. II, n 28, 35.

NOTES

Note 1. — *(Voyez page 37).*

Nous devons la *Vie de saint Césaire* à ses disciples. Ils l'écrivirent au lendemain de sa mort, à la prière de Césarie, abbesse du monastère de Saint-Jean et nièce de l'évêque d'Arles. Cette Vie est divisée en deux livres, dont le premier a été écrit par les évêques Cyprien, Firmin et Vivence, et le second par le prêtre Messien et le diacre Etienne, tous disciples et familiers du saint. Mabillon en a donné une édition complète et parfaitement exacte, d'après les manuscrits comparés de Montmajour d'Arles et de Saint-Germain-des-Prés. Surius (27 août) et Dom Barralis *(Chronol. des saints de Lérins,* p. 229), avaient reproduit cette même Vie ; mais celle de Mabillon leur est de beaucoup préférable par son exactitude.

Le P. Sirmond qui donne aussi la Vie de saint Césaire, l'a tirée d'un manuscrit sur parchemin du monastère de Saint-Martin-des-Champs (Paris); mais il n'a pris que le premier livre. Les variantes qu'il a avec l'édition de Mabillon sont insignifiantes. Les Bollandistes le donnent (27 août), en y ajoutant le deuxième livre d'après Mabillon. C'est cette Vie que Migne a reproduite au tome LXVII de sa Patrologie et que nous avons suivie dans notre étude.

Outre la Vie écrite par les disciples de saint Césaire, le P. Chifflet nous en a donné une autre tirée, dit-il, d'un manuscrit très ancien de l'église Saint-Jean de Besançon. Mais elle est beaucoup plus courte et ne nous apprend rien de nouveau. On suppose qu'elle n'est que l'abrégé de celle de Mabillon, ou peut-être l'ouvrage personnel de l'un des cinq auteurs, avant qu'ils eussent mis leur travail en commun.

Quant au manuscrit trouvé à Fermo (en Italie) et venant d'un bénédictin de Montmajour, qui a pour titre : *De rebus gestis sancti Cæsarii hujusce monasterii fundatoris ac regulatoris, Childeberto rege fortissimo piissimoque adjuvante, a nostro celeberrimo Pomerio scriptis;* il ne nous paraît pas d'une authenticité bien prouvée. Le titre seul nous met en garde contre lui. S. Césaire n'a pas fondé Montmajour, comme le dit le manuscrit. En outre, si le *très célèbre Pomère*, son auteur, était cet abbé d'un monastère voisin d'Arles qui mourut vers 499 et auquel S. Césaire succéda, comment a-t-il pu écrire la vie d'un homme mort quarante-trois ans après lui ? Si c'est un autre Pomère, il est profondément inconnu : comment alors le qualifier de *très célèbre* ? D'ailleurs, les détails que ce manuscrit nous fournit, sont d'une puérilité qui va parfois jusqu'au ridicule.

Note 2. — *(Voyez page* 41*).*

Prudence décrit dans un de ses poëmes ce qu'il avait vu, à Rome, dans la basilique bâtie sur le tombeau de S. Laurent :

> *Ipsa et senatus lumina,*
> *Quondam luperci aut flamines,*
> *Apostolorum et martyrum*
> *Exosculantur limina.*
>
> *Videmus illustres domos*
> *Sexu ex utroque nobiles*
> *Offerre voti pignora*
> *Clarissimorum liberum.* (Perist. VI.)

M. de Rossi a trouvé dans ces derniers temps et décrit les médailles que l'on suspendait au cou de ces enfants, consacrés soit au Christ, soit aux Martyrs. Cet usage n'avait pas tardé à s'introduire dans les Gaules.

Note 3. — *(Voyez page 76)*.

Aucun texte ne dit en quelle année précise S. Césaire monta sur le siège d'Arles ; mais la critique est arrivée à le savoir par des déductions certaines. Fleury et d'autres auteurs croient que c'est en l'an 501 ; le cardinal Noris, dans l'*Histoire du Pélagianisme*, Saxi, dans son *Pontifical*, opinent pour 503 ; Longueval, Pagi pour 502. Les Bollandistes ont suivi ce dernier sentiment auquel nous croyons devoir nous ranger. Nous leur empruntons leurs preuves. S. Eon est mort le 16 août ; tout le monde en convient. Or, ce n'était pas le 16 août de l'an 501, puisque le pape Symmaque dans une lettre écrite à S. Avit de Vienne, au mois d'octobre 501, parle de S. Eon comme étant encore en vie. (Cette lettre se trouve dans la collection des Conciles de Labbe, t. IV, col. 1311). Donc Césaire ne put lui succéder en 501. Ce n'est pas non plus en 503, car S. Césaire est mort le 27 août 542 ; or, d'après sa Vie (lib. II, n. 33), il mourut « *cum quadragesimum in pontificatu verteret circulus gyrum.* » Ce qui fait remonter son élévation à l'épiscopat en 502. — On sait, d'ailleurs, par sa Vie elle-même, qu'il n'y eut qu'un très court intervalle de temps entre la mort de S. Eon et l'élection de S. Césaire. S. Eon étant mort le 16 août 502, Césaire son successeur, dut être élu dans les premiers jours de septembre, et voilà comment, lorsqu'il mourut, le 27 août 542, il était sur le point d'achever sa 40e année d'épiscopat. Le cardinal Noris et Saxi le font mourir en 543 ; c'est ce qui leur fait retarder aussi d'une année son élection.

Note 4. — *(Voyez page 95).*

Ceyreste, bourg situé entre Toulon et Marseille, près de La Ciotat. Malgré la grande distance qui le sépare de la ville d'Arles, il appartenait cependant au diocèse de S. Césaire. Nous savons par la fameuse lettre que le pape Zozime adressa à tous les évêques des Gaules (22 mars 417), que l'évêque de Marseille, ou peut-être celui de Toulon, avait voulu s'en emparer; mais sur la plainte de Patrocle, évêque d'Arles, le Saint-Siège la rendit à ce dernier. « Nous vous recommandons, dit Zozime, de rentrer chacun dans les limites et le territoire de vos églises, afin qu'il ne nous soit plus porté de plaintes à ce sujet. C'est avec raison, par exemple, que l'Église d'Arles demande de rentrer en possession des paroisses de Citharista (Ceyreste) et de Gargarium (Saint-Jean-de-Garguier, près de Gémenos); un évêque ne doit jamais usurper les droits d'un autre évêque.... Que l'Église d'Arles conserve donc sous sa pleine autorité toutes les paroisses qu'elle a anciennement possédées, dans quelque territoire qu'elles soient, même en dehors des provinces de sa métropole. » S. Zozimi Epist. I.

Note 5. — *(Voyez page 146).*

Sainte Radegonde avait été élevée, malgré elle, sur le trône des Francs par Clotaire; elle continua dans les grandeurs, à pratiquer toutes les vertus inspirées par la plus haute piété; ce qui excitait les murmures et les plaintes du roi, son époux : « C'est une nonne que j'ai là, disait-il, ce n'est pas une reine. » Il finit par lui accorder la permission de se consacrer à Dieu. S'étant retirée à Poitiers, elle y bâtit le monastère de Sainte-Croix, dans lequel la suivirent une foule de jeunes filles de toutes les conditions. Après avoir tout organisé, elle ne voulut pas en prendre la direction, et fit élire pour abbesse Agnès, qu'elle avait formée par ses leçons. On doit placer son voyage à Arles entre l'an 544 et l'an 555. Sainte Radegonde avait commencé à bâtir son monastère vers 544 ; elle y entra vers 555 ; or, en y entrant, ses vœux lui prescrivaient de n'en plus sortir que morte. — Dom Martène a découvert dans les manuscrits du président Bouhier une lettre écrite par sainte Césarie la jeune à sainte Radegonde. Il l'a insérée au tome I de ses *Anecdotes*. L'abbesse d'Arles dit à la fondatrice de Sainte-Croix : « Je vous envoie un exemplaire de la règle, comme vous me l'aviez demandé... » Il semblerait donc que sainte Radegonde avait demandé la règle de saint Césaire par lettre, et qu'elle n'était pas venue à Arles. Mais cette supposition tombe devant le texte si clair et si précis de Grégoire de Tours : *cum abbatissa sua arelatensem urbem expetunt*. (Hist. franc., lib. IX, c. 40).

Note 6. — *(Voyez page 147)*

Cum Radegunde humili supplex pia postulat Agnes
  Ut commendatæ sint tibi, sancte Pater.
Et crescente choro per carmina sancta sororum,
  Complaceant Domino, te duce, mite suo.
Atque adscita sibi servetur ab urbe Genesi
  Regula Cæsarii præsulis alma pii.
. . . .
Has inter comites conjuncta Cæsaria fulget
  Temporibus nostris Arelatense decus.
Cæsarii monitis luci sociata perenni,
  Si non martyrii virginitatis ope.
Quos Liliola refert æquatis moribus ambos....
. . . .
Sit tibi dulce decus veneranda Cæsaria præsens ;
  Præsule Cæsario non caritura tuo.
Illos corde sequens, mandataque corpore complens,
  Ut teneas flores, has imiteris apes....

(Fortun., lib. V, carm. 2 ; lib. VIII, carm. 8).

Note 7. — *(Voyez page* 175*).*

Le *pallium* est un ornement pontifical, fait de laine blanche, en forme de bandes, marqué de quatre croix noires. On n'en connaît pas la première origine. Augustin Patrice, auteur du XVᵉ siècle, dans son livre des *Cérémonies de l'Église romaine*, dit que « le soin de faire et de garder les palliums appartient aux sous-diacres apostoliques, qui y emploient la laine blanche de deux agneaux offerts sur l'autel, le jour de Sainte-Agnès, dans l'église du monastère de cette sainte, à la messe solennelle et pendant qu'on chante l'*Agnus Dei*. Quand ils sont faits, les sous-diacres les portent à la basilique de Saint-Pierre où les chanoines de cette église les mettent sous le grand autel, sur les corps des saints apôtres, et, après avoir dit Matines, ils les y laissent le reste de la nuit. Après quoi, ils les rendent aux sous-diacres qui les gardent dans un lieu décent. »

Note 8. — *(Voyez page* 177*).*

S. Hilaire ayant appris que Chélidonius venait d'être élevé sur le siège de Besançon contre les règles canoniques, se rendit dans cette ville, y réunit en concile les évêques voisins, et, après avoir entendu de nombreux témoins, jugeant que l'ordination était irrégulière, il prononça la déposition. Chélidonius protesta, en appela au pape et vint porter lui-même son affaire à Rome. Hilaire le suivit. Après les avoir entendus séparément, S. Léon réunit un concile pour juger l'affaire, et, les témoins de Chélidonius ayant prouvé que les accusations portées contre lui n'étaient que des calomnies, le pape cassa la sentence d'Hilaire et rétablit l'évêque de Besançon sur son siège.

Hilaire déconcerté devant ces témoignages, mais convaincu néanmoins de l'irrégularité de cette ordination, ne voulut pas recevoir dans sa communion celui qu'il avait condamné ; « Il se laissa même aller, dit S. Léon, à toute l'impétuosité de son caractère, et prononça des paroles qu'aucun laïque n'oserait proférer, qu'aucun prêtre n'oserait entendre. » Ce fut une première faute de la part d'Hilaire ; il en commit une seconde en quittant Rome brusquement, sans prendre congé du souverain Pontife ni des évêques.

Sur ces entrefaites, l'évêque Projectus envoie des députés au pape pour se plaindre que, pendant qu'il était malade et en danger de mort, Hilaire était venu dans sa ville pour y installer un évêque à sa place. S. Léon fit chercher l'évêque d'Arles, et c'est alors qu'il apprit son départ.

Le pape crut Hilaire coupable ; il lui retira son titre de vicaire du Saint-Siège : « Qu'Hilaire ne convoque plus de conciles, dit S. Léon ; qu'il ne prenne plus part aux assemblées des évêques ; qu'il sache que toute juridiction lui est retirée non seulement pour les autres provinces, mais même pour la province de Vienne. Qu'il ne fasse plus aucune ordination d'évêque ; qu'il n'y assiste même plus et qu'il s'estime heureux de conserver son titre d'évêque d'Arles ; il ne le doit qu'à l'indulgence du Saint-Siège. » (Ep. 89). Hilaire se soumit humblement ; ce fut là sa meilleure justification. Il mourut trois ans après.

On a voulu conclure de ces faits contre les droits du primat d'Arles et faire croire que S. Hilaire les avait usurpés dans l'affaire de Chélidonius et celle de Projectus. S. Léon n'a jamais accusé l'évêque d'Arles d'incompétence dans l'exercice de ses droits, mais d'abus et d'injustice en les exerçant. Il le condamnait, non pour avoir jugé Chélidonius et donné un successeur à Projectus, mais pour avoir jugé selon des témoignages que le pape avait le droit de croire faux, et pour avoir donné un successeur à un évêque *encore en vie*. Dans les deux cas, il ne s'agissait pas de la compétence de l'évêque d'Arles ; et S. Léon semble au contraire la reconnaître en faisant une nouvelle enquête sur l'ordination de Chélidonius et en écoutant les raisons de S. Hilaire.

D'autres ont accusé le pape d'arbitraire et de despotisme. « Le pape, dit M. Ampère, reçut fort mal S. Hilaire.... A peine arrivé à Rome, il s'empare de sa personne. » Tout cela est faux. S. Léon procéda régulièrement contre Hilaire; les témoins qu'il entendit furent unanimes dans leurs dépositions favorables à Chélidonius et à Projectus. C'était fâcheux pour l'évêque d'Arles; mais S. Léon n'y pouvait rien. « La sévérité avec laquelle S. Léon traita S. Hilaire, dit Baronius, ne doit pas trop nous étonner; on sait que les souverains Pontifes ont souvent les oreilles remplies d'insinuations perfides et de fausses accusations, et qu'il leur arrive quelquefois d'éprouver l'innocence tout en n'ayant que la justice en vue. » — D'ailleurs, S. Léon revint sur son premier jugement; dans sa réponse aux évêques des Gaules, qui lui annonçaient la mort de l'évêque d'Arles, il l'appelait : Hilaire, *de sainte mémoire*. (Cf. la *Primatie de la sainte Église d'Arles*, Ch. S. Hilaire.)

Note 9. — *(Voyez page 179).*

Les *lettres formées* étaient des lettres de communion et de recommandation que l'on donnait aux évêques ou aux clercs qui entreprenaient un voyage; munis de ces lettres, ceux-ci étaient partout reçus et bien traités, comme si on les eût connus personnellement. On prenait de grandes précautions pour que nul ne pût les contrefaire. C'est le Concile de Nicée, dit-on, qui en avait tracé le modèle, et elles furent en usage jusqu'au IXe siècle. Le secret de ces lettres consistait dans certaines combinaisons de caractères grecs, ayant chacun une valeur numérique; ces valeurs, étant additionnées les unes aux autres, formaient un nombre total inséré dans la lettre. On écrivait, au commencement, la première lettre grecque du nom des trois personnes de la sainte Trinité et de celui de S. Pierre, pour marquer qu'on était en communion avec le Saint-Siège, de cette manière : παπ ; et les quatre lettres du mot αμην qui était à la fin. Elles formaient ensemble le nombre 660, commun à toutes les lettres formées. De plus, on prenait : 1º la première lettre du nom de celui qui écrivait ; 2º la seconde lettre du nom de celui à qui on écrivait ; 3º la troisième lettre de celui en faveur de qui on écrivait ; et 4º la quatrième lettre du nom de la ville d'où on écrivait. On ajoutait à tous ces nombres l'indication de l'année courante. L'évêque la signait et la scellait de son sceau. — Le P. Sirmond a transcrit plusieurs formules de lettres formées au IIe tome des Conciles, p. 665.

Note 10. — *(Voyez page* 192 *)*.

La ville d'Aix était devenue métropole civile sous l'empereur Gratien (374), lorsqu'il forma la seconde Narbonnaise de la Viennoise (et non de la première Narbonnaise, comme son nom semble l'indiquer) [1]. Elle l'était déjà, par conséquent, lorsque Honorius, en 414, rétablit à Arles les assemblées des députés de toutes ces provinces, de la Viennoise, des deux Aquitaines, de la Novempopulanie, des deux Narbonnaises et des Alpes-Maritimes. Aix avait dans sa province les villes épiscopales de Riez, Apt, Fréjus, Gap, Sisteron et Antibes qui fut donnée à Embrun, vers le milieu du VIIe siècle. Pour la première fois, en 549, au Ve Concile d'Orléans, l'évêque d'Aix, Avole, signe avec les métropolitains de Reims, Bordeaux..... Gallican d'Embrun qui avait souscrit avec les simples évêques au IVe Concile d'Orléans (541), souscrivit aussi avec les métropolitains au Ve.

D'après Papon et les autres historiens de Provence, Basile serait mort vers 488, un peu avant Græcus de Marseille ; et Maxime aurait siégé à Aix vers 514. La date de la mort de Basile est certainement postérieure à 488 ; nous avons pour preuve le fragment d'une vieille inscription sur marbre blanc, conservée dans la métropole

---

[1] Lecointe, *Annal. eccles.*, t. II.

Saint-Sauveur où elle est encastrée dans le pilier en amont de la chapelle de Sainte-Madeleine. D'après cette inscription, l'évêque Basile, en 494, était dans la 23e année de son épiscopat, lequel remonterait à l'an 471. Et en effet nous avons une lettre de Sidoine Apollinaire datée de 472 et adressée à Basile, évêque d'Aix.

Note 11. — *(Voyez page 192)*.

On suppose que l'abbé Gilles gouvernait un monastère, à Arles même, peut-être celui dont Césaire avait été abbé avant d'être évêque. Sur la foi de je ne sais quels manuscrits que Mabillon a compulsés et dans lesquels il a constaté une foule d'erreurs, quelques auteurs ont prétendu que c'est le même Gilles qui a fondé, sur les bords du Rhône, dans la vallée Flavienne, le célèbre monastère auquel il a donné son nom. D'après ces manuscrits, Gilles ou Ægidius, grec d'origine, aurait quitté Athènes, sa patrie, pour aller vivre saintement dans quelque pays inconnu. Il aurait abordé sur les côtes de Provence ; là, attiré par le renom de la sainteté de Césaire, il serait venu à Arles qu'il aurait quittée deux ans après, pour se retirer dans les bois, auprès d'un saint ermite, Vérédème, habitant dans le creux d'un rocher, sur les bords du Gardon. Ensuite pour échapper aux regards des hommes qui avaient découvert sa retraite, il se cacha dans une grotte sauvage, entourée d'épaisses broussailles. Il se nourrissait d'herbes et de racines, et, chaque jour, une biche venait lui offrir son lait. Un jour que les gens du roi des Goths se livraient à la chasse, la biche, poursuivie par les chiens, se réfugia auprès de son protecteur ; une flèche siffle et frappe la main du serviteur de Dieu. Les chasseurs arrivent aussitôt près de lui ; stupéfaits de leur aventure, ils se confondent en respectueuses excuses. Le lendemain, ils amènent le roi près du solitaire qui excite son admiration, et il lui donne la vallée Flavienne, avec des ressources pour y bâtir un monastère.

En peu de temps, une foule de religieux vinrent se mettre sous la conduite d'Ægidius, et plus tard le saint abbé serait venu à Orléans pour demander à Charles Martel, qui gouvernait les Francs, sa protection et son amitié.

La critique a fait justice des anachronismes que contient cette légende. Césaire fut évêque d'Arles de 502 à 542 ; S. Vérédème occupa le siège d'Avignon de 700 à 720, et Charles Martel gouvernait les Francs en 751. Du reste, quel était le roi Goth qui, au commencement du VIe siècle, aurait été assez généreux pour concourir par ses largesses à l'établissement d'un monastère ? C'est ce qui a fait croire à quelques auteurs qu'un second Césaire avait gouverné l'Église d'Arles au commencement du VIIIe siècle (Trithemius, *De viris illustr. ord. S. Bened.*, lib. VIII, c. 84. — André Saussaye, *Martyrol. gallicanum*, p. 1220). Mais c'est une supposition gratuite.

Les Bollandistes ont rétabli la légende de S. Gilles, en la dépouillant de ses erreurs ; et il résulte de leurs travaux que S. Gilles, abbé du monastère de ce nom, vivait au VIIIe siècle, et devait son monastère à Vamba, roi des Visigoths ; ils ne se sont pas préoccupés du nom de Césaire que le chroniqueur aura glissé dans son texte, on ne sait comment (*Bolland*, I sept.). Par conséquent, d'après eux, l'abbé Gilles, que Césaire envoya à Rome avec Messien, n'aurait que son nom de commun avec l'illustre abbé.

Note 12. — *(Voyez page 309).*

A quelle époque précise faut-il placer ce voyage qui nous donne une si haute idée de la réputation de science et de sainteté dont l'évêque d'Arles jouissait dans tout le pays des Gaules ? Les Bollandistes, sur ce point, sont en contradiction flagrante avec eux-mêmes. Dans la Vie de S. Lubin, ils placent ce voyage en 536 ; et dans celle de S. Aubin, ils disent qu'il ne dut avoir lieu qu'après le IIIe Concile d'Orléans, c'est-à-dire après le mois de mai 538. Nous croyons que ce dernier sentiment, qui fait venir à Arles S. Aubin et S. Lubin, à la fin de 538 ou en 539, est le plus probable. Il est dit dans la Vie de S. Aubin qu'il fut malade à son retour ; et nous voyons en effet que l'évêque d'Angers n'assiste pas au IVe Concile d'Orléans qui se réunit en 541. La maladie seule pouvait l'empêcher de venir à un concile, tenu dans les états du roi Childebert qui l'avait en très grande estime et qui avait précédemment convoqué le IIIe Concile d'Orléans sur son initiative. Les Bollandistes commettent encore une erreur évidente à son sujet, quand ils le font mourir peu après son retour d'Arles, en 550, disent-ils. Césaire étant mort en 542, c'est la dernière limite qu'on puisse donner au voyage de S. Aubin ; mais alors ce *peu après* (de 541 à 550) nous paraît bien long. L'évêque d'Angers signe encore au Ve Concile d'Orléans (549).

Note 13. — *(Voyez page 314).*

La date de la mort de Césaire est très importante ; elle nous donne la clef de la chronologie presque entière de sa vie. Le cardinal Noris (*Hist. Pelag.* lib. II, c. 22), Fleury et plusieurs autres prétendent qu'il est mort le 27 août 543 ; mais les Bollandistes et tous les auteurs avec eux opinent aujourd'hui pour 542. En effet, son biographe nous dit (lib. II, n. 34) qu'il mourut le 27 août, le lendemain du 30e anniversaire de la dédicace du monastère Saint-Jean : « *VI calendarum septembrium, ante diem depositionis sancti Augustini antistitis, et post diem dedicationis monasterii sui....* » Or, la dédicace de ce monastère n'avait pu avoir lieu que le 26 août 512, d'abord parce que, en 512, le 26 août était un dimanche (on le sait par la lettre dominicale) ; en second lieu, ce ne pouvait être en 513, puisque Césaire était en Italie ; ni en 511, car le siège d'Arles n'ayant été levé qu'en 510, Césaire n'aurait pas eu le temps de rebâtir son monastère détruit par les Goths.

Les Bollandistes en donnent une autre raison. Le pape Vigile écrivit à Auxanius, successeur de Césaire, sur son ordination ; cette lettre est datée du 18 octobre 543. Si Césaire est mort en 543, il faut, dans ce court intervalle du 27 août au 18 octobre, placer l'élection et l'ordination du métropolitain, la lettre d'Auxanius à Vigile, le voyage de ses messagers d'Arles à Rome et la réponse du pape. Or, tout cela ne se faisait pas et ne pouvait pas se faire en 52 jours. Césaire est donc mort en 542.

Note 14. — *(Voyez page 323).*

On trouve le *testament* de saint Césaire dans plusieurs manuscrits des archives de l'archevêché d'Arles ; il est imprimé aussi dans le *Pontifical* de Saxi, chanoine d'Arles (num. 30, ; dans Barralis *(Chronol. lirin.*, p. 268) ; dans le *Codex regularum* d'Holstenius (part. III, p. 52) ; dans Lecointe *(Annal. franc.* ad ann. 542) ; dans les *Bollandistes* (27 août). Baronius qui le donne dans ses *Annales* (ad annum 508), l'a reçu, dit-il, de Saxi lui-même. Nous avons voulu comparer ces différents exemplaires entre eux ; tous sont copiés sur Saxi. Les variantes que nous y avons trouvées n'ont aucune importance, et sont pour nous une nouvelle preuve que l'exemplaire de Saxi a été reproduit par tous les auteurs. Quant au chanoine d'Arles, il dit dans son Pontifical l'avoir copié sur un vieux parchemin « incorrect et rongé par la poussière. »

Or, nous avons trouvé à la bibliothèque Méjanes d'Aix, dans un manuscrit dont l'auteur anonyme vivait dans le même temps que Saxi, des renseignements précieux sur le parchemin, copié par le chanoine d'Arles, et sur les incorrections que contient son exemplaire.

Il est dit dans ce manuscrit (recueil n° 775) que l'original du testament de S. Césaire est perdu depuis plusieurs siècles ; il n'en reste qu'une copie authentique dans les archives de l'abbaye de S. Césaire. (L'auteur de ce manuscrit écrivait au commencement du XVIIe siècle.) Cette copie fut faite l'an 992, par l'ordre de Guillaume, comte de Provence, qui écrivit son testament sur le même parchemin, à la suite de celui de S. Césaire. Comme l'encre avait jauni et que, par l'effet des années, cette copie était devenue presque illisible, « il y a environ 60 ans (par conséquent vers la fin du XVIe siècle) qu'un ignorant offrit à l'abbesse de faire revivre l'écriture ; celle-ci eut l'imprudence d'ajouter foi à ses promesses et de lui confier le précieux manuscrit. L'inconnu répandit sur le parchemin une liqueur noire qui en a effacé, en grande partie, les caractères ; toute la première moitié, imbibée de cette liqueur, depuis le commencement jusqu'à ces mots : *jure directo res Ecclesiæ vendidimus*, est devenue à peu près illisible, excepté çà et là quelques mots. Le reste n'a pas été altéré. »

Saxi a pris sur ce parchemin la copie qu'il a imprimée dans son Pontifical. Or, l'auteur de notre manuscrit dit qu'il a remarqué dans l'exemplaire du chanoine d'Arles des fautes grossières dans la partie non altérée et qui est encore lisible ; « ce qui nous persuade, ajoute-t-il, qu'il a été aussi peu correct dans le fragment qui n'existe plus. » Il donne ensuite la version de Saxi en intercalant dans son texte tout ce qui est lisible sur le vieux parchemin de l'abbaye.

Nous avons suivi nous-même cet exemplaire. Nous avons déjà parlé de la principale variante qu'il renferme au sujet du mot : *archiepiscopus*. Il n'y est pas non plus fait mention de « l'église de Sainte-Marie de la Barque ; » nous ne serions nullement étonné que Saxi eût ajouté ces mots au texte qu'il prétendait copier, pour mieux désigner la terre dont Césaire parle à cet endroit : ...... et agellum silvanum, « *in quo est sita ecclesia S. Mariæ de Ratis.* » M. Faillon, sur la foi de Saxi, tire de ce texte une preuve de l'antiquité des Saintes-Maries. — Saxi parle du *birro amiculari* ; ici, si nous avons bien lu, ce serait : excepto *birreto auriculari*. Saxi avait d'abord imprimé : mantum et *cunctorum* meliorem dari volo ;

il a eu un doute après coup et a mis en marge, au lieu de *cunctorum, cinctorium,* comme nous le lisons dans la version manuscrite que nous avons sous les yeux. Et ainsi d'une foule de variantes qui n'ont, du reste, qu'une petite importance.

Nous convenons bien que cette copie est encore imparfaite ; elle contient autant d'incorrections que celle du chanoine d'Arles ; toutefois nous n'hésitons pas à lui donner notre préférence. Car, quoique nous ne contestions pas la valeur du *Pontificium arelatense* et les services que son auteur a rendus à l'histoire locale en recherchant et copiant les vieux manuscrits, nous sommes convaincus que Saxi n'avait pas étudié à fond le VIe siècle et, en particulier, la Vie de Césaire. Nous n'en citerons que deux preuves : il fait présider à S. Césaire le concile d'Épaone *(Pontif. arel.,* p. 85) ; tout le monde sait que Césaire n'y a pas même assisté ; il confond plus loin (Ibidem, p. 97) les deux Césarie en une seule ; il dit de la première, qui était la sœur de Césaire et qui mourut bien avant que l'épouse de Clotaire pensât au cloître : *postea magistram sanctæ Radegundis.* Deux erreurs aussi importantes, sans compter les autres, doivent nous mettre en garde contre les assertions du chanoine d'Arles.

— On trouve aux archives départementales de Marseille deux recueils précieux de chartes mérovingiennes ; ils datent du XIIe siècle. L'un et l'autre, le *livre noir* et le *livre rouge,* contiennent le testament de S. Césaire ; malgré l'autorité que nous leur reconnaissons volontiers, nous sommes persuadé que leur auteur a ajouté le mot : *archiepiscopus* à la copie qu'il avait sous les yeux. Les autres variantes sont insignifiantes.

Note 15. — *(Voyez page* 328*).*

Nous n'avons rien dit de la prophétie qu'a recueilli Vatiguerre dans son *Mirabilis liber,* prophétie attribuée vulgairement à saint

Césaire. On a voulu l'appliquer à la Révolution française, mais rien de plus apocryphe ; elle ne paraît pas remonter au-delà du XVIe siècle. Elle a été publiée de nouveau en 1814 par M. de Roujoux.

FIN.

TABLE DES MATIÈRES

INTRODUCTION. — Situation de l'église dans les Gaules au commencement du VIe siècle 5

CHAPITRE I. — Les commencements de Césaire. — Sa jeunesse. — Son séjour a Lérins et a Arles.

469	Naissance de Césaire	37
	Sa famille	39
487	Césaire parmi les clercs de saint Silvestre	43
489	Il s'enfuit de Châlons	44
	Sainte Clotilde.........................	45
	Lérins	47
	Les détracteurs de la vie monastique............	49
	Césaire à Lérins	51
	Il est nommé cellérier	52
	Maladie de Césaire	54
498	On l'envoie à Arles	55
	Firmin et Grégorie.....................	id.
	Césaire à l'école du rhéteur Pomère............	56
	Songe qui le détourne de l'étude des lettres profanes..	57
	Inutilité de cette étude au VIe siècle............	58
	L'évêque d'Arles, Eon, attache Césaire à son Église..	60
499	Césaire, abbé........................	61
	Sa règle aux moines....................	63
	Ses homélies	66
	Saint Eon le demande pour son successeur.........	72
	Césaire se cache dans un tombeau	73
502	Il est élu évêque d'Arles.....................	75

CHAPITRE II. — Césaire évêque. — L'Église d'Arles. — Exil a Bordeaux. — Concile d'Agde.

502	La ville d'Arles au VIe siècle...................	76
	Les saints évêques d'Arles....................	80
	Saint-Genès................................	81
	La basilique Saint-Etienne ; les Alyscamps ; Notre-Dame-de-Grâce...........................	82
	Les juifs, les ariens, les païens à Arles............	83
	Le chant des psaumes et des hymnes dans la basilique Saint-Etienne.............................	84
	Conseils de Césaire à ce sujet...................	89
	Il s'entoure de clercs nombreux.................	91
	Il étudie l'Écriture...........................	93
	Il fonde à Arles le premier hôpital des Gaules......	94
	Césaire délivre à Ceyreste une jeune fille possédée....	95
	Il est accusé auprès d'Alaric de vouloir livrer Arles aux Burgondes...........................	96
	Réponse à ces accusations.....................	97
505	Exil de Césaire à Bordeaux	99
	Il y rencontre l'évêque de Limoges, Rurice.........	100
	Il éteint un incendie..........................	101
	Son retour à Arles	103
506	Il préside le Concile d'Agde....................	104
	Canons principaux du Concile d'Agde............	105
	Césaire ferme les portes de son église pour empêcher les fidèles de sortir........................	109
	Lettre de Césaire à Rurice.....................	111
507	Guerre entre Clovis et Alaric ; bataille de Vouillé ...	114
508	Siège d'Arles par les Francs et les Burgondes	115
	Césaire pendant le siège	116
	Il est accusé de trahison	118
	Il échappe miraculeusement à la mort	119

510	Le duc Ibbas vient délivrer Arles................	120
	Césaire rappelle les horreurs du siège............	121
	Il vend les vases de son église pour le rachat des captifs.	122
	Murmures des siens ; belle réponse de l'évêque......	123
	Bienné trompe sa charité.....................	125

CHAPITRE III. — LE MONASTÈRE SAINT-JEAN. — RÈGLE DE CÉSAIRE POUR SES RELIGIEUSES. — SAINTE CÉSARIE.

	La sœur de Césaire.........................	127
	Il l'envoie dans un monastère de Marseille..........	129
	Le monastère Saint-Jean et sa basilique............	130
512	Césarie en prend possession...................	132
	Les règles monastiques avant saint Césaire.........	133
	Règle de Césaire pour les vierges	137
	Authenticité de cette règle.....................	144
	Sainte Radegonde vient à Arles	145
	Elle établit la règle de Césaire à Sainte-Croix.......	146
	Cette règle se répand dans toute la Gaule...........	148
	Césaire demande à Hormisdas de confirmer sa fondation.	150
530	Mort de Césarie............................	151
	Césarie la jeune............................	152
	Lettres de Césaire à sa sœur...................	153
	Lettre à Oratorie............................	156
	La pauvreté, l'obéissance et la chasteté dans la règle de Césaire............................	161
	Les saintes amitiés du cloître...................	162

CHAPITRE IV. — CÉSAIRE MANDÉ A RAVENNE. — VOYAGE A ROME. — PRIMATIE DE L'ÉGLISE D'ARLES.

511	Mort de Clovis.............................	166
510	Arles et la Provence au pouvoir de Théodoric	167

	Théodoric le Grand	168
513	Césaire accusé est mandé à Ravenne..............	169
	Théodoric le comble d'honneurs et de présents.......	170
	Césaire guérit un jeune homme	171
	Le médecin Rusticus Elpidius	id.
	Lettre d'Ennodius à Césaire....................	173
	Césaire est magnifiquement reçu à Rome...........	174
	Symmaque lui donne le *pallium*.	175
	Primatie d'Arles ; son institution................	176
	Son étendue.	177
	Pouvoirs des primats.	179
	Juridiction métropolitaine de l'évêque d'Arles ; son étendue.	180
	Différend entre Arles et Vienne..................	181
	Etat de la question au temps de Césaire............	183
513	Symmaque met fin à ce long différend.	184
	Suffragants de Césaire........................	185
	Postulata de Césaire relativement à la discipline.....	186
	Réponse de Symmaque aux *postulata*............	187
	Lettre de Messien racontant le retour de Rome......	188
	Césaire reçu à Arles avec les plus grands honneurs...	189
514	Basile, évêque d'Aix ; Césaire le dénonce au Saint-Siège.	191
	Lettre de Symmaque à Césaire au sujet de l'évêque d'Aix.	193
516	Hormisdas annonce à Césaire la réunion des Grecs...	195
	Saint Avit recommande l'évêque Maximien à Césaire..	198

CHAPITRE V. — Conciles. — Doctrine de Césaire
sur la grace.

Etat de la discipline au VIe siècle................	200
Grand nombre de conciles au VIe siècle.	201
Conciles d'Arles............................	204

524	Césaire convoque et préside le IVe Concile d'Arles...	206
	Évêques du IVe Concile d'Arles..................	209
	Eucher et Césaire	210
	Les deux Eucher	211
	Théodoric devient persécuteur à la fin de ses jours ...	212
528	Lettre de Félix IV, confirmant le IVe Concile d'Arles.	214
527	Césaire préside le Concile de Carpentras	215
	Césaire devant l'hérésie	217
	Origine du semi-pélagianisme	218
	Ses commencements à Marseille.................	220
	Césaire accusé de semi-pélagianisme	222
	Son traité sur *la grâce et le libre arbitre*..........	225
	Doctrine de ses homélies sur la grâce	226
	Les évêques des Gaules l'attaquent	229
529	Cyprien de Toulon défend son maître au Concile de Valence	230
	Le patrice Libère	232
	Agrétia, son épouse...........................	234
529	IIe Concile d'Orange, présidé par Césaire	235
	Les *Capitula* du Concile d'Orange	236
	Profession de foi des Pères d'Orange.............	238
	Lettre de Boniface II à Césaire, confirmant les décrets d'Orange.................................	240
	Gloire qui revient à Césaire du Concile d'Orange	241
529	Concile de Vaison ; ses décrets	242
	Affaire de Contuméliosus......................	246
533	Césaire préside le Concile de Marseille	247
534	Lettre du pape Jean II à Césaire.................	249
	Contuméliosus est déposé	250
535	Lettre d'Agapet à Césaire au sujet de Contuméliosus.	251
	Le pape Vigile fait l'éloge de Césaire	252

CHAPITRE VI. — L'École d'Arles. — Les sermons de Césaire.

Décadence des lettres au VIᵉ siècle	254
Les écoles municipales disparaissent	256
Elles sont remplacées par les écoles ecclésiastiques	257
Enseignement qu'on donnait dans les écoles ecclésiastiques	259
L'école d'Arles au temps de Césaire	261
Sa manière d'enseigner; son zèle	262
Disciples qu'il forma : Cyprien ; Firmin	264
Theudère ; Florien	268
Caractère de l'éloquence de Césaire	269
Il prend saint Augustin pour modèle	273
Césaire et ses contemporains	274
Homélie sur *la charité*	276
Il se met à la portée de tous	278
Belle homélie pour le jour de Pâques	284
La cité du monde et la cité du ciel	285
Zèle de Césaire pour la prédication	287
Il rappelle ce devoir aux prêtres et aux évêques	289
Il veut qu'on écoute avec respect la parole de Dieu	290
Ce qui nous reste de ses sermons ; où on les trouve	291
Il explique l'Écriture ; les deux écoles d'interprétation	292
Il s'élève contre les superstitions païennes	295
Sa vie est une prédication continuelle	296

CHAPITRE VII. — Dernières années de Césaire. — Sa mort. — Son testament.

535	Le pape Agapet écrit à Césaire	299
	Bélisaire en Italie	300
536	Agapet devant l'empereur Justinien	301

536	Vitigès cède la Provence aux rois francs..........	302
537	Childebert préside les jeux du cirque à Arles.......	303
	Murmures des ariens contre Césaire.............	304
538	Le pape Silvère, déposé ; il meurt en exil.........	306
	Vigile son successeur écrit à Césaire sur les mariages incestueux.............................	307
	Saint Aubin d'Angers et saint Lubin de Chartres viennent consulter Césaire....................	309
	Un roi et deux reines dans le cloître.............	310
	Les infirmités de Césaire s'aggravent............	312
	Sa dernière visite, ses adieux à ses filles..........	313
542	Il meurt dans les bras de ses disciples............	314
	Ses obsèques solennelles ; désolation de son peuple ; regrets de ses disciples.....................	315
	Testament de Césaire........................	316
	Il est authentique...........................	321
	Variantes dans les exemplaires.................	323
	Culte et tombeau de saint Césaire...............	324
	Adieu de ses disciples.......................	328
	Notes.....................................	331

AIX-EN-PROVENCE. — IMPRIMERIE ILLY ET J. BRUN, RUE MANUEL, 20.
MDCCCLXXXIV

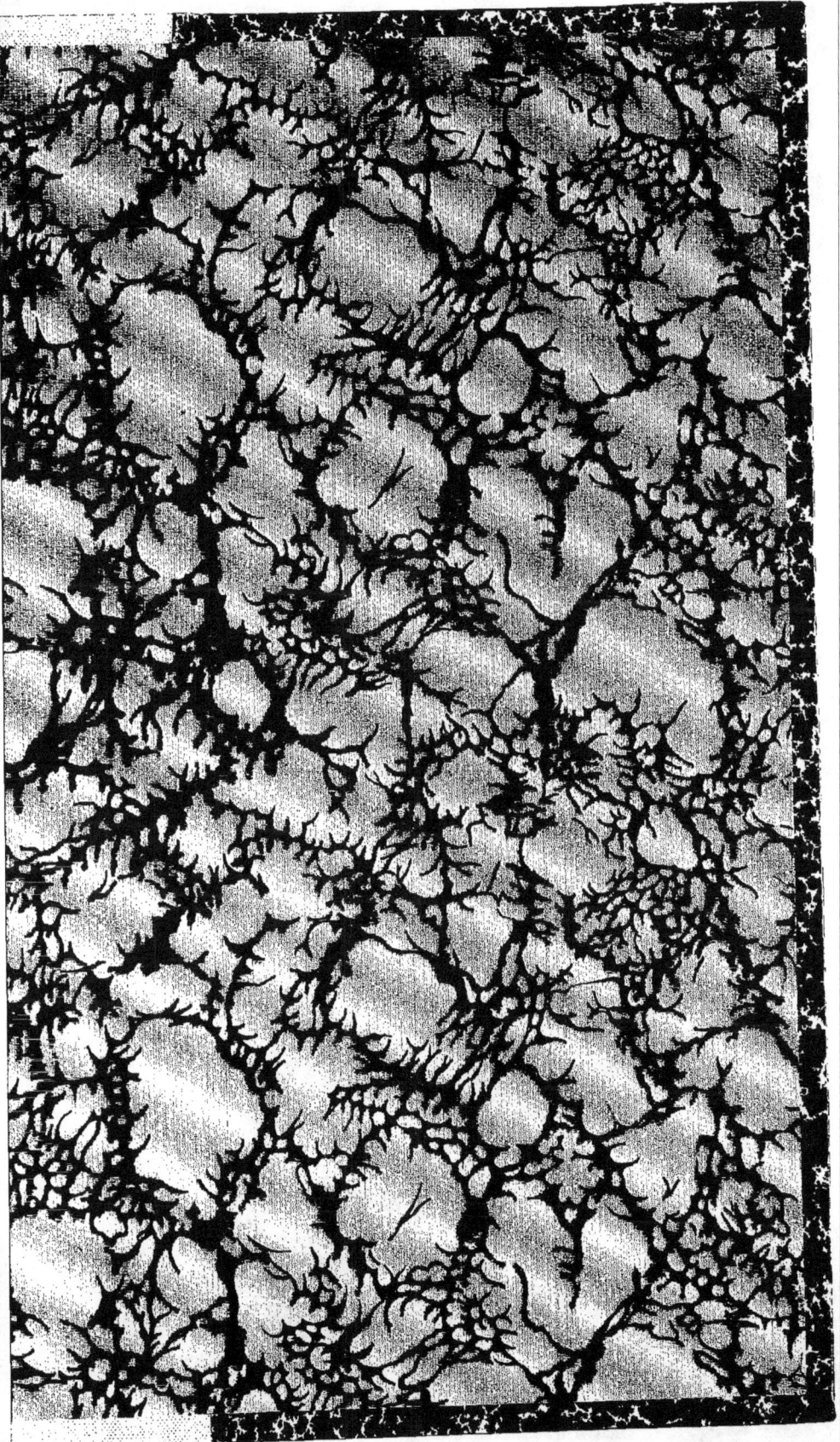

www.ingramcontent.com/pod-product-compliance
Lightning Source LLC
Chambersburg PA
CBHW070841170426
43202CB00012B/1904